U0934248

中国国家博物馆 著

红色文物中党的成长史

广西人民出版社

我坚信，到中国共产党成立100年时全面建成小康社会的目标一定能实现，到新中国成立100年时建成富强民主文明和谐的社会主义现代化国家的目标一定能实现，中华民族伟大复兴的梦想一定能实现。

——摘自习近平总书记2012年11月29日参观中国国家博物馆《复兴之路》基本陈列展时的讲话

前言

中国共产党的诞生，是开天辟地的大事件，深刻改变了近代以后中华民族发展的方向和进程，深刻改变了中国人民和中华民族的前途和命运，深刻改变了世界发展的趋势和格局。在100年波澜壮阔的历史进程中，一代又一代中国共产党人始终站在时代潮流最前列、站在攻坚克难最前沿、站在最广大人民之中，筚路蓝缕、砥砺前行，创造了中华民族发展史、人类社会进步史上令人刮目相看的奇迹，在中华大地上留下了丰富多样的红色文物。这些珍贵的红色文物作为革命文化的物质载体，承载着革命先辈英勇奋斗、不怕牺牲、百折不挠的革命精神，见证了中华民族伟大复兴的历史进程，是我们党、国家和人民的宝贵精神财富。

我们党向来高度重视红色文化的传承与弘扬。习近平总书记一再强调要用好红色资源，讲好红色故事，搞好红色教育，让红色基因代代相传。中国国家博物馆是代表国家收藏、研究、展示、阐释能够充分反映中华优秀传统文化、革命文化和社会主义先进文化代表性物证的最高机构，所收藏的140余万件藏品中，近现代文物达34万件（套）。本书精选若干具有代表性意义的珍贵革命文物，深入讲述每一件红色文物背后生动感人的故事，用红色故事串联起中国共产党一个世纪的峥嵘岁月，串联起有关青春、奋斗、奉献的记忆，阐释革命精神，述说中国故事，挖掘党史国史的深刻内涵，昭示共产党人为中国人民谋幸福、为中华民族谋复兴的初心和使命，赓续精神血脉，以此向中国共产党成立100周年献礼。

历史，总是在一些特殊时刻启示人们回望来时的路，看清脚下的路，坚定前行的路，给人们以汲取智慧、继续前行的力量。今天，中华民族已经巍然屹立于世界东方，完成了从“站起来”到“富起来”再到“强起来”的伟大历史跨越，开启了全面建设社会主义现代化国家新征程。我们坚信，只要坚持以习近平新时代中国特色社会主义思想为指导，不断增强“四个意识”、坚定“四个自信”、做到“两个维护”，我们就一定能够战胜前进道路上的任何艰难险阻，中国特色社会主义道路必将越走越宽广，中华民族伟大复兴的中国梦一定能实现！

中国国家博物馆馆长　王春法

目 录

1915

吹响新文化运动的号角

——《青年杂志》

引言

——

袁世凯窃取辛亥革命胜利果实后，为复辟帝制，掀起了一股尊孔复古的逆流，使旧道德、旧思想卷土重来，中国社会笼罩于黑暗之下。陈独秀、李大钊、胡适、鲁迅等一批受过西方教育的有识之士积极寻找摆脱现状的出路，发起了一场思想文化革新运动。1915年9月，陈独秀在上海创办《青年杂志》（后来更名为《新青年》），从此拉开了近代中国第一次思想解放运动——新文化运动的序幕。《青年杂志》以提倡民主与科学、反对封建文化为宗旨，启发人们的民主觉悟，提倡思想革命，同时推动了马克思主义在中国的传播。

《青年杂志》（后来更名为《新青年》）是20世纪初中国一份具有深远影响力的革命杂志，在宣传民主与科学、提倡新文学反对旧文学、提倡白话文反对文言文等方面发挥了重要作用，推进了中国文化现代化的历史进程，并为其他方面的现代化奠定了坚实的文化基础。中国国家博物馆珍藏的《青年杂志》和《新青年》两本杂志，均为16开本，彩印封面，尺寸皆为纵25.5厘米、横18.5厘米。它们吹响了新文化运动的号角，见证了其对中国文化、文学的巨大影响……

辛亥革命后，中国的资产阶级登上政治舞台，要求实行民主政治，发展资本主义。西方启蒙思想进一步传播，民主共和的思想深入人心。然而，当时的西方列强不断加紧对华侵略，封建军阀对内独裁破坏民主，对外出卖国家主权。袁世凯在复辟帝制之时，掀起了一股尊孔复古的逆流，使旧道德、旧思想卷土重来，中国社会黑暗至极。在这种彷徨苦闷的氛围中，陈独秀、李大钊、胡适等一批受过西方教育的先进知识分子致力于寻求摆脱现状的出路，逐渐兴起了一场以科学和民主为旗帜，向封建传统思想、道德和文化宣战的新文化运动。

陈独秀，新文化运动的倡导者，中国共产党的创始人和早期主要领导人之一，青年时代即赴日本留学，深受西方社会主义思想的影响，参加过反清斗争和辛亥革命，曾编辑《国民日报》《安徽俗话报》等报刊，在日本与章士钊协办《甲寅》杂志。

1915年夏，陈独秀从日本回到上海，同年9月15日创办了《青年杂志》。他在创刊号的“社告”中写道，“国势陵夷，道衰学弊。后来责任，端在青年。本志之作，盖欲与青年诸君商榷将来所以修身治国之道”，将革除旧思想和封建陋习的重任寄予青年，期待青年为中华之崛起而努力。《青年杂志》的内容新颖独特，竖起民主和科学（德先生和赛先生）两面大旗，与青年共同探讨各国学术、思潮，给沉闷的思想教育界吹来一股清风，使人们从封建专制主义造成的盲从和蒙昧中解放出来，被誉为“青年界之金针”和“良师益友”。

由于陈独秀在日本时曾有协助章士钊办《甲寅》杂志的经历，《青年杂志》的创办也受到《甲寅》杂志的影响。二者不仅在政治立场和发刊主旨上相似，而且在作者群和编辑思路等方面也有很多沿袭，而对于“通讯”栏目这种讨论形式的注重，二者更是如出一辙。《甲寅》于1915年10月出至第十期后即被袁世凯下令查封，许多人把《青年杂志》视为《甲寅》的延续与替代。

《青年杂志》最初为月刊，是综合性学术刊物，六号为一卷，每号约100页。由于与当时其他刊物名字雷同，1916年9月1日出版第二卷第一号时，《青年杂志》更名为《新青年》。1917年1月，应蔡元培的邀请，陈独秀赴北京大学担任文科学长，《新青年》编辑部也由上海迁至北京。从1918年1月的第四卷第一号起，《新青年》改版为白话文，使用新式标点，同时，带动其他刊物形成提倡白话文运动。俄国十月革命后，《新青年》刊载了部分介绍马克思主义的文章，在五四运动期间起到重要作用。1920年上半年，《新青年》编辑部又迁回上海，从第八卷第一号开始，成为上海共产党早期组织的机关刊物，与当时秘密编辑发行的《共产党》互相配合，为中国共产党的成立做出重要贡献。1921年，《新青年》迁往广州出版。1922年7月1日，出版完第九卷第六号后休刊。1923年6月，在广州改为季刊续出四期，成为中共中央的正式理论性刊物。1925年4月，又改为不定期刊物，共出版五期。1926年7月停刊。

《新青年》从第一卷第一号至第三卷第六号，一直由陈独秀一人担任主撰稿；迁至北京后，改为成立新的编辑委员会，由多人轮流做编辑。在第六卷第一号中，这种编辑方法被公之于众，所列编辑名单是：第一期，陈独秀；第二期，钱玄同；第三期，高一涵；第四期，胡适；第五期，李大钊；第六期，沈尹默。这种方法将一大批中国进步知识分子聚集在《新青年》周围，形成了新文化阵营，他们相继发表了大量具有深远影响的文章。

陈独秀在《青年杂志》创刊号上的发刊词《敬告青年》成为新文化运动的宣言书。在文中他属望青年，强调改造青年思想，辅导青年修养的重要性，呼唤青年站在时代前列，自觉担负起救国救民的重任。针对封建思想文化对国人的束缚，从“自主的而非奴隶的”“进步的而非保守的”“进取的而非退隐的”“世界的而非锁国的”“实利的而非虚文的”“科学的而非想象的”等六个方面阐述了自己对世界、社会、青年、中国未来的看法，表达了他反对封建礼教，追求民主与科学的强烈愿望。

高一涵作为新文化运动的主力军之一，曾先后在《新青年》上发表28篇作品，是陈独秀最重要的助手。在《青年杂志》第一卷第一至三号上连载的《共和国家与青年之自觉》一文，是高一涵所作最脍炙人口的政论文之一。他以西方较为先进的民主政治理论为参照，对国人尤其是青年人进行民主启蒙教育，呼吁他们自觉追求实现共和，向青年们宣传积极向上、朝气蓬勃、创新进取的人生观和价值观。

胡适加入《新青年》编辑部后，大力提倡白话文，宣扬个性解放、思想自由，在新文化运动中发挥了举足轻重的作用。他撰写的《文学改良刍议》一文，刊登在《新青年》第二卷第五号上，整篇文章语言通俗，层次分明，先总述“八事”，然后再运用大量古今中外的论据分别对“八事”进行详细论述，为后来论文的写作提供了新的标准，有利于其规范化。此外，胡适还发起文学革命，在诗歌、戏剧、小说等几个方面做出了重大贡献。

1918年，37岁的周树人在钱玄同的动员下，首次以“鲁迅”为笔名，在《新青年》第四卷第五号上发表了轰动中国文坛的白话文日记体小说《狂人日记》，这也是中国现代文学史上第一篇白话文小说。《狂人日记》看似满纸疯话，但几乎所有语言都带有一定的象征意义。它通过被迫害者“狂人”的形象以及“狂人”的自述式描写，揭示了封建礼教的“吃人”本质，对中国的社会问题进行了深刻反思，促进民众思想的觉悟，其形式和思想方面都深刻影响了二十世纪中国文学史和中国思想史。

李大钊是中国共产主义的先驱、中国最早的马克思主义传播者。十月革命胜利后，李大钊备受鼓舞，在《新青年》第五卷第五号上撰写了《庶民的胜利》和《BOLSHEVISM 的胜利》（即《布尔什维主义的胜利》）两篇文章，他在文章中热情歌颂和宣传十月革命，将布尔什维主义系统地介绍给中国人民，并指出马克思主义对中国革命的重大指导意义。这两篇文章的发表，标志着《新青年》从民主主义刊物向社会主义刊物的过渡。

中国国家博物馆馆藏的《青年杂志》，封面设计引进了西方美术和印刷的先进技术，采取横排现代版式，图文交融、方与圆相结合、色彩丰富。封面的上半部为一张长方形图片，绘有一群并肩而坐的青年学生，学生面前的桌子上摆放着纸笔，正在相互交流。由于这个时期中国的思想界深受法兰西文明的影响，陈独秀本人也极为推崇法兰西式的民主，因此图中标有法文刊名“LA JEUNESSE”，意为“青年”。《青年杂志》一至六号中每号都有一位封面人物，分别为卡内基、屠格涅夫、王尔德、托尔斯泰、富兰克林、谭根，刊内有对应文章介绍这些著名人物的励志人生或代表作品。在第一卷第一号的创刊号封面上，印有青年偶像、美国钢铁大王、慈善家——安德鲁·卡内基的肖像，呼应刊内的彭德尊从卡内基英文传记中节译并穿插个人评论的《艰苦力行之成功者：卡内基传》。以正中间的人物肖像为中心，左侧为刊号；左上角为一个形似雄鸡的图标，雄鸡图标上方注发刊时间，鸡身贯穿字母“Y”，寓意为雄鸡破晓，唤醒青年；右侧用大红色的美术字体醒目地标有《青年杂志》竖排刊名；正下方为“上海群益书社印行”字样。整个封面运用红、黑、绿三种颜色，构图既显得庄重大方，又不失明朗活泼。

相比之下，《新青年》的封面设计变得较为简洁，减少了图片和色彩的运用，重点突出“新青年”三个大字。从第二卷第一号开始，封面正中间最醒目部分，用盾牌形线条框起本期要目，更便于读者直观地了解刊物的内容。整个封面仅使用红、黑两种颜色，显得更加端庄稳重。从第七卷第一号开始，《新青年》的封面内容再次简化，只设计了一个“井”字黑框，正中竖排写有“新青年”三字，两侧是刊号和出版单位。从第八卷第一号开始，《新青年》的封面又有所变化，中间设计成了一个地球形状的图案，上有两只紧握的手，图案上方写有“新青年”，下方是刊号和出版单位。之后出版的《新青年》除第八卷第二号以罗素照片为封面外，一直沿用地球形状的图案，只是更换色彩而已。

作为新文化运动兴起的标志，创办初期的《青年杂志》及其更名后的《新青年》，将主要精力放在青年的思想启蒙和民族觉醒方面，它如春雷初动一般，唤醒青年一代冲破封建思想的牢笼，从一定程度上反映了新文化知识分子的群体意志，在传播新文化、启迪新思想方面贡献卓著，逐渐成为新文化运动中的主要宣传阵地。后期的《新青年》开始大量地介绍马列主义著作和国际无产阶级革命运动的经验，成为传播马克思主义、社会主义和共产主义的刊物，对中国共产党的创建起到了思想先导的作用，也为之后中国共产党的马克思主义发展方向提供了重要保证。

伴随《青年杂志》的出版而揭开序幕的新文化运动，以提倡民主和科学、反对封建礼教、文学革命为主要内容，既是一场文化运动，也是一场由知识分子发起的政治运动。它是对封建专制制度和封建思想文化进行的一次

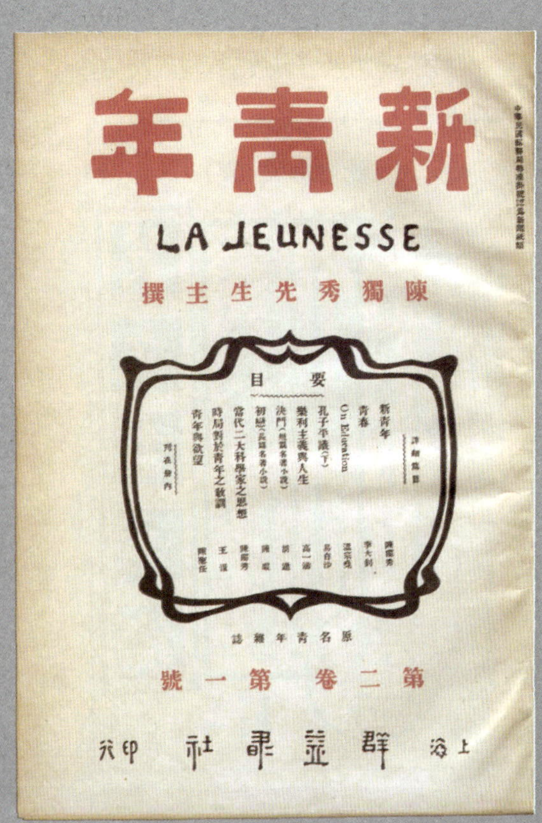

|《青年杂志》创刊号及更名后的《新青年》

猛烈的扫荡，是辛亥革命在思想文化领域的延续，在政治上和思想上给专制主义以空前沉重的打击，动摇了传统礼教的思想统治地位。五四运动后，它转变为由马克思主义理论指导的新民主主义的文化运动。

《青年杂志》及其更名后的《新青年》，在中国由旧民主主义革命开始向新民主主义革命转变的年代，指引了时代前进的步伐，为新文化运动成为影响深远的思想解放运动奠定了基础，对历史的发展和社会的进步产生了积极的推动作用。

1920

『真理的味道有点甜』

——《共产党宣言》第一个中文全译本

引言

——

1920年春天，陈望道在故乡义乌分水塘翻译了《共产党宣言》。8月，由陈望道翻译的第一个中文全译本《共产党宣言》在上海出版。这是我国第一次公开正式出版的《共产党宣言》全文，曾一再翻印，广为流传。作为国内第一部汉译马克思主义经典著作，陈望道翻译的《共产党宣言》对于马克思主义在中国的传播起到了积极作用，为中国共产党的创立和党的早期理论建设奠定了思想基础，更是鼓舞、激励了成千上万的革命者。

早在19世纪末20世纪初，马克思学说就已经开始传入中国。当时，中国的资产阶级、小资产阶级的思想家在向西方寻求救国救民的真理时，开始接触到了社会主义思潮和马克思学说，但只是把它作为一种最新学说介绍到国内。这种对马克思学说的早期介绍，表明了中国人热烈追求真理的精神，为中国思想理论界打开了一扇新的窗户。

随着马克思主义在中国的广泛传播，零散的、不系统的马克思主义论述已经难以满足中国先进分子的需要。作为马克思主义理论纲领性文件之一，《共产党宣言》全文的翻译成为中国先进分子宣传和学习马克思主义理论的迫切任务。进步刊物《星期评论》为了适应传播马克思主义的需要，拟请人全文翻译并连载发表《共产党宣言》。进步人士邵力子得到这一信息后，表示可以请理论和语言功底俱佳的陈望道来做这件事。

陈望道，1891年出生，中央大学毕业，曾留学日本，是我国最早学习、研究、传播马克思主义的先进知识分子之一。1919年6月，陈望道回国后，在浙江第一师范学校担任国文教员。五四时期，他积极投身新文化运动，带领学生发起国文教育改革和学生自治运动，遭到当局镇压，引发了轰动全国的“浙江一师风潮”。正当此时，陈望道收到邵力子发来的请其翻译《共产党宣言》的函。本来就对社会主义十分憧憬，对马克思主义充满敬仰的陈望道，毅然担当起全文翻译《共产党宣言》的重任。

为了专心致志完成好这件事情，陈望道回到家乡浙江义乌县城西的分水塘村，开始心无旁骛地潜心翻译《共产党宣言》。当时正值寒冬早春交接，天气非常冷，到了夜晚，刺骨的寒风透过四壁墙缝向他袭来，冻得他手足发麻。加之翻译所需的参考资料匮乏，陈望道付出了比平时多出数倍的精力。

习近平总书记曾讲述过陈望道翻译《共产党宣言》时的故事：“一天，

一个小伙子在家里奋笔疾书，妈妈在外面喊着说：‘你吃粽子要加红糖水，吃了吗？’他说：‘吃了吃了，甜极了。’结果老太太进门一看，这个小伙子埋头写书，嘴上全是黑墨水。结果吃错了，他旁边一碗红糖水，他没喝，把那个墨水给喝了。但是他浑然不觉啊，还说，‘可甜了可甜了’。这人是谁呢？就是陈望道，他当时在浙江义乌的家里，就是写这本书。于是由此就说了一句话：真理的味道非常甜。”

经过几个月的潜心研究和辛苦忙碌，依据戴季陶提供的《共产党宣言》日文版，参照陈独秀通过李大钊从北京大学图书馆借到的英文版，陈望道终于完成了全书的翻译。1920年5月，在接到《星期评论》编辑部的电报后，陈望道立即携带译稿赴沪。不料上海当局对《星期评论》实施邮检，造成该刊停办，使得在该刊连载《共产党宣言》的计划无法实现。于是，陈望道找到自己的学生俞秀松，托他将译稿转交给陈独秀。陈独秀、李汉俊将译稿校阅一遍后决定出版单行本，但在筹措出版经费时遇到了困难。这时，恰好共产国际特使维经斯基和翻译杨明斋来到上海，陈独秀在和他们讨论中共建党问题时，提及此事，维经斯基当即表示愿意资助出版。为此，上海的共产党早期组织在辣斐德路（今复兴中路）成裕里12号秘密建立了一个取名“又新”的小型印刷所，承印陈望道翻译的《共产党宣言》。

1920年8月，《共产党宣言》第一个中文全译本终于问世了，为竖排平装本，内文共56页，以五号铅字印刷，每页11行，每行36字，文中部分专用名词后注有英文供参照。封面标注“社会主义研究小丛书第一种”，作者标注为“马格斯、安格尔斯合著”“陈望道译”。书末版权页还竖排印有几行字：“一千九百二十年八月出版”“定价大洋一角”“印刷及发行者社会主义研究社”。封面印有水红色马克思微侧半身肖像，这是马克思1875年在伦敦拍摄的肖像。书的尺寸纵18厘米，横12

| 陈望道翻译的《共产党宣言》全译本

厘米。

《共产党宣言》中文全译本首版时共计印行1000册，现在存世的仅11本。全本以意译为主，许多新名词和专用术语以及部分章节标题如“贵族”“平民”“宗教社会主义”等都用英文原文加括号附注，因此书中随处可见英文原文。在“有产者与无产者”一章标题旁，除标明英文原文外，还用中文注释：“有产者就是有财产的人，资本家、财主……无产者就是没有财产的劳动家。”全书错字、漏字有25处，如第一页中“法国急进党”误为“法国急近党”。

值得注意的是，由于排版疏忽，封面书名“共产党宣言”错印成了“共党产宣言”。马克思、恩格斯被译为“马格斯、安格尔斯”。书初版1000册，全部送人。当年9月再印1000册，封面书名更正为“共产党宣言”，马克思肖像的底色改成了蓝色，书中正文只字未动。这虽然只是一次重印，但封三的版权页上却印着“一千九百二十年九月再版”字样。

刚拿到还散发着油墨清香的《共产党宣言》中文首译本，陈望道即将其赠给鲁迅和他的胞弟周作人，以求指正。鲁迅在收到书的当天就仔细阅读了一遍，对这位小同乡的作为赞赏有加：“现在大家都在议论什么‘过激主义’来了，但就没有人切切实实地把这个‘主义’真正介绍到国内来，其实这倒是当前最紧要的工作。望道在杭州大闹了一阵之后，这次埋头苦干，把这本书译出来，对中国做了一件好事。”

这件事好在什么地方？

首先，加速了马克思主义在中国的传播。《共产党宣言》中文全译本问世，正是五四运动后新文化运动深入发展、马克思主义广泛传播时期。作为科学社会主义标志性著作、马克思主义代表性著作的《共产党宣言》中文全译本的出版发行，有力地推动了新文化运动的深入发展，有力地推动了马克思主义的广泛传播，使广大知识分子特别是先进知识分子更全面、更深入、更便捷地了解、学习、宣传、研究和运用马克思主义。

其次，为中国共产党建党工作助力护航。在陈望道翻译的《共产党宣言》中文全译本出版前后，正是中国共产党筹建时期，上海、北京等地早期共产党组织纷纷成立。陈望道本人就与陈独秀、李汉俊等人一起参与了上海共产党早期组织的创建工作，是我党最早的党员之一。起初，我们要建立一个什么样的共产党，建立共产党为了什么，怎样建立共产党，在很多参与建党工作的人的头脑里，还不是十分清晰的。但是学习并研究了《共产党宣言》中文全译本后，这些根本性的问题基本弄清楚了。1920年11月，党的发起组起草并制定的《中国共产党宣言》，就是学习和研究了《共产党宣言》中文全译本的产物，明确阐述了我们党对共产主义理想、共产主义目的和阶级斗争现状的基本认识。中共一大通过党的纲领，明确提出以无产阶级革命军队推翻资产阶级，采用无产阶级专政，以达到阶级斗争的目的——消灭阶级、废除资本私有制等内容。能形成这样鲜明的党纲，应该说是与《共产党宣言》中文全译本在党内的影响分不开的。

再次，从翻译片段到翻译全文，从秘密出版到公开发行，从伪装本、手抄本到纪念版、珍藏版，《共产党宣言》的不同中译本，不仅影响了孙中山、毛泽东、邓小平等历史伟人，更见证了中华民族百年来的屈辱与奋起，以及中国共产党人坚持不懈追求真理的初心。1936年，毛泽东在陕北曾对美国记者斯诺说："有三本书特别深地铭刻在我的心中，建立起我对马克思主义的信仰。我一旦接受了马克思主义是对历史的正确解释以后，我对马克思主义的信仰就没有动摇过。"排在这三本书之首的即是陈望道翻译的《共产党宣言》。毛泽东进而又说："到了1920年夏天，在理论上，而且在某种程度的行动上，我已成为一个马克思主义者了，而且从此我也认为自己是一个马克思主义者了。"

此外，周恩来、刘少奇、朱德、邓小平等老一辈无产阶级革命家，对《共产党宣言》都情有独钟，《共产党宣言》成为他们参加革命斗争的指路明灯。1975年，周恩来对陈望道深情地说，当年长征的时候他把《共产党宣言》当作“贴身伙伴”。邓小平在法国勤工俭学时，就开始学习《共产党宣言》，正是这本书使他由工业救国的爱国青年逐步成长为一个坚定的马克思主义者。其他许多老一辈革命家也都是读着《共产党宣言》走上革命道路、进而成为坚定的马克思主义者的。

马克思、恩格斯撰写的《共产党宣言》，不仅对过去一个多世纪的人类社会发展进程产生了不可估量的影响，而且是中国共产党人革命信仰的起点。而陈望道翻译的《共产党宣言》中文首译全本，对于宣传马克思主义，推动中国革命的蓬勃发展，起到了非常重要的作用。随后，《共产党宣言》在平民书社、上海书店、国光书店等相继出版，到1926年5月已刊印17版。

可以说，一本书，影响了一群人。

正是这一群人，改变了中国命运。

1921 

『一面公开树立起来的旗帜』

——《中国共产党第一个纲领》

引言

——

100年前的那个夏天，中共一大因被租界巡捕窥探而被迫中断，代表们从上海辗转来到浙江嘉兴南湖，在游船上继续完成了会议最后一天的议程。在会议讨论通过的所有文件中，分量最重的无疑就是这份《中国共产党第一个纲领》了。如果说，嘉兴南湖会议标志着中国共产党这艘“红船”启航的话，那么，《中国共产党第一个纲领》的制定，则意味着中国共产党人革命旗帜的树立，以及初心和使命的提出。正如革命导师马克思、恩格斯曾说过的：纲领是“一面公开树立起来的旗帜”，“制定一个原则性纲领”，“就是在全世界面前树立起一些可供人们用以判定党的运动水平的界碑”。

历史，总是在偶然中体现着某种必然。随着马克思主义在中国的广泛传播并日益同工人运动相结合，建立一个以马克思主义理论为指导的工人阶级政党的任务被提上了日程。

1921年7月23日晚8时，中共一大在上海法租界贝勒路树德里3号（后称望志路106号，现为兴业路76号）开幕，李达、李汉俊、董必武、陈潭秋、毛泽东、何叔衡、王尽美、邓恩铭、张国焘、刘仁静、陈公博、周佛海、包惠僧共13个人，代表全国50多位早期共产主义者。参加会议的还有2位外国人，他们是共产国际代表，即荷兰人马林和俄国人尼克尔斯基。陈独秀和李大钊，这两位当时全国最著名的共产主义者因故没能来，但对于这一天，他们其实已经等了很久。

7月30日的第6次会议原定是闭幕会，讨论通过包括党的第一个纲领在内的重要文件。一个可疑的中年男子装作走错门闯入会场，引起了共产国际代表马林的警觉，凭借丰富的地下斗争经验，他建议大家迅速撤离。在代表们散去十几分钟后，法国巡捕就上门搜查，却一无所获。由于法租界巡捕闯入和警察搜查的影响，会议无法在上海继续举行。权威著作《中国共产党历史》第一卷是这样表述的："由于代表们的活动已受到监视，会议无法继续在上海举行。于是，代表们分批转移到浙江嘉兴南湖，在一艘游船上召开了最后一天的会议。"

从目前掌握的材料看，共产国际代表马林和尼克尔斯基没有跟随代表们到嘉兴南湖，因为他们是外国人，容易引起密探的注意。李汉俊没有去南湖开会，他是中共一大会址（望志路106号）的房东，当时已处于法国巡捕的监视中，不便离开上海。何叔衡也没有去，他参加完前两天会议后，于7月25、26日休会期间动身回了湖南。陈公博是携新婚妻子来开会的，因所住的大东旅馆在7月30日夜里发生凶杀案，便于次日离开上海前往杭州游玩。

最终只有10名代表登上了这艘游船，他们分别是：李达、张国焘、刘仁静、毛泽东、董必武、陈潭秋、王尽美、邓恩铭、周佛海和包惠僧。南湖游船上这10位代表，继续商讨7月30日未能完成的议题。经过7个小时的讨论，会议通过了《中国共产党第一个纲领》等有关文件，选举产生了中央局，宣告了中国共产党的正式成立。

南湖游船上通过的《中国共产党第一个纲领》的主要内容是：确定党的名称为“中国共产党”；规定党的奋斗目标是以无产阶级的革命军队推翻资产阶级，建立无产阶级专政，废除私有制，直至消灭阶级差别；提出了发展党员、建立中央和地方机构等组织制度；确定党内实行民主集中制的组织原则，还规定了党的纪律。

今天，在中国国家博物馆《复兴之路》基本陈列的展厅里，对应着《中国共产党第一个纲领》中文说明牌的位置，摆放的是三张有些泛黄的俄文打印纸。许多观众忍不住问，既然是中国共产党的重要文件，为什么用的是俄文呢？

这是因为中共一大召开时，党还处于秘密状态，因此中共一大纲领和会议形成的原始文件没能保存下来。对此，陈独秀曾于1923年8月18日在代表中共中央向第三次代表会议的报告中指出：“我们只能提出关于最近几个月的详细报告，因为其余材料落到上海法国巡捕的手里了，并且由于一个同志被捕，使得所有的材料全部遗失了。”可见1923年前后，党中央在上海曾遭到一次破坏，许多中央档案都遗失了，也许就包括中共一大档案。档案的遗失，使得中共一大的历史一度成谜，甚至许多当年的代表都无法清楚地回忆起来。

这些重要档案到底在哪里？一直到1956年底才出现了转机。

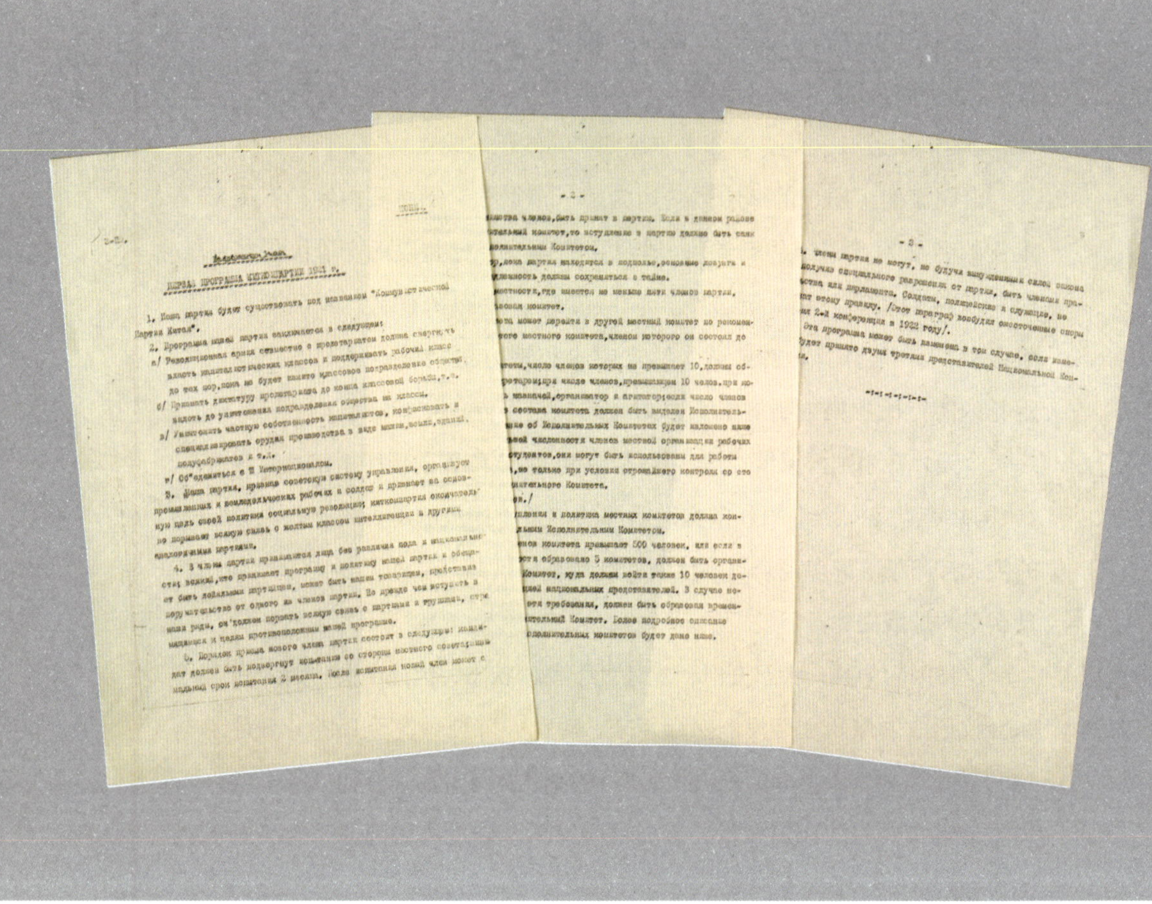

|《中国共产党第一个纲领》俄文版

1956年12月，苏共中央把原中共驻共产国际代表团的档案移交给中共中央。时任中共中央办公厅主任的杨尚昆派人到莫斯科接收了这批共计18箱的文件，其中就有俄文版的《中国共产党第一个纲领》。

这份俄文档案是什么时间由中文译成俄文的，又是由谁在什么时间带到共产国际的，目前无从考证。中央档案馆筹备处曾将此件和《中国共产党第一个决议》及《中国共产党第一次代表大会》一并送请董必武帮助鉴别。董必武在1959年9月5日的复信中说："我看了你们送来的《党史资料汇报》第六号、第十号所载：'中国共产党第一次代表大会'、'中国共产党第一个决议'及'中国共产党第一个纲领'，这三个文件虽然是由俄文翻译出来的，在未发现中文文字记载以前，我认为是比较可靠的材料。"

1960年，美国学者韦慕廷在哥伦比亚大学图书馆发现了陈公博的硕士论文《共产主义运动在中国》。在论文附录中，出现《中国共产党第一个纲领》(英文版)。经对照，纲领英文版与俄文版内容基本相同，仅具体文字稍有出入。《中国共产党第一个纲领》这份珍贵的文献是如何被陈公博引用为硕士论文附件的呢?

中共一大以后，陈公博返回广东，对马克思主义的政治热情急剧下降。1922年6月，陈炯明发动叛乱，炮轰孙中山的总统府。为此，中共中央召开杭州西湖会议，决定联孙反陈。但陈公博破坏党的纪律，公然写文章支持陈炯明，这理所当然地遭到中央的批评。后来，他竟公然声明拒绝接受党的约束，不再履行党的任务，与中共中央决裂。不久，陈公博便前往美国哥伦比亚大学就读。求学时，陈公博刻意研究马克思列宁主义的政治和经济学理论，试图从根本上推翻共产主义学说的理论基础。而他在论文的附件中把中共一大讨论通过的这份党纲附上，应该就是为了支持自己的论点。

经对照，《中国共产党第一个纲领》英文本与俄文本的内容基本相同，均为15条；其中第10条内容后，均缺少第11条的序号和内容，其余条文要点基本相同，仅文字稍有出入。两种文本在第11条都有注。俄文本第11条注："遗漏。"英文本注："陈的稿本上没有第11条，可能是他在打次页时遗漏了，也可能是由于他把第10条以后的号码排错了。"经过对比两个译本可以证明：中共一大确曾存在党的第一个纲领，党纲的内容一共名义上15条，现存14条，缺第11条。

这条被"遗漏"或被抹去的内容会是什么呢？目前还没有定论。根据中共一大的其他文件和党在后来的实际活动来看，有学者认为这一条是有关党的宣传工作的。从行文上看，第9条规定党的地方委员会应设书记、财务委员、组织委员、宣传委员；第10条说的是组织工作；第12条说到地方委员会的财政等要受监督。全文没有专门的条款来谈宣传工作，不仅和一大以后党的实际情况不符，和同在一大上通过的党的第一个决议也是不符的，因此第11条可能说的是党的宣传方针、计划和政策，因为比较具体、秘密，所以不便公开。

在中国共产党的党章发展史上，中共一大纲领是一个良好的开端，为后来党章的制定和完善奠定了基础。《中国共产党第一个纲领》的第一条明确规定："我们的党定名为'中国共产党'。"党的名称的确定不是偶然的，是我们党坚持马克思主义建党原则的必然结果，实际上表明了中国共产党是无产阶级政党的性质。

在组织原则方面，《中国共产党第一个纲领》规定"本党采用苏维埃的形式"，也就是实行代表会议或代表大会制度，明确规定了党的各级领导机构采取委员会制度，规定了各级党组织的机构和制度，体现了下级服从上级、个人服从组织的精神和原则。

对于党员入党的条件和手续，《中国共产党第一个纲领》这样规定："凡承认本党纲领和政策，并愿成为忠实党员的人，经党员一人介绍，不分性别、不分国籍，均可接收为党员，成为我们的同志。但在加入我们队伍之前，必须与企图反对本党纲领的党派和集团断绝一切联系。”“候补党员必须接受其所在地的委员会的考察，考察期限至少为两个月。考察期满后，经多数党员同意，始得被接受入党，如该地区设有执行委员会，应经执行委员会批准。”

虽然不是党的正式党章，但《中国共产党第一个纲领》已经包含了党章的内容，具有了党章的初步体例，实际上起到了党章的作用。它以明确的语言，体现了中国共产党从建党伊始就坚持马克思列宁主义建党学说的重要思想和原则，旗帜鲜明地把社会主义和共产主义规定为自己的奋斗目标，并且坚持用革命的手段来实现这个目标，从而同崇拜资产阶级民主制度、主张走议会道路的第二国际社会民主主义划清了原则界限。

年轻的中国共产党一经成立，就把马克思列宁主义确立为指导思想，写在了自己的旗帜之上。因为，“主义譬如一面旗子，旗子立起了，大家才有所指望，才知所趋赴”。

在通过了《中国共产党第一个纲领》等文件后，中共一大在嘉兴南湖的游船上悄然落幕，一个新的革命火种在沉沉黑夜的中国大地上点燃起来，开始了一个新的纪元。

1921 

中国共产党的起航

——浙江嘉兴南湖红船

引言

——

因受租界巡捕的干扰，中共一大的最后一天被迫转移到浙江嘉兴南湖的一只游船上举行，历史选择了南湖红船。在这只小小的红船上，通过了《中国共产党第一个纲领》和《中国共产党第一个决议》，对今后党的工作做出安排部署，选出了中共历史上第一个中央领导机构，宣告了中国共产党的正式成立。这次红船上的会议也诞生了“红船精神”，习近平总书记将其概括为“开天辟地、敢为人先的首创精神；坚定理想、百折不挠的奋斗精神；立党为公，忠诚为民的奉献精神”。今天，作为党的精神财富的重要组成部分，“红船精神”越发彰显出超越时空的恒久价值和旺盛生命力。

2017年10月31日下午，习近平总书记率领新一届中共中央政治局常委专程来到浙江嘉兴，瞻仰南湖红船。回望中国共产党96年苦难而辉煌的历史，习近平感慨："小小红船承载千钧，播下了中国革命的火种，开启了中国共产党的跨世纪航程。"

嘉兴红船再次成为世人关注的热点。

让我们翻开中国共产党百年波澜壮阔历史的第一章。1921年6月29日，37岁的谢觉哉在日记中写道："午后六时叔衡往上海，偕行者润之，赴全国○○○○○之招。"谢觉哉后来解释说，这五个圆圈是"共产主义者"，当时怕泄露导致出现不安全因素，只能以圈代意。在那个年代，信仰的选择也是生命的抉择，即便如此，十几位风华正茂的年轻人还是冒着生命危险，怀着坚定的信念陆续向上海汇集，准备在沉沉黑夜的中国大地上点燃新的革命火种。

中国共产党第一次全国代表大会于1921年7月23日在上海法租界望志路106号——一幢当时上海常见的石库门住宅建筑里秘密召开。这幢建筑为上海共产党早期组织发起人之一李汉俊及其兄李书城（同盟会发起人之一）租用。出席会议的代表有13人，他们是：上海的李达和李汉俊，北京的张国焘和刘仁静，湖南的毛泽东和何叔衡，湖北的董必武和陈潭秋，山东的王尽美和邓恩铭，广东的陈公博，旅日的周佛海，以及陈独秀的代表包惠僧。他们代表全国五十多位早期共产主义者。荷兰人马林和俄国人尼克尔斯基作为共产国际代表也参加了会议。

7月30日，会议正在进行之中，一名陌生的中年男子突然走向会场。担任会场警卫工作的王会悟（李达的夫人）上前盘问，对方说找社联的王先生。王会悟对这里的情况比较了解，说这里没有这人。那人随即离开。王会悟感到不大对劲，就通过马林的翻译杨明斋向马林汇报了这个情况。具有长期秘密工作经验的马林断定此人是租界巡捕房的探子，巡捕很快就会过来，建议马上中止会议，大家分头转移。会后查证，那个男子叫程子卿，任上海法租界巡捕房的政治探长，当时正受雇于法租界巡捕房，在盯梢共产国际代表马林的行踪。果然，就在与会代表离开后不久，法租界的巡捕来到会场，进行搜查。这样，会议在这里举行已经不安全，需要寻找新的会址，继续开会，通过党纲，研究今后工作，选举中央局。

在新会址选址商议中，有人提出在上海另找旅店，接着开会；也有人提议去杭州西湖开会，因为那里比较安静，是个开会的好地方。这两个提议被多数人否决，理由是两个地点都是繁华热闹之地，军阀与外国势力控制严厉，密探出没无常，不够安全。这时，曾在浙江嘉兴师范学校读过书的王会悟建议离开上海，将会议转移到嘉兴南湖继续进行。她提出南湖离上海很近，从上海到嘉兴只及上海到杭州的一半路程，另外，这里比较偏僻，人流量小，相对安全，而且在火车站附近，交通便利，大家可以扮作游客在船上开会。这个建议得到大家的一致赞同，委托王会悟负责安排前往嘉兴的交通和会务。

就这样，历史选择了嘉兴南湖。

8月2日一早，王会悟与几位代表先行出发，坐火车到达嘉兴打前站。他们在当地的鸳湖旅馆开了两个房间作为代表们的歇脚之处，并预订了第二天开会的船只和午餐。当时租船共花了8块大洋，其中3块大洋用于代表们在船上的一顿午饭，其余5块大洋是租船的费用。王会悟等人还登上南湖岸上的烟雨楼察看地形，商定了开会时将游船撑到湖心岛东南方向约200米的水面上，因为那里比较僻静，便于开会和警卫。

嘉兴南湖风景优美，历来是文人雅士游玩山水、吟诗作赋的去处。清朝诗人吴伟业曾这样描绘南湖，“酒尽移船曲榭西，满湖灯火醉人

| 浙江嘉兴南湖红船

归”，可见当时游船盛景。民国初期，嘉兴南湖上的画舫已成为一道亮丽的风景线，至今我们仍可以在嘉兴南湖烟雨楼一楼内的墙壁上看到一幅嘉兴本地女书法家方志远书于民国丁卯年（1927年）的楹联（门字联）：“出东郭门半里而遥，春水绿波处处美人画舫。与南堰镇隔湖相望，夕阳芳草寻寻高士祠堂。”

王会悟所租的这只船是一种当地常见的中型画舫，被称为丝网船，雕梁画栋，纹饰精美，长十多米，为单夹弄船，即指船的中舱和后舱之间仅有一条通道的船。船头扁平，分前中后3个舱，前舱最高，上盖有拱形的顶棚；中舱密封，两侧整齐排列着方形的小窗，笔者曾有幸入内瞻仰，空间不是很大，中间摆着一张能够打麻将的红木八仙桌，四周放的是方凳，外围是椅子和茶几，还有一张可以抽鸦片的罗汉床，显然是休闲娱乐的场所；后舱是半开放式的，顶棚是比较平缓的孤盖。船壳为黄褐色，硬棚是黑红色，茅棚是烟灰黑。顶棚边缘配有金色的雕花。

李汉俊没有去南湖开会，他是上海法租界望志路106号的房东，当时已处于法租界巡捕的监视中，不便离开上海。广东代表陈公博因其住宿的旅馆在前几天晚上发生了枪杀事件，误以为事件是冲着他来的，心里感到十分害怕，于是便带着新婚妻子去了杭州西湖。何叔衡提前回了湖南。马林和尼克尔斯基因为是外国人，容易引起密探的注意，也没有出席南湖的会议。其他代表在王会悟的引导下，在嘉兴东门的狮子汇渡口登上摆渡船，到南湖换乘所订的游船。这样，最终有10名代表登上了这艘游船，他们分别是：李达、张国焘、刘仁静、毛泽东、董必武、陈潭秋、王尽美、邓恩铭、周佛海和包惠僧。当时他们还特意准备了一副麻将牌，以掩人耳目。

代表们全部上船后，王会悟指挥游船环湖一周，然后让船工把船停在湖心岛烟雨楼东南约200米的僻静水面上。中午11点左右，会议正式开始，继续商讨7月30日未能完成的议题。王会悟装扮成一个当地歌女，坐在船头担任警戒工作。若有船划近，她就用纸折扇敲击船板，提醒代表警惕。这时，船舱里就会立即传出噼啪作响的搓麻将声和吆喝声，留声机也响起了京剧段子，就像一群年轻人在船上休闲、打麻将。这天是阴天，下着小雨，整个湖面上只有四五只游船，游人很少，适合开会。

会议进行了7个小时，先是讨论并通过《中国共产党第一个纲领》，其主要内容是：确定党的名称为“中国共产党”；规定党的奋斗目标是以无产阶级的革命军队推翻资产阶级，建立无产阶级专政，废除私有制，直至消灭阶级差别；提出了发展党员、建立中央和地方机构等组织制度；确定党内实行民主集中制的组织原则，还规定了党的纪律。这份纲领兼有党纲和党章的性质，是中国共产党的第一个正式文献。会议接着讨论并通过《中国共产党第一个决议》，对今后党的工作做出安排部署。

经过与会代表的无记名投票，会议选举产生了中央局领导机构：陈独秀为中央局书记，张国焘分管组织工作，李达分管宣传工作。会议宣告了中国共产党的正式成立。最后，与会者齐呼“第三国际万岁！”“中国共产党万岁！”

会议在当天下午6时左右结束后，代表们离开游船，大多数人乘坐当晚8时15分的115次夜快车返回上海。

由于历史原因，当年中共一大代表们在南湖开会时所用的游船已经在抗战时期绝迹了。1959年10月南湖革命纪念馆成立时，根据当年负责会务工作的王会悟的回忆，仿制了一艘丝网船模型，送到北京请中共一大代表董必武审定认可。后按模型原样仿制了一艘画舫，作为南湖革命纪念船，停泊在烟雨楼前水面上，供群众瞻仰，作革命传统教育之用。这只仿建的游船不仅集丝网船、灯船的优点于一身，而且船上的屏风、气楼的雕刻图案，如花卉和戏曲人物等栩栩如生。

这艘游船发生的故事，生动地告诉人们什么是“国家兴亡，匹夫有责”，什么是“苟利国家生死以，岂因祸福避趋之”，什么是国家大义。因为这段重大的历史，这艘游船获得了一个永载中国革命史册的名字——红船。之所以称为红船，应当是取自中国共产党人的理想信念之意，红色象征进步与光明，红色寓意革命和奋进，红色的火种是从这里开始传遍神州大地。可以说，红船是中国共产党的“母亲船”，是中国革命源头的象征。党的星星之火，从南湖红船开始，以燎原之势蔓延到全国各地，从此，它引领中国人民进入了一个新时代。

1964年，董必武重来南湖，感慨万千，挥毫题诗一首：“革命声传画舫中，诞生共党庆工农；重来正值清明节，烟雨迷蒙访旧踪。”改革开放以来，邓小平、江泽民、胡锦涛等党和国家领导人，亲切关怀党的诞生地，前来瞻仰红船。1985年，邓小平亲笔为南湖革命纪念馆题写馆名。

2005年6月21日，时任浙江省委书记的习近平在《光明日报》上发表了《弘扬“红船精神”　走在时代前列》的署名文章，系统阐述了“红船精神”的历史及现实意义，将“红船精神”概括为“开天辟地、敢为人先的首创精神；坚定理想、百折不挠的奋斗精神；立党为公、忠诚为民的奉献精神”。10多年来，“红船精神”丰富的思想价值被不断发掘，南湖红船成为全国人民尤其是党员干部心向神往的革命圣地。今天，作为党的精神财富的重要组成部分，“红船精神”越发彰显出超越时空的恒久价值和旺盛生命力。

回首百年，中国共产党在中华民族处于危难之际，毅然决然地肩负起民族复兴的神圣使命，历经磨难和牺牲，在一次次血与火的淬炼与砥砺中，形成了红船精神、井冈山精神、长征精神、延安精神等宝贵的精神财富。一代又一代中国共产党人在这些精神的鼓舞和指引下，不忘初心、牢记使命，以“抛头颅，洒热血”的担当，跨越了重重艰难险阻，带领中国人民取得了中国新民主主义革命、社会主义革命和建设的一个又一个伟大胜利，在改革开放的大道上阔步前进，实现了团结带领中国人民从站起来到富起来再到强起来的历史性进步。中国共产党百年的奋斗史告诉我们，无论过去还是未来，“红船精神”都永不过时，仍将是中国共产党引领中国人民决胜全面建成小康社会、实现中华民族伟大复兴中国梦的强大动力。

1923

中国工人运动第一次高潮

——京汉铁路江岸工会会员证章

引言

中国共产党成立后，把工作重心放在组织工人阶级、发动工人运动上，从1922年1月开始的短短一年多时间里，先后组织大小罢工斗争100余次，参加人数30万人以上，逐渐掀起中国工人运动第一次高潮。在这些早期工人运动中，京汉铁路工人是首先崛起的一支产业工人队伍。京汉铁路工人运动的蓬勃发展，给帝国主义和反动军阀政府以政治和经济上的沉重打击。京汉铁路工人罢工虽然以失败告终，但它显示了中国工人阶级的力量，为中国共产党领导工人阶级和人民群众进行民族民主革命提供了宝贵的经验教训，在中国工人运动史上写下了光辉的篇章。作为京汉铁路工会组织不断壮大的重要见证，这枚工会会员证章向我们“讲述”了早期工人运动发展的历程……

中国国家博物馆珍藏着一批反映中国共产党成立以后组织和发动工人运动的实物见证，京汉铁路江岸工会会员证章就是其中非常珍贵的一件。它是江岸工会成立后，颁发给会员的身份证明。当时，江岸工会有两三千名会员，凡加入工会的工人均会发此证章。

证章为银质，圆形，直径3.5厘米，正面边缘刻有“江岸京汉铁路工会会员证”字样，内圆有“劳工神圣”四字。这枚京汉铁路江岸工会会员证章的中央“双翼车轮形”图案十分醒目，据1923年出版的《中国铁路史》记载，1919年5月10日，民国政府交通部总长以“各国铁路均有一定旗式，而我独阙殊，不足以示标志而壮观瞻”为由，要求路政司制作一面“轮轨双翼式”图案的旗帜，于当月21日公布使用。之后，原有的钢轨部分逐渐被省去，简化为“双翼车轮形”。江岸工会成立时，“双翼车轮形”被镌入证章之中，以示行业特征。京汉铁路总工会、长辛店京汉铁路工人俱乐部以及石家庄正太铁路工会等会员证章上，都使用了这种徽志。1954年1月，这枚证章由中国工人画刊社拨交中国革命博物馆（现中国国家博物馆）珍藏。历经百年沧桑，它的表面已氧化变黑，只有突出的文字和图案还能显现出它原有的本色。证章虽小，但却见证着中国共产党成立以后推动工人运动迅猛发展的情况。

1921年7月中国共产党成立后，把工作重心放在组织工人阶级、发动工人运动上。共产党组织在工人中传播新思想、宣传自己的政治主张，教育和团结工人进行革命斗争。从1922年1月至1923年2月的13个月中，中国工人阶级掀起了第一次工人运动高潮，在此期间发生的大小罢工斗争达100次以上，参加人数达30万人以上，包括香港海员大罢工、安源路矿工人大罢工、开滦煤矿工人大罢工、京汉铁路工人大罢工等多个具有影响力的工人运

| 京汉铁路江岸工会会员证章

动，特别是1923年2月发生的京汉铁路工人大罢工，使第一次工人运动的高潮达到顶峰。

1921年5月，长辛店铁路工人会正式成立，这是在马克思主义指导下，中国共产党早期组织领导建立的第一个工人阶级的产业工会。7月，中共一大在上海召开，大会汇报了长辛店铁路工人会的情况，并明确提出“本党的基本任务是成立产业工会。……工人学校应逐渐变成工人政党的中心机构”。在中共一大制定的工人运动方针指导下，各地党组织全力组织、开展工人运动，一批产业工会和地区工会如雨后春笋般破土而出。

1921年8月中旬，中国劳动组合书记部在上海成立，主要任务是进行宣传教育，启发工人的阶级觉悟，深入发动工人群众，组织工会，开展罢工斗争。在其领导下，京汉铁路全路各站工人陆续成立自己的工会组织。

中国劳动组合书记部武汉分部成立后，将工作重点放在京汉铁路的江岸车站。江岸站是京汉铁路南段总站所在地，这里工人多，受北方工人运动的影响最早。党组织先后派项德隆（项英）、陈潭秋、林育南、施洋等人到江岸站宣传革命思想，培养了林祥谦、曾玉良等一批工人积极分子。1922年1月，江岸京汉铁路工人俱乐部在汉口成立，选举杨德甫、黄桂荣、项德隆、林祥谦等人为负责人，施洋为法律顾问。7月，武汉各工人团体最先组成全国第一个地方工会组织——武汉工团联合会，包括江岸京汉铁路工人俱乐部在内共20个工会组织，会员3万余人。不久，改名为湖北全省工团联合会。

1922年4月，京汉铁路全路第一次代表会议在长辛店召开，筹备成立京汉铁路总工会。8月在郑州召开第二次代表会议，成立总工会筹备委员会。1923年1月，筹备委员会召开第三次代表会议，决定于当年2月1日在郑州正式举行京汉铁路总工会成立大会。

京汉铁路是重要的交通命脉，京汉铁路工人运动的蓬勃发展，从政治和经济上都给反动军阀政府沉重打击，同时也威胁到帝国主义国家在华利益。尤其是即将举行的京汉铁路总工会成立大会，使得把京汉铁路视为私产的军阀吴佩孚如坐针毡，他在公开场合打着“保护劳工”的幌子，但背地里却积极筹划对付工人运动。

1月28日，郑州警察局局长黄殿辰到总工会筹备会宣布吴佩孚电令，禁止铁路工人在郑州召开总工会成立大会，并于2月1日清晨对郑州全城内外紧急戒严。京汉铁路全路各站和兄弟铁路工团的代表们毫不畏惧，他们同郑州铁路工人一道，冲破军警阻拦，进入大会会场。大会秘书李震高声宣布：“京汉铁路总工会成立了。”工人代表高呼“京汉铁路总工会成立大会万岁！”“劳动阶级胜利万岁！”等口号。反动军警出动，不仅扰乱、捣毁会场，还对参会代表进行种种限制。

在这样的极端压迫下，当晚，新成立的总工会秘密召集各分会代表，决定从2月4日起，进行全路总同盟罢工，同时总工会迁至汉口江岸，成立总罢工委员会，统一指挥罢工运动。总工会还发表了《紧急启事》和《京汉铁路总工会全体工人罢工宣言》，号召全路工人团结一致，以罢工来支持工人们的正义要求。各分会代表返回驻地后，向工人们报告了吴佩孚武力干涉总工会成立的暴行，并传达了总工会关于举行罢工的决议，全路工人一致响应号召。在总工会领导下，各站分会成立了罢工委员会、纠察团、调查团和演讲团等组织。

2月4日上午，全路遵照总工会规定的时间，中段从9时起、南段从10时起、北段从11时起，先后宣布罢工，京汉铁路工人总同盟大罢工爆发，3万余名工人集体罢工，1200多公里的京汉铁路顿时陷入瘫痪。当天，中国劳动组合书记部通电全国，热情赞扬京汉铁路工人的政治觉悟与斗争精神。

5日至6日，全路各站的工人罢工斗争遭到反动军阀的干涉。他们软硬兼施、威逼利诱，使出各种卑劣手段企图迫使工人复工，但工人们英勇不屈，毫不动摇，继续坚持斗争。在电讯被切断的不利情况下，各站分会虽然与江岸的总工会失去了联系，但仍然秩序井然，坚决服从和维护总工会的领导。与此同时，为全力支持京汉铁路工人的罢工，湖北全省工团联合会和各界群众代表云集江岸，举行慰问大会，会后又组织万人游行活动声援罢工斗争。道清路、正太路、粤汉路等地区的铁路工人也纷纷宣布罢工，以示支援；北京市民组织京汉罢工后援会，举行示威游行援助罢工斗争。

京汉铁路工人总同盟罢工引起帝国主义和反动军阀的恐慌，在帝国主义支持下，吴佩孚调集2万多人的军队，对京汉铁路沿线各主要站点的罢工工人进行血腥屠杀，其中最为严重的是江岸和长辛店。

2月7日下午，湖北督军萧耀南派出军队分三路包围江岸工会，并开枪射击在场工人，当场打死赤手空拳的工人30余人，打伤200余人，逮捕60余人。工人纠察团副团长曾玉良手持棍棒与荷枪实弹的敌人展开肉搏，最终在搏斗中英勇牺牲。此后，军队包围工人宿舍，逮捕了江岸工会委员长林祥谦。反动军队将林祥谦和其他几十名被捕的工人捆缚在车站的电线杆上进行毒打，威逼他们复工，林祥谦宁死不屈、慷慨就义。当晚，律师施洋以“煽动工潮”的罪名在家中被捕，之后被押送至湖北陆军审判处开庭审理。在法庭上，他痛斥北洋军阀的反动本质，未等法庭审理结束，便于2月15日被杀害。

在长辛店，工人的罢工斗争也遭到疯狂镇压。6日晚，军队搜查工人宿舍，逮捕11人，准备天亮押往保定。7日，3000余名工人群众齐集军营门口，要求释放被捕工人。军队向手无寸铁的群众开枪射击，又以马队践踏，当场牺牲5人，重伤30余人，被捕30余人。

在反动军阀的血腥镇压下，中国劳动组合书记部被破坏，各地工会大部分被封闭，京汉铁路各站工人被迫陆续复工，京汉铁路工人罢工以失败告终。据统计，在这次罢工中，全国各地共有50余名工人牺牲，被打伤的有数百人，被捕入狱的有1000余人。

1923

京汉铁路工人罢工虽然失败了，但工人的生命和鲜血进一步唤醒了劳苦大众，使他们看清了帝国主义和封建军阀的丑恶嘴脸，提高了与反动派斗争到底的决心。这次罢工显示出中国工人阶级的强大力量，表现出中国共产党人视死如归的革命精神，扩大了中国共产党的政治影响力，同时，为党领导工人阶级和人民群众进行民族民主革命提供了宝贵的经验教训，有着极其重大而深远的历史意义。

1926 

共产党领导的北伐先锋团

——叶挺独立团用过的《湖南邮路全图》

引言

——

国共第一次合作进行北伐时期，在国民革命军第四军中，有一支由共产党人直接领导和掌握的部队——叶挺独立团，在北伐征战中勇作先锋，斩关夺隘，立下赫赫战功，创下辉煌战绩。这支部队不仅为北伐战争的胜利推进做出了巨大的贡献和牺牲，同时，它对于刚成立不久、尚未建立自己独立武装的“幼年”共产党来说，是一次重要的“建军”尝试，为日后共产党人独立组建人民军队，领导开展武装斗争，培养了革命力量，积累了宝贵的理论和实践经验。这幅《湖南邮路全图》向我们“讲述”了北伐战争中叶挺独立团的辉煌战绩和传奇战史。

1924年，国共两党实现首次合作，创办黄埔军校，培养军事政治人才，组织革命军队，积极谋划开展反帝反封建军阀的北伐战争。

当时，面对国内革命力量与反革命势力之间纷繁复杂的斗争局势，中共广东区委领导人周恩来、陈延年等人，在总结领导革命群众运动的经验教训后，深刻认识到创建一支由中国共产党直接领导和控制的革命武装的重要意义。周恩来等人经不懈努力，与国民政府及国民革命军第四军领导人反复商讨后，选择在第四军内组建一支以共产党员为骨干，以广东区委领导的建国陆海军大元帅府铁甲车队官兵为基础的革命武装，并将此建军重任托付于共产党员叶挺。

叶挺是广东归善（今惠阳）人，1918年毕业于保定陆军军官学校，1919年参加建国粤军，1924年12月加入中国共产党。1925年8月，叶挺刚从苏联学习归国，在接到党所托付的这一光荣使命后，表示衷心拥护和响应。此后，他结合在粤军工作时的实践和体会，以及在苏联学习期间对苏联军事建设等方面的考察，立即着手筹建部队。1925年11月21日，部队在广东肇庆正式成立，番号为“国民革命军第四军十二师三十四团”，叶挺任团长，团部设于肇庆市阅江楼。第二年1月，部队改称为“国民革命军第四军独立团”，这便是后来威名赫赫的“叶挺独立团”。

独立团全团约2000人，连以上干部大多是共产党员或共青团员，班排长也有一部分是共产党员。团内设立一个共产党支部，支部成员中多人担任团主要指挥官和负责军官，党的方针政策可以直接贯彻。独立团的军费虽然由国民政府划拨，但团里排以上干部的任免、部队人员的补充，以及重大的政治和军事训练计划等，都是独立团根据中共广东区委的决定，自行负责，不受军部约束，因此说，这是北伐军中一支由中国共产党直接指挥的正规军队。

独立团成立后，叶挺加强对部队宣传共产党的理论、政策，大力进行政治和军事训练，提高官兵的觉悟和素质，竭力扫除旧军队习气，使官兵关系密切，革命积极性高涨。在党的领导和训练之下，独立团成了一支新型的革命军队。

1926年5月1日，独立团作为先头部队，从广东肇庆、新会出发，入湘作战，拉开了北伐的序幕。独立团途经广州时，广东区委军委书记周恩来代表中共组织召集独立团连以上干部会议，告诫部队要加强党的领导，加强政治工作，要起先锋模范作用，作战需英勇，要有牺牲精神，最后鼓励将士们“饮马长江”，“武汉见面”。

将士们对此深受鼓舞。5月间，独立团抵达湖南汝城近郊，击溃吴佩孚军千余人，占领汝城继续北上。6月初，独立团冒雨急行，抵达安仁，与集结于攸县长岭一带、渌田附近的敌人展开激烈战斗，最终以一团之力大败敌约4个团的兵力，攻占攸县，取得了北伐首胜，为北伐大军的顺利进军扫清了道路。独立团的官兵在战后回忆说：“我们不但代表革命军，而且代表中国共产党，这是我们北伐中的第一仗，我们一定要打胜。”他们展现出了共产党领导下的革命气势和部队风貌。

1926年7月9日，国民革命军的8个军约10万人，兵分三路，从广东誓师北伐。独立团继续担任开路先锋，在攻占泗汾、醴陵、浏阳和长沙的战斗中，长驱直入，屡战屡胜。8月19日，独立团奉命攻打平江。当时，数万守敌企图凭借汨罗江这一天然屏障，固守平江。独立团从小径迅速渡过汨罗江到达北岸，绕到敌人后侧，协同兄弟部队出其不意地攻破了平江城，敌军全线崩溃，吴佩孚的第五十混成旅等被歼，旅长陆沄自杀。随后，独立团和友军由正面直击交通要枢中火埔（注：应为今天的“中伙铺”，以下同），俘敌数百人。8月底，独立团同友军先后攻

| 叶挺独立团北伐时使用的《湖南邮路全图》

占通往武汉的必经要隘——汀泗桥、贺胜桥，一举歼灭了吴佩孚主力，通往武汉的最后一道大门由此洞开。

短短数月间，叶挺独立团战无不胜、攻无不克，威名传遍大江南北，其所在的国民革命军第四军也因其英勇表现而获得“铁军”美誉。

中国国家博物馆收藏的这幅《湖南邮路全图》，对于独立团的北伐线路及平江、中伙埔两次战役的有关情况做了记录。根据图上的文字显示，这幅地图为“陆军测量局”在民国十五年（1926年）四月缩制而成。该图纵53.3厘米，横45.5厘米，图上详尽地标注和描绘了湖南境内的县、市镇、邮路、铁路和河道等地理信息。有一条清晰的红线纵贯其间，清晰地标记了独立团的北伐行军路线。它自广东韶州起，途经湖南的郴县、永兴、安仁、攸县、醴陵、浏阳和平江，湖北的通城和中火埔，最后箭头直指武昌。线路上将独立团北伐获胜的“平江”与“中火埔”两地，用红色圆圈圈注，且在左上侧空白处对这两次基本“战况”做了文字说明：“在平江全歼守敌司令陆琪瑞所部共约4000余人。在中火埔独立团曾以一个排的兵力，生俘敌吴佩孚所部的一个整团。”地图右下方写着“陈卓立献　1959年1月8日”，清楚记录了此图的捐献者和捐献时间。经查，陈卓立是叶挺的启蒙老师陈敬如的侄子，与叶挺一同在秋长腾云学堂学习，后加入叶挺独立团，任团部军需处主任、辎重队会计长，参加了北伐战争。这幅珍贵的军事地图应为陈卓立在随团北伐中所保存，并在图上对独立团的相关作战情况做了较为详细的记录，为后人保存了珍贵的史料。

北伐军攻占贺胜桥后，兵临武昌城下，叶挺独立团再次发挥了攻坚克难的先锋作用。

武昌为湖北的政治中心、华中地区交通枢纽，城墙坚固，墙高两丈有余，墙外还有两三米深的护城壕，易守难攻。吴佩孚在平江、汀泗桥和贺胜桥等地连吃败仗后，命令固守武昌，同时联络孙传芳出兵湘鄂，试图截断北伐军后路，以解武昌之围。

9月3日，北伐军对武昌发起总攻，但由于敌人设防坚固，居高临下，且攻城部队缺乏重型武器和攻城工具，北伐军先后两次强攻均告失败，攻城战士伤亡惨重。强攻武昌不下，北伐军转而采用围困封锁之策。独立团负责攻打通湘门一线。其间，叶挺仔细观察了通湘门附近地形，决定采用坑道战，动员开矿工人挖掘通向城墙边的坑道，同时请铁路工人将缴获来的一列铁甲车开到距通湘门不远处，掩护坑道作业，这一战法发挥了很大作用，守城敌人的阵脚被打乱。

10月10日凌晨，北伐军再度攻城。独立团官兵在叶挺的指挥下，奋不顾身地架起19副云梯，越过城墙，冒着敌人的炮火，从四周冲上蛇山，最先突入武昌城，北伐军趁势一举攻下武昌，生俘守敌万余人，基本上消灭了吴佩孚主力。

至此，独立团参加的北伐战争告一段落。其官兵奋不顾身，勇往直前，起到了先锋作用，为北伐战争初期的胜利做出了卓越贡献，也付出了巨大牺牲。

中国国家博物馆还收藏有另外一幅北伐时的军用地图，记录了独立团在攻占武昌时的作战情况。该图名为《北伐军围攻武昌图》，同样为陈卓立保存并捐献，纵67.8厘米，横63厘米，纸质，右下角注明其比例尺为1:8000，范围涵盖武昌城及毗邻区域。该图左上方空白处有陈卓立书写的内容，“1926年北伐军围攻武昌时，发下的军用地图。当时叶挺同志的独立团，攻下了两湖督军府，活捉了‘督军’陈嘉模（注：应为陈嘉谟），陈卓立献出，1959年1月8日”，还盖有两枚印章。该图右下方写着“第十二师参谋处绘制”。左下方的文字为“进攻路线说明：当时独立团是从武昌西南方向进攻，经望山门直通督军公署”。画面中绘有标明叶挺独立团及北伐军进攻方向的鲜红色箭头，格外醒目。

这两幅珍贵的地图如今展陈于中国国家博物馆《复兴之路》展上，成为叶挺独立团北伐战争历史的珍贵见证。

北伐战争消灭了吴佩孚、孙传芳的主力，取得了巨大胜利。以勇猛刚强的叶挺独立团为代表，中国共产党人对北伐战争的胜利做出了重要贡献。共产党人不仅为广州国民政府出师北伐奠定了后方根基和为促成正式出师做出种种努力，而且在北伐军出师后，还以加强军队政治领导、实地参加指战及发动组织民众支援北伐军等实际行动，保证了北伐战争在各省的节节胜利。应该说，在第一次国共合作时期，如果没有中国共产党正确领导的影响与推动，以及广大共产党人的浴血奋战和努力组织发动民众，就很难形成国共联合组织发动的北伐战争，也就更不会有北伐战争的伟大胜利。

1927 

大革命挫折中的不朽宣言

——李大钊《狱中自述》

引言

——

李大钊是中国最早的马克思主义者和共产主义者，是中国共产党的主要创始人之一。他以“铁肩担道义”的胸怀和担当，为中华民族的解放事业和无产阶级的革命运动抛洒热血，奉献终身，树立了一名革命者的光辉典范。他“妙手著文章”，一生笔耕不辍，写就上百万字的文稿，为共产主义运动和民族解放事业留下了宝贵精神财富。而其在北洋军阀监狱中写就的《狱中自述》成为他忧国为民、宣扬革命主张的最后一篇著述。

1927年4月12日，蒋介石在上海发动反革命政变，大肆捕杀工人和共产党员。随后，奉系军阀和蒋介石相呼应，在北京捕杀共产党员。中国共产主义运动先驱、中国共产党主要创始人之一李大钊同志在此次捕杀中英勇牺牲。此后不久，李大钊同志所积极倡导和推动的国共第一次合作，以及国共合作领导的轰轰烈烈的大革命宣告失败，这对于当时“幼年”的共产党来说是一次深刻的教训，但也为党不断走向成熟，拿起枪杆，开展武装斗争，独立领导革命走向胜利积累了宝贵经验。

李大钊，字守常，1889年10月29日出生于河北省乐亭县胡家坨乡大黑坨村。1907年考入天津北洋法政专门学校学习政治经济，1913年冬，东渡日本，之后考入东京早稻田大学政治经济系。1915年，当日本帝国主义提出灭亡中国的“二十一条”后，李大钊积极参加留日学生总会的爱国斗争，他起草的《警告全国父老书》传递回中国后，引起国人极大反响，他也因此成为举国闻名的爱国志士。1916年李大钊回国后，到北京大学任图书馆主任并兼任经济学教授，积极投身于正在兴起的新文化运动，成为新文化运动的一员主将。

1917年俄国十月社会主义革命的胜利极大地鼓舞和启发了李大钊，他以《新青年》和《每周评论》等为阵地，相继发表了《法俄革命之比较观》《庶民的胜利》《布尔什维主义的胜利》《我的马克思主义观》等文章，旗帜鲜明地讴歌十月革命，宣传马克思列宁主义，积极领导和推动五四爱国运动的发展，成为中国共产主义的先驱、中国最早传播马克思主义的人。

1920年初，李大钊与陈独秀相约，在北京和上海分别活动，筹建中国共产党。同年3月，李大钊在北京大学组织发起了中国第一个马克思学说研究会，聚集了一批具有共产主义思想的青年知识分子，为建党做准备。许多青年在他的影响下接受了马克思主义，毛泽东和周恩来也都受过他的影响。同年秋，他又在北京领导建立了共产党早期组织和社会主义青年团，并与在上海的陈独秀遥相呼应，积极推动建立全国范围的共产党组织。

1921年中共一大之后，李大钊代表党中央指导北方的工作。中共三大之后，李大钊当选为中央委员。他按照共产国际和党中央的要求，多次代表共产党与孙中山会谈，为建立革命统一战线做了大量工作。孙中山被李大钊的爱国情怀和工作能力所感召，亲自作为介绍人，介绍李大钊加入国民党。之后李大钊帮助孙中山改组国民党，确定联俄、联共、扶助农工三大政策。

1924年1月20日，国民党第一次全国代表大会在广州召开，李大钊成为主席团的5个成员之一，当选为中央执行委员，参与了国民党的核心领导。会后回到北京，李大钊担负起了国共两党在整个北方的领导责任。此后，他领导国共两党在北方的党组织，充分利用革命统一战线，团结各界群众，扩大革命势力，促进了北方人民反对帝国主义、反对北洋政府统治运动的蓬勃发展，有力配合了五卅运动后全国革命形势的高涨和北伐军的胜利进军。因此，北洋政府一直视李大钊为“心腹大患”。

1926年三一八惨案发生后，段祺瑞执政府紧急下令，以“假借共产学说，啸聚群众，屡肇事端”的罪名，通缉李大钊。形势危急，李大钊考虑到还有许多工作要做，不顾友人劝告，坚持转入地下从事秘密工作，并于1926年3月底将国共两党北方领导机关迁入东交民巷苏联驻华使馆内。

1926年4月18日，张作霖占领北京，加紧对共产党人及倾向共产党的革命者进行迫害。当时，北京城贴满了这样的告示，“宣传赤化，主张共产，不分首从，一律死刑"，就连一些主张进步的报纸主编也都被残酷枪杀。在白色恐怖日益严重的情况下，李大钊不顾生命危险，秘密开展工作，使北方革命力量不断壮大。自1926年3月至1927年2月，仅北京一地，共产党员就由300多人发展到1000多人，国民党员也由2000多人发展到4000多人，共青团员也有了很大发展。同时，李大钊组织国共两党深入农村，建立农民协会和武装，使直隶、内蒙古、山西等地的农民运动迅速发展起来。但是，帝国主义和北洋军阀对中国革命的迅猛发展惴惴不安，逐步联合起来进行干涉和镇压。1927年4月6日，张作霖不顾国际公法，悍然派兵闯入苏联驻华使馆，大肆进行搜捕，李大钊与妻子、两个女儿，连同国共两党北方领导机关人员和苏方人员共60余人一同被捕入狱。

这份《狱中自述》（简称"自述"）手稿就是李大钊在敌人的监狱里所写。"自述"一共有三稿，还有两份《狱中供词》（简称"供词"），都是由其大女儿李星华精心保存，并于1957年捐赠给当时的中国革命博物馆。从这几份手稿中可以看出其所表述的内容基本一致，都是对敌人审讯中所提出的问题的回应。两份"供词"都是关于敌人所提具体问题的回答，分别为"孙中山先生关于联合苏联的外交主张的情况"及"关于北方党经费来源的情况"。第一份没有签署时间，第二份写就于1927年4月8日，即李大钊被捕入狱的第三天。三份"自述"是李大钊对自己一生奋斗事业的总结和对敌人提问的总括性应答。其中"自述"第一稿为初稿、简稿，第二稿为修改稿，第三稿是定稿。

这份"自述"（定稿）共计2800字左右，李大钊用了很大的篇幅回顾了自己壮烈的、革命的一生，表达了自己的坚定信仰和伟大抱负，宣传了反对帝国主义、改造中国的革命主张，表达了希望能够"再造中国"的爱国情怀。但是，李大钊"自述"中有一点非常特别的地方是，它里面没有一个字提到共产党，也没有暴露自己共产党员的身份，而是以一名国民党人的身份对敌人的问题做了回应。这一点不免会让初读者觉得费解，但是，如果仔细研读“自述”内容，结合当时复杂险恶的斗争形势，不难看出这是李大钊以更加高超的政治智慧和灵活的斗争策略，与敌周旋，以保护自己的同志，保守党的秘密。

首先，李大钊考虑到张作霖极端仇视共产党，而孙中山曾与张作霖结成军事联盟，国民党在北方处于半公开地位，张作霖正有意拉拢国民党，经深思熟虑，他在“自述”中以国民党人自称，叙述了自己由孙中山亲自介绍加入国民党的经过，谈了一些众所周知的有关国民党的情况，并称国民党“在北方并无重要工作”，说“北京为学术中心，非工业中心”，故“无工会之组织”，说“近来传言党人在北京将有如何之计划，如何之举动，皆属杯弓市虎之谣”，等等。李大钊这样的叙述策略，没有提到任何有关于共产党的情况。

但是，他却借国民党人的口吻申明了一些共产党人的“目的”和“主张”。他在“自述”中说：“今日之世界，乃为资本主义渐次崩颓之时期，故必须采用一种新政策。对外联合以平等待我之民族及被压迫之弱小民族，并列强本国内之多数民众；对内唤起国内之多数民众，共同团结于一个挽救全民族之政治纲领之下，以抵制列强之压迫，而达到建立一恢复民族自主、保护民众利益、发达国家产业之国家之目的。”身处危难之时，李大钊仍借助这最后的机会宣传救国救民的真理。

“自述”的最后部分，李大钊写道：“钊实当负其全责。惟望当局对于此等爱国青年宽大处理，不事株连，则钊感且不尽矣！”“钊夙研史学，平生搜集东西书籍颇不少，如已没收，尚希保存，以利文化。”在生命的最后时刻，李大钊未曾考虑半点个人及妻女的安危及家庭私事，而是以各种方式全力掩护同志，保护文化，完全展现了这位伟大的共产主义战士的崇高气节和博大胸怀！

1927年4月28日，奉系军阀不顾社会各界的强烈反对，秘密进行军法会审，以所谓“宣传赤化”“意图扰乱公安”“颠覆政府”的罪名，悍然对李大钊等20人宣判死刑。李大钊视死如归，首登绞刑架，神色不变，从容就义，以38岁的年轻生命践行了自己许下的“牺牲永是成功的代价”的革命誓言。

1928 

土地革命时期党的军队纪律建设

——写有『六项注意』的包袱皮

引言

——

“加强纪律性，革命无不胜。”中国共产党人历来十分重视人民军队的纪律建设，这是中国共产党和中国工农红军区别于一切旧政党和旧军队的显著标志之一，也是中国共产党能够最终领导人民取得中国革命胜利的重要因素。长久以来，在广大军民当中广为传唱的《三大纪律八项注意》歌，是共产党人和人民军队严明纪律的生动诠释，也是人民军队的形象反映，体现了人民军队的本质和宗旨。这件土地革命时期的写有“六项注意”的土布包袱皮，真实见证和讲述了以“三大纪律八项注意”为核心内容的人民军队纪律建设的形成历程。

1927年8月1日南昌起义后，中国共产党创建了自己的人民军队——工农革命军。当时的部队成分，一部分是工人、农民，一部分是游民无产者，士兵大部分是由雇佣军队来的，部队中存在旧军队习气和农民自由散漫作风。这一时期，毛泽东特别重视以服从命令听指挥、维护官兵团结和民众利益为主要内容的部队纪律教育。

1927年10月上旬，在三湾改编之后，毛泽东率领部队向江西宁冈古城前进。出发前，毛泽东宣布行军纪律：说话要和气，买卖要公平，不拿群众一个红薯。10月24日，当部队抵达江西遂川荆竹山时，由于战士们长途跋涉，饥饿难忍，便随意挖了老百姓田里的红薯吃，违反了群众纪律。毛泽东得知情况后，于次日在荆竹山"雷打石"上召开大会，要求部队官兵严格遵守群众纪律，和山上的王佐部队搞好关系，做好群众工作，同时提出了三项纪律："第一，行动听指挥；第二，打土豪款子要归公；第三，不拿老百姓一个红薯。"

为了严明军纪，毛泽东经常深入连队，耐心地给战士们做教育。很快，部队的作风有了很大的转变，赢得了当地群众的信任和拥护，在井冈山逐步站稳了脚跟。

然而时隔不久，新的问题又出现了。1928年1月，当工农革命军攻克遂川县城后，部队派人下乡领导贫苦农民打土豪。但有人不分青红皂白，把商人、小贩的货物统统没收，甚至连药铺里卖药的戥秤也拿走了。还有当地百姓向毛泽东提意见，有的战士借用老百姓的门板去睡觉，但没有主动归还；在归还的门板中，又往往弄错，还回来的门板不是原来的那一块，对不上号，安装不上去。还有的战士们借用百姓家的稻草睡觉，但睡过的地方也没打扫干净……

这些违反群众纪律的现象引起了毛泽东的高度关注。针对这些情况，1月24日，毛泽东在遂川县城李家坪召开了全体革命军指战员大会，又向部队提出了六项注意："还门板，捆铺草，说话和气，买卖公平，不拉伕、请来伕子要给钱，不打人骂人。"

至此，中国工农革命军"三项纪律六项注意"的雏形基本形成，部队的纪律进一步加强，爱护工农群众的良好风气开始形成。

1928年3月30日，毛泽东率工农革命军从井冈山出发，到桂东沙田圩接应湘南起义部队。部队在沙田打土豪时，把一个姑娘的嫁妆当作土豪的浮财给没收了，老百姓对此议论纷纷，背地里骂红军是"土匪"。这件事让毛泽东夜不能寐，为了进一步规范和整肃军容军纪，他经过反复思考，决定把以前曾宣布过但未成系统的军队纪律，斟酌修改、补充完善，将原来的"三项纪律"改为"三大纪律"，其中第二条由"不拿老百姓一个红薯"改为"不拿工人农民一点东西"。4月3日上午，毛泽东把部队集中在桂东县沙田圩后的老虎冲三十六担丘的田中，向部队讲述了没有纪律不成军队、没有统一指挥就不能打胜仗的道理，对部队存在的一些违纪现象进行了批评，然后正式颁布了"三大纪律六项注意"。三大纪律是：第一条，一切行动听指挥；第二条，不拿工农一点东西；第三条，一切缴获要归公。六项注意是：一、上门板；二、捆铺草；三、说话和气；四、买卖公平；五、借东西要还；六、损坏东西要赔。这是毛泽东创建井冈山根据地以来第一次比较系统、完整地提出工农革命军的"三大纪律六项注意"，它奠定了中国工农红军统一纪律的基础。

此后，红军指战员都把"三大纪律六项注意"当作自己的行动准则。为了时刻提醒自己，红军战士不仅把它刷在墙上，还写在自己的包袱上，行军的时候就背在身后，宿营的时候就把它挂在墙上，走到哪里

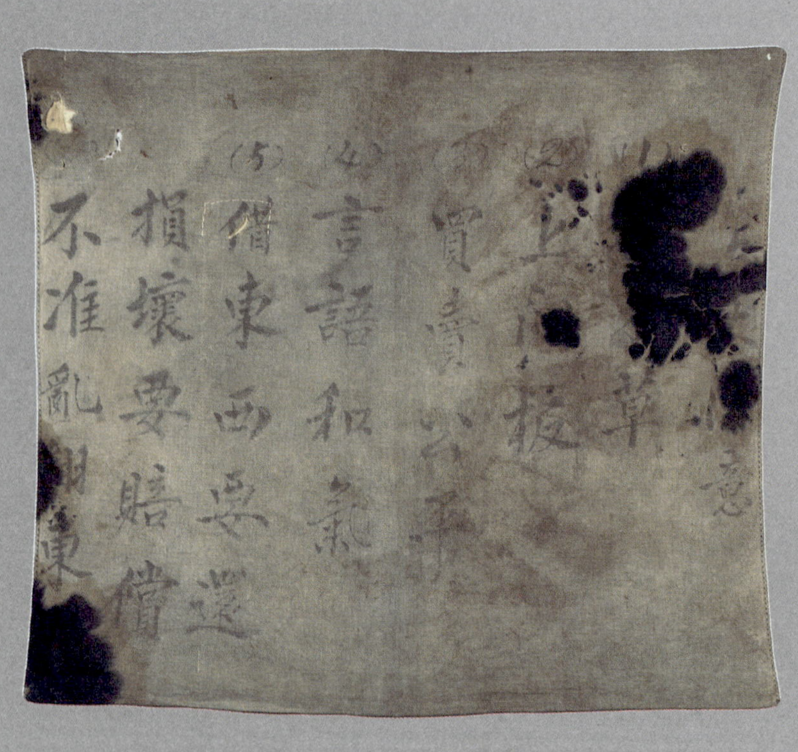

| 写有“六项注意”的红军包袱皮

就宣传到哪里，以此督促和检查红军的行动要时刻遵守“六项注意”的规定。

中国国家博物馆收藏的这件包袱皮，就是工农红军在这一时期使用的。包袱皮为灰白布质，纵85.7厘米、横94厘米，布面上从右到左用毛笔繁体书写：“（六项注）意：(1)（捆铺）草（2）上门板（3）买卖公平（4）言语和气（5）借东西要还，损坏要赔偿（6）不准乱翻东（西）”（括号内的文字因被墨迹遮盖无法辨识，为作者补注）。除个别字被浓厚的墨迹所覆盖，其他字迹清晰可辨。根据内容推断，其书写和使用时间应在1928年4月新版“六项注意”公布之后，但其中的内容却与当时所公布的“六项注意”的内容略有出入，如第六条“不准乱翻东（西）”就是额外增加的一条，这也反映了当时在不同的部队中流传的“三项纪律六项注意”版本的多样性和差异化。1959年，中央办公厅将这件珍贵文物拨交当时的中国革命博物馆永久收藏。

通过包袱皮上的丝丝破洞和斑斑字迹，人们似乎还能读出中国共产党和人民军队在从幼稚走向成熟、从弱小走向强大的过程中，不断实现自我约束、自我革新的艰辛历程和高贵品质。

正是在这样极其通俗、朴素而又亲民爱民的军纪规范下，工农红军渐渐摆脱掉残留在身上的旧军队的种种恶习，赢得了越来越多群众的爱戴和拥护。这给老百姓留下了很深的印象，老百姓曾这样歌颂红军：“红军纪律真严明，行动听命令；爱护老百姓，到处受欢迎；遇事问群众，买卖讲公平；群众的利益，不损半毫分。”

“三大纪律六项注意”，开创了我军法纪建设的先河，但并未就此止步。1929年，红军经过比较闭塞的赣粤边界地区，有些战士还是按照过去的习惯，到野外大便，有时会随便到一条沟里或河里洗澡，这些也引起了当地群众的不满。毛泽东立即在原来的“六项注意”的基础上增加了两项："洗澡避女人"和"大便找厕所"。由此，"三大纪律六项注意"发展成为"三大纪律八项注意"，这也是井冈山和中央苏区时期形成的"三大纪律八项注意"的最初版本。

此后，根据革命斗争形势的不断发展和人民军队建设的实践经验，毛泽东又逐步将"三大纪律八项注意"中的"不拿工人农民一点东西"改为"不拿群众一针一线"；将"打土豪要归公"改为"筹款要归公"，后又改为"一切缴获要归公"；将"上门板""捆铺草"改为"不打人骂人""不损坏庄稼"；将"洗澡避女人"改为"不调戏妇女"；取消"大便找厕所"，增加"不搜俘虏腰包"，后又改为"不虐待俘虏"。"三大纪律八项注意"的内容不断调整、优化，以适应新的形势，解决新的问题。

到了解放战争时期，考虑到"三大纪律八项注意，实行多年，其内容各地各军略有出入"，1947年10月10日，毛泽东以中国人民解放军总部名义发布了《关于重行颁布三大纪律八项注意的训令》，对其内容做了统一规定，要求各地各军"即以此为准，深入教育，严格执行"，这份重新颁布的"三大纪律八项注意"条文内容如下：

三大纪律：（一）一切行动听指挥；（二）不拿群众一针一线；（三）一切缴获要归公。

八项注意：（一）说话和气；（二）买卖公平；（三）借东西要还；（四）损坏东西要赔；（五）不打人骂人；（六）不损坏庄稼；（七）不调戏妇女；（八）不虐待俘虏。

自此，经过20年创建、摸索和实践，人民军队"三大纪律八项注意"的内容终于定型，全军有了统一纪律和行为规范。

长期在"三大纪律八项注意"教育熏陶下的人民军队，对敌斗争英勇坚决，无往而不胜，对群众则始终展现出作为人民子弟兵的立场本色、精神风范和严明纪律，成为能打胜仗的威武之师、人民爱戴的文明之师。

1935 

红色根据地的憧憬

——方志敏就义前的手稿

引言

——

方志敏是土地革命战争时期赣东北和闽浙赣革命根据地的创始人。他英勇就义时只有36岁，方志敏同志的一生虽然很短暂，但他在中共党史和革命史上的重要贡献却是不可忽视和磨灭的。他不仅是中共较早开辟革命根据地，从事农民运动和农民武装斗争的领导人之一，同时，他留下的多篇重要文稿，深刻总结了根据地斗争的丰富实践经验，提出了一系列思想理论主张，为探索中国革命的发展道路做出了理论上的贡献。当我们今天再次吟诵他的这些不朽篇章，我们仍会为这位伟大的共产主义战士对党和革命事业的赤胆忠心而肃然起敬。

“不错，目前的中国，固然是江山破碎，国弊民穷，但谁能断言，中国没有一个光明的前途呢？不，决不会的，我们相信，中国一定有个可赞美的光明前途。……到那时，到处都是活跃的创造，到处都是日新月异的进步，欢歌将代替了悲叹，笑脸将代替了哭脸，富裕将代替了贫穷，康健将代替了疾苦，智慧将代替了愚昧，友爱将代替了仇杀，生之快乐将代替了死之悲哀，明媚的花园将代替了凄凉的荒地！”

这段文辞质朴、饱含深情的文字选自方志敏烈士1935年在国民党狱中的手稿之一——《可爱的中国》。这篇脍炙人口的文章早已公开出版，教育了一代又一代中国人。现存于中国国家博物馆的《可爱的中国》手稿，更真实生动地向后人讲述着共产党人为着心目中的“可爱的中国”不懈奋斗、死而后已的高尚情怀。

方志敏是伟大的无产阶级革命家，杰出的红军将领和农民运动领袖。1928年至1933年，方志敏领导起义的农民坚持游击战争，实行土地革命，建立红色政权，组建了中国工农红军第十军，创建了赣东北革命根据地，后扩展为闽浙赣革命根据地，成为当时中国共产党人创建的六大主要根据地之一，成为中央革命根据地强有力的东北屏障。方志敏先后担任赣东北、闽浙赣省政府主席。他把马克思主义普遍真理与根据地建设实际相结合，创造了一整套建党、建军和建立红色政权的经验。毛泽东称其创建的根据地为“方志敏式”的革命根据地，与“朱毛式”的井冈山革命根据地并称。

1934年7月，为了宣传和推动抗日，调动和牵制敌人，减轻国民党军队对中央苏区的“围剿”压力，中共中央和中革军委以红七军团组建北上抗日先遣队，从瑞金出发向闽浙赣地区突进。11月上旬，根据中央电令，红七军团与方志敏领导的红十军在德兴重溪合编为红十军团，并成立了以方志敏为主席的军政委员会，统一领导红十军团的行动和根据地的斗争。11月下旬，方志敏等将领按照中央的指示，率领红十军团向浙皖边、皖南出击，到根据地外线打大仗，先后攻克淳安、分水、临安、旌德等地，一度威逼杭州，震动南京。12月10日，红十军团主力在皖南汤口镇会师后，蒋介石急调20万重兵进行“追剿”、堵截，红十军团陷入十倍于己的敌军的围困之中。在10余天的血战中，红十军团主力被敌人分割、冲散，遭受严重损失，将士们弹尽粮绝，未能突出重围。1935年1月29日，由于叛徒出卖，方志敏在德兴陇首（怀玉山东麓）封锁线附近的山里不幸被俘。

1935

方志敏被捕后，包括蒋介石本人在内的国民党高官对他用尽各种手段，威逼利诱，想要劝降。方志敏始终大节不辱，坚贞不屈，表现出了坚定的革命信念和崇高的英雄气节。1935年8月6日，敌人在劝降无望的情况下，将方志敏秘密杀害于江西省南昌市下沙窝，此时的方志敏年仅36岁。

在国民党的监狱中，方志敏在生命的最后时光，用敌人劝降的纸和笔开始书写有关根据地和红军的历史、教训和建议，也回忆了个人的革命经历。半年时间内，他先后撰写了《狱中纪实》《我从事革命斗争的略述》《赣东北苏维埃创立的历史》《可爱的中国》《清贫》等十几篇文章，10余万字。其中，《可爱的中国》与《清贫》两篇文章的手稿如今完好地保存于中国国家博物馆，成为方志敏烈士革命思想和革命意志的珍贵见证物。

这两篇文章分别写于1935年5月2日和5月26日，两篇文章写在一个作文本上，手稿纵27厘米，横21厘米，正文一共67页，第一篇《清贫》共有4页，第二篇《可爱的中国》共有63页。

《可爱的中国》手稿中，方志敏借“祥松”之名，满怀深情地表达了他对于“天姿玉质”“美丽富饶”的祖国母亲深沉的爱，以及对内外

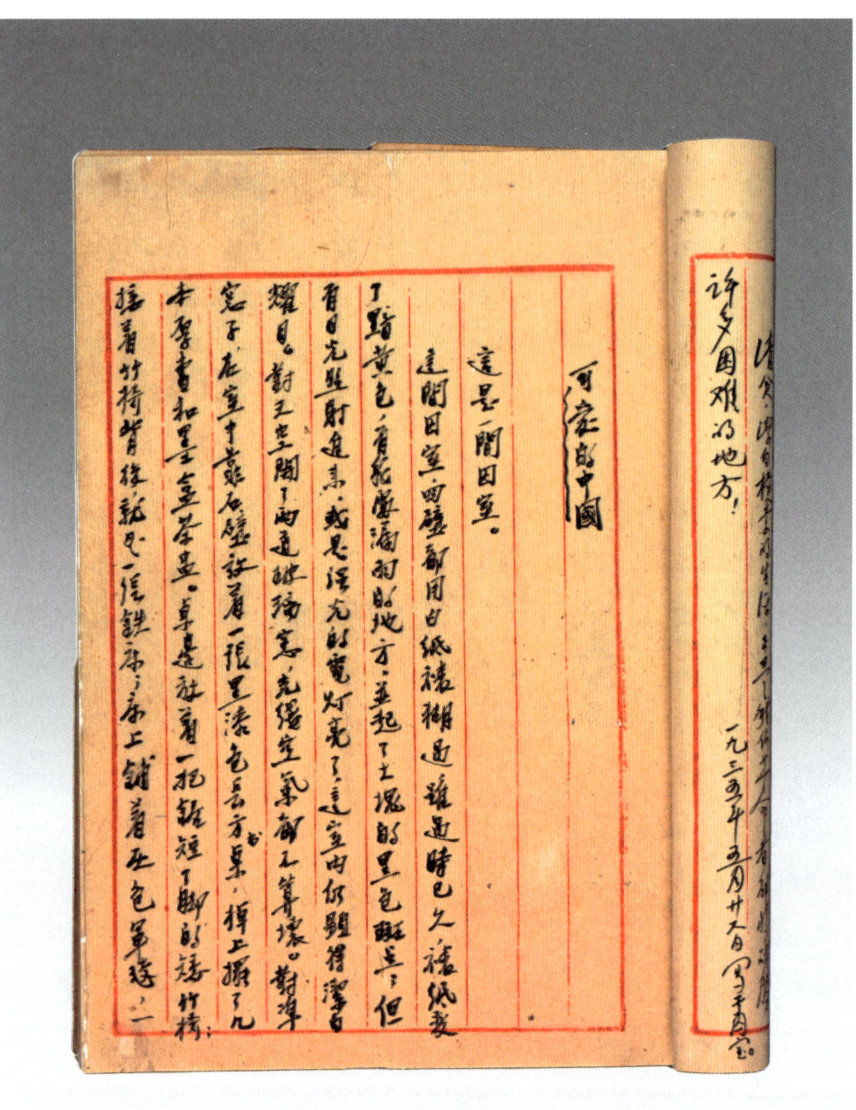

可愛的中國

這是一間囚室。

這間囚室四壁都用白紙裱糊過，雖過時已久，裱紙變了黯黃色，有些脫漏破爛的地方，並起了大塊的黑色斑點；但有日光照射進來，或是潔光的電灯亮了，這室內仍顯得潔白耀目。對直空開了兩道玻璃窗，光線空氣都不算壞。對準窗子，在室中靠右壁放着一張黑漆色長方桌，桌上擺了几本書和筆墨茶盅。桌邊放着一把鋸短了腳的舊竹椅；接着竹椅背後就是一張鐵床；床上鋪着灰色軍毯，一

許多困難的地方！

一九三五年五月廿六日写于囚室。

| 方志敏《可爱的中国》手稿

反动势力压榨剥削之下“江山破碎”“国弊民穷”的祖国母亲深切的痛，并信心满怀地描述了他心中所憧憬的“欢歌代替悲叹，笑脸代替哭脸，富裕代替贫穷，康健代替疾苦”的新中国的美丽图景。方志敏的这篇文章有力驳斥了某些国民党高官说他“只顾到工农阶级的利益，忽视了民族的利益”的狭隘论调，阐明了一名共产党人对祖国和民族的深情，并用他的热血胸怀和赤诚语言劝告人们：不要悲观，不要畏馁，要奋斗！要持久地艰苦地奋斗！

《清贫》手稿中，方志敏叙述了两个“国方士兵”在捕获方志敏后，狂喜之下连忙搜身，竟然一无所获，于是凶残地威胁方志敏交出“藏匿的珍宝”的卑劣事迹，并坦言：“矜持不苟，舍己为公，却是每个共产党员具备的美德……清贫、洁白、朴素的生活，正是我们革命者能够战胜困难的地方！”方志敏在文中表达了中国共产党人甘于清贫、矜持不苟的高贵品质，严厉斥责了国民党贪官污吏的贪婪和卑鄙。

翻开这本珍贵的遗稿，我们可以看到稿纸上面的笔迹隽秀，版面清新整洁，方志敏在部分页面上还做了修改。比如在《可爱的中国》手稿的第50页，他将“神圣的民族斗争”改成“神圣的民族革命战争”。这说明，在撰写文稿的时候方志敏曾斟酌再三，并做了誊写和细致的修改。

如今，当我们重读方志敏狱中撰写的《可爱的中国》和《清贫》时，他那对祖国母亲的热爱之情，对于革命胜利的憧憬，仍使人心灵震撼，情动肺腑。

方志敏牺牲后，他在狱中写下的手稿被辗转送交党组织。那么，关于这两篇手稿是怎样从壁垒森严的国民党监狱中带出，并转送给党中央的呢？中国国家博物馆就收藏有一封方志敏托友人转交手稿的信件。这封信中，方志敏说为防备国民党突然提他去枪毙，已写了三封信：一封给党中央，一封给孙中山夫人宋庆龄，一封给鲁迅先生，并分别做了标记。由此可知，方志敏曾想托人通过鲁迅和宋庆龄的关系，给党中央转送文稿。而通过一系列回忆和考证，也确实证明方志敏曾数次从狱中转出过手稿，并成功通过鲁迅和宋庆龄的关系送交给党组织。

由于种种复杂的原因和背景，导致当时有关亲历者和后来的研究者对这一问题众说纷纭。在1951年影印出版的方志敏手稿《可爱的中国》（删节版）一书的《说明》中，负责处理手稿的冯雪峰说，鲁迅于1935年末或1936年初收到手稿，冯于1936年4月从鲁迅处收到了手稿和方志敏给党中央的信。不过，后来胡子婴撰写了《我接交〈可爱的中国〉手稿的经过》一文，称她于1936年11月从一个南昌监狱中释放的小官僚（胡逸民）手中拿到了《可爱的中国》手稿，转交给了宋庆龄，并由宋庆龄交给潘汉年，冯雪峰则是从潘汉年处得到的手稿。胡子婴的这一说法得到了胡逸民本人的证实。胡逸民是国民党的一名官员，方志敏入狱时与方在同狱服刑，被方志敏的革命精神所感化，多次为方志敏提供帮助，方志敏也较为信任他，并在临终之前把《可爱的中国》等文稿及部分信件托付胡逸民带出监狱，转交党中央。胡逸民最终也不负重托，将方志敏烈士遗稿带出监狱并经宋庆龄、潘汉年、冯雪峰等人之手辗转交给党中央。笔者经查阅大量档案资料和研究成果后，赞同此种说法。冯雪峰在影印了部分《可爱的中国》手稿后，将原稿于1953年11月由中共中央办公厅拨交给中国革命博物馆永久保存。

1936 

红军不怕远征难

——长征中的两株黄花草

引言

——

80多年前，由中国共产党领导的工农红军历时两年，纵横中国10余省，跨越万水千山，最终实现了战略大转移，胜利走完长征路。这次长征是中国共产党领导的人民军队和沿途各族人民群众共同谱写的一曲震撼神州的革命英雄主义凯歌。长征的胜利，粉碎了反动派的图谋，是中国共产党和中国革命从挫折走向胜利的伟大转折点。长征途中，除了面对国民党反动势力的“围追堵截”，红军将士还需面对另外一种可能更为残酷的斗争，即战胜极端恶劣的自然环境，克服艰难险阻、经受饥寒伤病折磨的严峻考验。中国国家博物馆收藏有两件特殊的长征时期的“食物”——黄花草，生动见证了红军长征岁月的艰辛历程和伟大精神。

1934年10月，第五次反“围剿”失败后，中央主力红军为摆脱国民党军队的包围追击，被迫退出中央根据地，实行战略性转移，从而开始了中国工农红军的战略远征。据统计，包括红一、二、四方面军及红二十五军在内的红军长征，行程总计约为6.5万多里，纵横14个省，渡过了近百条江河，越过了约40座高山险峰（其中海拔超过4000米的有20余座，有5座终年积雪），经过了10多个少数民族地区，经历了世所罕见的自然艰险。而在各种复杂险恶的自然环境中，过草地成为红军所遭遇的最大的艰难险阻。

红军所过的草地位于今天青藏高原和四川盆地连接段的川西北松潘大草地，包括现在的松潘草地、红原草地和若尔盖草地，这片草地纵横几百公里，海拔在3000至4000米以上，气候寒冷，沼泽遍布，自然环境极其恶劣。1935年8月红军长征来到这里之前，这里几乎人迹罕见，亦无鸟兽出入，可谓“生命的禁区”。因此，蒋介石判断红军不敢横跨草地，故未在草地以北布重兵。也正因为如此，中共中央和毛泽东毅然决定走敌人认为我们不敢走的路，避开敌人重兵围堵的防区，穿越草地，北上抗日。

红军过草地的时候，正值草地的雨季，骤降的暴雨让地面变得更加湿软。红军在上面行走，须脚踏草丛根部，沿着草甸前进，否则稍有不慎，就会陷入泥潭，难以自拔。一位老红军回忆：“草地上有不少绿草覆盖的泥沼，人和牲口掉到里面，越陷越深，直至被吞没。一个人陷进去后，施救者如果用力过猛，也会被带入深泥之中。”

除了行路难，宿营也难，到了夜晚，战士们只能寻找干一点的地方休息，如果找不到，就只能在泥泞潮湿的草甸上露宿。松潘草地气候变化无常，昼夜温差极大，很多战士在睡梦中被冻死。

但在所有的艰难中，饥饿是红军将士最大的威胁。尽管在进草地之前，中央和各军指挥部已经认识到过草地所要面临的危险和粮食的重要性，要求战士们尽最大努力筹集粮食，尽可能多地携带各种食物，尽量减少坐骑，腾出马匹、牦牛，宰杀后做成肉干肉末，以备食用；背粮的米袋如果不够用，就用被单或衣衫去背。但由于红军所在的藏区本来就人口稀少，产粮不多，数万大军在此驻留许久并数次往返，粮食消耗很大，筹粮工作非常困难。因此，刚进入草地时，每人每天还有一些肉干和三两青稞面，但很快部队就陷入断粮的绝境。

为了能够走出草地，红军官兵们想尽各种办法，从草地和自己身上携带的物品中寻找可以充饥的东西。可以说，只要能吃的东西都吃过。战马吃没了，就找野菜、草根、树皮吃，还有身上的皮带、皮包、皮毛坎肩、马鞍子、皮鼓，甚至是草鞋上的皮襻儿，都拿来煮着吃。有的战士饿得没有办法，就从人畜的粪便中寻找没有消化的青稞麦，一粒一粒挑出来，洗了再用茶缸煮着吃。

食物极度缺乏之时，草地里的野菜、草根、树皮等成了红军战士最为重要的充饥之物。对于吃野菜的情况，许多有关长征过草地的回忆录或回忆文章都有所记录。老红军文炳清回忆："我们在草地上行军70多天，一路上都吃野菜。起初，每人每天还能吃四两肉松，或几两粮食，最末一个星期，肉松、干粮、盐巴都没有了，全靠吃野菜度日。"红二方面军总指挥贺龙回忆他们过草地时的情形，因为红二方面军走在最后头，前面的部队已经把能吃的东西和能筹集的粮食都吃得差不多了，所以红二方面军吃的野草最多，有30多种，能记起的有车前草、冬寒菜、人参果、脚鸡苔、黄花菜、水芹菜等16种。

还有人回忆，好点的野菜，比如灰灰菜、牛耳朵大黄已被先头红军吃尽，走在后面的二七九团只能吃茅草根、芦苇根，喝盐巴水。于东在《草地上的最后脚印》一文中写道：许多叫不出名字的野菜，大家只好

刘毅长征途经葛曲河畔时采集的黄花草

据其特征临时命名，有的则是看谁先采到或采得多，就以该战士之名叫“小李菜”“大赵菜”。

红军战士在遍尝野菜后苦中作乐，根据味道的不同，排出了名列前10名的野菜：灰灰菜、大黄叶子、野芹菜、野韭菜、籽籽菜、苦丁菜、刺儿草、花菜、锯齿菜、野蒜。而像大黄叶子、籽籽菜这类植物，据说是用来制作烟叶的材料，居然也名列其中，战士饥饿之苦，可见一斑。

然而，味苦难食还算其次，吃野菜也是有风险的，有时甚至是生命危险。三过草地的女红军莱玲讲述长征路上卫生营的战士饿得饥不择食，见到野菜就采，食物中毒时有发生。为此，营党委提出党员先品尝，明确一个党小组品尝一种野菜，试吃后作为标本下发部队。某连队副指导员带头试吃，中毒后倒下，竟再没爬起来。

朱德总司令在听说了有不少同志吃了野菜中毒牺牲的事情后，立即亲自带领10多名炊事员、饲养员、警卫员和藏族同胞，实地采挖了60多种野菜标本，回到驻地后又请医生化验。接着，部队还举办了“野菜展览会”，让战士们排队依次参观这些奇形怪状的食物，学习辨别什么样的野菜能吃，什么样的不能吃。朱德亲自拿着标本给大家讲解：“挖野菜的时候，一定要看清楚，哪些能吃，哪些有毒，千万不要搞错了。只要我们大家小心，挺住，就一定能渡过难关，走出草地!”

此外，为了更好地组织挖野菜，红军还成立了一个“野菜识别委员会”，朱老总亲自领导，有二十几个人组成，包括有经验的老农和医生。这个委员会的任务是在漫山遍野中，搜寻一切可以吃的东西。他们还编写了一本《吃野菜须知》的小册子下发到各连队，教战士们学习如何辨认无毒可食的野菜。但是，这样无毒可食的野菜也很有限，往往过草地时走在前面的部队就把能吃的野菜都挖光，后面的部队再想找到可食的野菜就非常困难。所以在后面两次过草地的时候，许多战士因误食毒蘑、毒草而死。

红军将士吃野菜充饥救命的种种记录和回忆令我们今人感慨不已。难得的是，80多年前的这种“救命的野草”在今天并未完全绝迹。在中国国家博物馆的藏品中，便保存有两株当年红军长征过草地时的野菜标本。这两株野菜长约4.5厘米，已经干枯，是中国工农红军第四方面军第三十一军九十三师二七四团干事刘毅过草地时在葛曲河畔采集并保存下来的。

这是一种开着黄花的小草，战士们当年给它取名叫“黄花草”。这种黄花草本来是有毒的，但经过反复烧煮后毒性可以减弱，食用后会出现胃胀，拉绿水，手脚发肿，浑身无力的现象，但没有生命危险。所以红军过草地时，可以用它充饥。1936年7月1日，刘毅随部队到达葛曲河畔。那天是中国共产党成立15周年纪念日，开完庆祝会后，刘毅和几个战友一起采了黄花草充饥，并特意留下一些放在随身携带的小盒中保存，带出草地。西安事变后，刘毅到陕西三原中学做宣传工作时，用这盒黄花草向师生们讲述了红军长征中的故事，并让大家品尝，亲身感受红军长征中的艰苦生活。之后他把最后留下的两株夹在日记本中做成标本，精心保存，并给它取名叫“长征草”。

1975年10月，刘毅参观了中国革命历史博物馆举办的“红军长征胜利40周年纪念展览”后百感交集。为了更好地激励后人，缅怀红军的长征精神，刘毅将他保存了40年的“长征草”捐献给中国革命历史博物馆，并附上说明：“这两株野菜是我跟随毛主席长征在葛曲河畔草原，纪念党的生日十五周年散会后，同战友采来充饥的。我将它保存下来作为纪念。和我一起采野菜的战友中，有的为党为人民光荣地饿死、冻死、战死在草地、雪山，有的在抗日战争、解放战争中为党的革命事业献出了自己的宝贵生命。这两株野菜伴随我行军作战革命40年，鼓励我艰苦奋斗、转战南北，在困难中不忘长征，在同错误路线作斗争中，不忘毛主席在长征紧急关头挽救了党，挽救了红军。”这两株“干枯脆弱”的野菜标本在中国国家博物馆一直完好地保存着，成为红军长征艰苦磨难非常珍稀难得的见证物。

此外，中国国家博物馆还保存有几件红军将士吃剩的牛皮“食物”，也向人们讲述着那段艰苦的岁月。其中有“半截皮带”，是当时的红二方面军领导人任弼时和他的警卫员李少清吃剩下的。1978年9月25日，李少清在向当时的中国革命博物馆捐赠这件文物时介绍，1936年7月红二方面军过草地时，部队断粮，当时甚至连可食的野草、树皮都找不到，任弼时身为高级领导，也没有东西可吃，实在饥饿之下，任弼时提议吃皮带。他和战友们把皮带切割成一小段一小段，煮了后分着吃。尽管味苦难啃，大家也舍不得多吃，要省着吃，每次饿得不行的时候就吃一小段。至今，皮带上面仍保留着被切割过的痕迹。长征结束后，1938年，任弼时准备去苏联参加共产国际会议。临行前，任弼时将这段皮带交给李少清保存，还特意嘱咐：“留下皮带，以后还要吃呀！”可见艰苦的岁月，饥饿的磨难，始终烙印在长征将士们的记忆里。

风雨浸衣骨更硬，野菜充饥志越坚；官兵一致同甘苦，革命理想高于天。（出自《长征组歌》，词作者为参加过长征的萧华将军）习近平总书记在纪念红军长征胜利80周年大会上强调，我们要大力弘扬伟大长征精神，激励和鼓舞全党全军全国各族人民特别是青年一代发愤图强、奋发有为，继续把革命前辈开创的伟大事业推向前进。中国国家博物馆保存的这些红军将士过草地时吃过的野菜、皮带等珍贵文物，真实见证和讲述了红军将士长征中所经历的艰苦磨难，生动反映了红军将士坚定革命的理想和信念，坚信正义事业必然胜利的精神。这种伟大的长征精神，必将激励一代又一代中国人为实现中华民族伟大复兴的中国梦不懈奋斗。

任弼时和警卫员李少清长征时吃剩的牛皮带

1937 

见证抗战全面爆发后的第一个胜利

——平型关大捷缴获的日军水壶

引言

——

1937年7月抗战全面爆发后，日本侵略者对华北和华中等地展开大规模进攻，狂妄扬言“三个月内灭亡中国”。在中国共产党的积极倡导下，第二次国共合作逐渐形成，中华民族的抗战热潮逐渐到来。中国共产党领导经过改编后的八路军精心部署和有效开展策应国民党正面战场作战的游击战争。1937年9月下旬，八路军一一五师在山西平型关地区伏击日军部队，取得华北战场上中国军队主动寻歼敌人的第一个大胜仗，这只日军水壶便是当时缴获的战利品。平型关大捷打破了日军不可战胜的神话，振奋了全国的人心和士气，提高了中国共产党和八路军的威望。

山西省灵丘县白崖台乡，矗立着一座为纪念全民族抗战爆发后中国军队主动出击的第一个大胜仗——平型关大捷而修建的纪念碑。碑基高115厘米，碑座高193.7厘米，碑体高925厘米。三组数字分别寓意：八路军第一一五师，1937年，9月25日。

碑文中写道："一九三七年卢沟桥事变后，日寇大举侵华，气焰十分嚣张。国民党军队节节败退，华北危急，民族危急！在这民族存亡危急关头，中国共产党领导的八路军，高举民族抗日的旗帜，挺进华北抗日前线。林彪、聂荣臻率领一一五师主力，于九月二十五日在平型关下，歼灭日军板垣师团二十一旅团一千余人。与此同时，杨成武率领独立团，在驿马岭阻击增援平型关之敌，歼敌三百余人。英雄健儿，前仆后继，浴血奋战，赢得了抗战史上的第一次大捷。首战平型关，威名天下扬……"敬读碑文，一段历史展现在眼前……

1937年7月7日，日本帝国主义制造蓄谋已久的卢沟桥事变，发动全面侵华战争。中华民族的全面抗日战争爆发。日本动员了几乎全部军事力量，采取"速战速决"的战略，向华北、华东、华中地区发起进攻，中国军队虽殊死抵抗，但无奈中日双方实力差距过大，中国军队屡战屡败，几无胜绩。随着北平、天津等华北重镇相继陷于敌手，整个华北地区危机重重。在南线战场上，8月13日，中日淞沪会战爆发，日军近乎疯狂地先后投入兵力30万，飞机300余架，军舰数十艘，企图通过占领上海、南京等中心城市迫使国民党政府在短时间内投降。

面对中华民族生死存亡的危难时刻，中国共产党高举抗日大旗，号召全国同胞、政府和军队团结起来，筑成民族统一战线的坚固长城，抵抗日本帝国主义的侵略。国民党和共产党经过协商、谈判，摒弃前嫌，共赴国难，第二次国共合作正式形成。

国共两党经过协商，把原来由共产党领导的中国工农红军改编为国民革命军第八路军，任命朱德为总指挥，彭德怀为副总指挥，下辖第一一五师、第一二〇师、第一二九师及总部直属队，从属于阎锡山领导的第二战区序列。为迅速对日作战，八路军尚未改编就绪，即相继东渡黄河，挺进山西抗日前线。

此时，日军已从平绥线攻入晋北，在攻陷重镇大同后，避开正面地势显要的雁门关，绕道蔚县、涞源攻打平型关，抄袭雁门关后路，逼近太原。为阻止日军进攻，国民党晋绥军以6个军的兵力在平型关一线阻敌，刚刚到达山西战场的八路军兼程北上，立即加入平型关中国军队作战序列。

9月初，周恩来、彭德怀等与阎锡山会晤，就一系列对日作战中的具体问题进行磋商，商定由国民党军队坚守平型关正面，八路军一一五师从敌侧后夹击日军。蒋介石在回复朱德、彭德怀的电文中，高度评价了八路军的作战方案。

平型关，是晋东北的咽喉要道和著名要塞，也是通向省会太原的门户，坐落在繁峙县横涧乡平型关村的瓶形岭上，古称“瓶形关”，关前是一条由西南向东北延伸的狭窄沟道。

9月22日，日军向平型关一线进犯。23、24日，日军开始向平型关、东跑池、团城口等主要阵地发动进攻。国民党第二战区守军顽强抵抗，战斗异常惨烈，中日双方皆伤亡惨重。阎锡山致电八路军总司令朱德，要求八路军配合作战。中共中央和八路军总部根据实际情况，决定由林彪指挥的八路军一一五师在平型关一带设伏，阻击日军的增援部队。这次战斗是八路军出师以来的第一仗，按照八路军总部的要求，务必打好打胜，要打出八路军的威风来，以振奋全国人民的抗日情绪。

| 平型关大捷缴获的日军水壶

9月24日晚，林彪、聂荣臻等向参战各旅、团下达了出击命令。午夜，部队冒着倾盆大雨，涉过山洪激流，经过一夜风雨行军，在拂晓前进入白崖台预设阵地埋伏。9月下旬的晋北，天气已经非常寒冷，再加上大雨刚过，地上泥泞不堪，但衣着单薄的八路军将士士气高涨，在阴冷潮湿的阵地上急切等待着敌人的到来。

25日清晨，日军第五师团第二十一旅团的辎重和后卫部队进入八路军的伏击圈，八路军一一五师充分利用居高临下的有利地形，对日军突然发起猛烈攻击，刹那间，机枪、步枪、手榴弹一齐开火，号声、枪声、爆炸声响彻整个山谷，打得日军措手不及。但日军仍然利用汽车作为掩护，进行顽抗，并组织兵力企图抢占八路军占据的老爷庙制高点。八路军战士和日军在争夺老爷庙制高点的过程中，进行了一番激战，最终，八路军在付出不小伤亡的情况下控制了有利地形。

这场战斗是血战，是意志的搏斗，亦是毅力的考验。战斗中，八路军充分发挥了近战、山地战的优势，对陷入混乱的日军实行分割、包围，与敌人展开残酷的白刃战，日军困兽犹斗，疯狂反击，以致日军飞机见两军交织在一起相互厮杀，既无法扫射，也无法投弹，只好放弃攻击。直至中午时分，一一五师的将士们将被困于山谷中的日军悉数歼灭。

经过长达6小时的激战，一一五师主力共歼灭日军精锐第五师团第二十一旅团和师团辎重部队各一部共1000余人，击毁汽车100余辆，马车200余辆，缴获步枪1000余支，机枪20余挺，火炮一门，以及大批军用物资，取得了全民族抗战以来中国军队主动寻歼敌人的第一个大胜利。

这只水壶是战士们在战斗结束后清理战场时缴获的战利品，壶高20.5厘米，铁、铝材质，壶身包裹黄色麻布，与之缝于一起的壶带使水壶便于携带和取用。之后，它一直为八路军、人民解放军战士使用，新中国成立后，被捐赠给中国人民革命军事博物馆，20世纪50—60年代拨交给中国革命博物馆。

战斗胜利后，毛泽东致电朱德、彭德怀："庆祝我军的第一个胜利"，称"平型关的意义正是一场最好的政治动员"。它的意义远远不止于一场平常的战斗。

首先，平型关大捷打击了侵华日军的嚣张气焰，打破了其"不可战胜"的神话。日本侵略者一直将中国视作"不堪一击"的"一盘散沙"，在中国领土上横行霸道、为所欲为。平型关大捷狠狠打击了日本帝国主义的狂妄，表明了只要采取合理、有效的战略战术，充分发挥中国军队的优势，在部分局部战争中，我们是可以战胜日本侵略者的。

其次，平型关大捷极大振奋了全国军民的抗战信心。中日全面开战两个多月以来，正面战场上的国民党军队连吃败仗，中国大片土地接连沦陷，全国的抗战形势处于一片低潮之中，"亡国论"甚嚣尘上。平型关一战，打出了中华民族的士气，给中国人民打了一针强心剂，极大鼓舞了全国军民对日作战的信心。

再次，平型关大捷打出了八路军的威风，提高了共产党和八路军的威望，扩大了共产党的政治影响。国内外各大新闻媒体对战役和中国共产党给予高度评价和赞扬，共产党和八路军所到之处皆受到广大人民群众的支持与拥护，为日后八路军开赴敌后战场，创建敌后根据地奠定了坚实的群众基础。

然后，平型关大捷进一步统一了中国共产党内部的战略思想，增进了中国共产党领导人对抗日战争规律的认识。全面抗战爆发后，中共中央领导人及八路军将领在对日作战采取什么样的军事战略方针的认识并不完全相同。平型关大捷后，中共中央主要领导人和八路军将领都充分认识到毛泽东"坚持独立自主的山地游击战”战略方针的正确性，党内的战略思想进一步统一。

最后，在国际影响方面，这一仗震动了全世界。曾被视作“东亚病夫”的中国人不仅敢于同日军精锐师团作战，而且取得巨大胜利，世界不得不对中国人另眼相看。这次大捷不仅使中国的抗日战争得到了来自国际上很多反侵略势力的支持，同时，那些世界各地备受帝国主义压迫和奴役的人民也得到巨大鼓舞。

平型关大捷是中国全面抗战以来取得的第一次重大胜利，给锐气正盛的日军以迎头痛击，极大鼓舞了中国军队抗战的士气，提高了八路军声威，已载入中国人民的革命史册，并将为爱好和平的中国人民永远铭记。

1938 

中国抗日战争的军事理论纲领

——《论持久战》

引言

1937年7月7日，日本帝国主义制造卢沟桥事变，发动全面侵华战争，全民族抗战由此开始。战争伊始，中国国内普遍存在着“亡国论”和“速胜论”两种思潮，为深入阐明中国共产党关于抗日战争的基本主张，驳斥各种错误认识，毛泽东依据马克思主义基本原理，结合中国人民抗日战争实际，撰写了《论持久战》一文，科学论证抗日战争的发展规律，阐明了争取抗战胜利的正确道路，从思想上武装了全党、全军和广大人民，极大鼓舞和坚定了广大军民的必胜信心和决心。《论持久战》是运用马克思主义的辩证唯物主义和历史唯物主义从具体情况出发解决战争问题的光辉典范。

中国国家博物馆收藏有大量毛泽东的军事论著文献，其中包括写于抗战时期的《论持久战》及其30余种版本，是研究毛泽东著作的重要资料。

1937年7月7日，日本帝国主义以制造卢沟桥事变为起点，发动全面侵华战争。中国军民被迫奋起抵抗，全民族抗战由此开始，在世界东方开辟了第一个大规模反法西斯战场。

到1938年5月19日徐州失守时，抗日战争已经进行了整整10个月，虽然中国军民进行了浴血奋战，但是，北平、天津、上海、南京等重要城市仍然相继沦陷。战争的进程究竟会如何发展？中国人民能不能取得最后的胜利？怎样才能取得胜利？对这些问题，有的人在思考，有的人感到迷茫，对战争的前途议论纷纭……

抗日战争爆发前，在国民党营垒中一直存在着“亡国论”的思潮，有人说“中国武器不如人，战必败”。全国抗战开始后，又有所谓“再战必亡”的悲观论调。另一种错误思潮是“速胜论”，有人寄希望于英、法、美、苏等国直接出面干涉或者出兵相助，因此武断地认为，中日战争只要打3个月，国际局势一旦变化，战争就可以解决。在共产党内部，“亡国论”一般是没有的，但有些人有一种盲目轻敌的思想，把抗战的希望寄托在国民党的200万正规军上，对战争的长期性和艰苦性缺乏精神准备。此外，还有一部分人，虽然认为中日之间会是一场持久战，但是他们对于抗日战争的客观规律和中日两国的实际情况，缺乏正确的认识和科学的分析，因而对战争的发展趋势和结局也缺乏冷静的思考，等等。

毛泽东始终认为中日战争将是持久的，最后的胜利要在持久战中去解决。早在1935年12月，毛泽东就指出：要打倒敌人必须准备作持久战。1936年7月，他在同美国记者埃德加·斯诺谈话时，估计了抗日战争的形势，提出通过持久抗战争取胜利的各项方针。1937年7月，朱德在《实行对日作战》一文中，指出中国的抗日战争“将是一个持久的艰苦的抗战”。

为了深入阐明中国共产党关于抗日战争的正确主张，驳斥“亡国论”和“速胜论”，拨开军民思想上存在的迷雾，坚定全民族抗战的胜利信心，同时也消除国际友人存在的疑虑，毛泽东集中全党智慧，依据马克思主义基本原理，结合中国人民10个月抗战的实际情况和经验教训，于1938年5月26日至6月3日在延安抗日战争研究会做了《论持久战》的长篇演讲。

演讲中，毛泽东全面考察和论证了中国能够、也必须经过持久抗战取得胜利的客观依据。他指出，中日双方存在着互相矛盾的四个基本点：敌强我弱，敌退步我进步，敌小我大，敌失道寡助我得道多助。日本帝国主义发动侵略战争是非正义的、退步的，只会加剧其本身的内外矛盾，而且日本是小国，人力、物力不足以支撑长期战争，同时，日本的侵略扩张政策也必然会受到国际反对力量的遏制。这些都是日本自己无法克服的短处。中国的抗日战争是正义的，能够唤起全国人民同仇敌忾、众志成城的抗战热情，利用地大、人多的有利条件和国际上的援助，必然取得战争的最终胜利。所以，“亡国论”者和对抗战前途悲观的人是错误的，他们只看到敌人军事力量强大的一面，而没有看到敌人的根本弱点和中国的优势。“速胜论”者也是错误的，他们不承认敌强我弱的现实状况，不了解敌方的短处需要一个长时期才能充分地暴露出来，而我方的长处也需要经过长时期的努力才能充分发挥出来。

毛泽东在全国抗战开始不到一年的时间就科学预测了全民族抗战的进程。这场持久战必将经过三个阶段：“敌之战略进攻、我之战略防御”“敌之战略保守、我之准备反攻”“我之战略反攻、敌之战略退却”，即

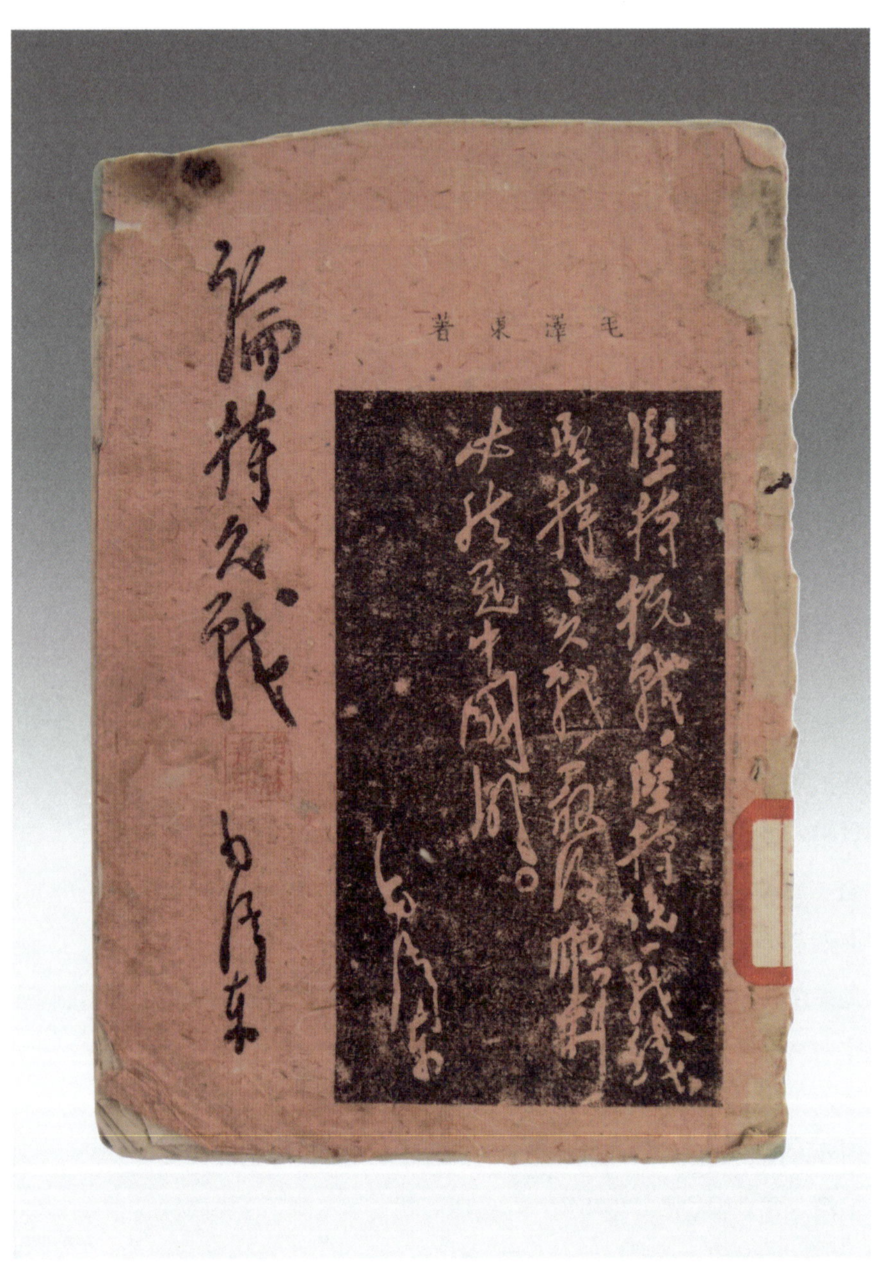

|《论持久战》早期版本

战略防御阶段、战略相持阶段和战略反攻阶段。其中，战略相持阶段的理论是毛泽东持久战理论的核心内容。他指出，相持阶段是最艰苦的，时间也最长，中国抗战力量的生长主要在这个时候。由于中日强弱的悬殊，在日本帝国主义停止战略进攻后，中国距离战略反攻的程度还相差很远，必须有一个相当长的阶段继续消耗、削弱敌人的力量，积蓄、壮大自己的力量，使力量对比发生根本性变化，才能造成战略反攻的必要条件。

此外，毛泽东还论述了游击战对抗日战争的重大意义，并强调争取抗战胜利的唯一正确道路是充分动员和依靠群众，实行人民战争。“兵民是胜利之本。”“战争的伟力之最深厚的根源，存在于民众之中。”中国制胜日本的主要条件，是全国的团结和各方面较之过去有十百倍的进步，要在广大人民中做普遍深入的政治动员，就要调动全军全民的最大积极性以支持战争。只要动员了全国的老百姓，就会造成陷敌于灭顶之灾的汪洋大海，造成弥补武器等缺陷的补救条件，造成克服一切战争困难的前提。

《论持久战》演讲稿经过毛泽东整理修改后，先在延安油印出来在党内传阅。1938年7月1日，延安解放周刊社第四十三、四十四期合订本《解放》全文刊载《论持久战》，受到全国各阶层人士的广泛关注。国民党高级将领白崇禧对《论持久战》深为赞赏，认为这是克敌制胜的最高战略方针。后来，白崇禧又把它推荐给蒋介石，在蒋的支持下，白崇禧把《论持久战》的精神归纳成两句话：“积小胜为大胜，以空间换时间”，并取得周恩来的同意，由国民政府军事委员会通令全国，作为抗日战争中的战略指导思想。著名教育家吴玉章回忆说：“《论持久战》的发表，使毛泽东赢得了全党同志发自内心的、五体投地的赞许、佩服甚至崇拜，从而最终确立了在党内无可替代的领袖地位和崇高威望。”

爱国将领冯玉祥在武汉创办三户印刷社时，指示大量印刷毛泽东的《论持久战》，并向后方国民党统治区运送。

《论持久战》的广泛发行，使毛泽东赢得越来越多人的尊重与钦佩。上海诗人、作家邵洵美在看过《论持久战》全文后，深深为之折服，在自己主编的《自由谭》杂志上撰文赞叹道："这本《论持久战》的小册子，洋洋数万言，讨论的范围不能说不广，研究的技术不能说不精，含蓄的意识不能说不高，但是写得'浅近'，人人能了解，人人能欣赏。万人传诵，中外称颂，决（绝）不是偶然事也。"

受周恩来委托，宋庆龄找人把《论持久战》翻译成英语，在国际友人间和海外广泛传播。毛泽东在为英译本写的序中指出："中国的抗战是世界性的抗战，孤立战争的观点，历史已指明其不正确了。"此后，它又被译成法文、日文并出版，在世界范围内也产生了广泛影响。一位外国记者评论说："不管他们对于共产党的看法怎样，以及他们所代表的是谁，大部分的中国人现在都承认毛泽东正确地分析了国内和国际的因素，并且无误地描绘了未来的一般轮廓。"曾任美国国务卿的基辛格1957年在其书中说，《论持久战》的显著特点是："善于做敌我情况的对比，善于将列宁主义的原理运用于中国的实际情况。……共产党的一个最大优点，就是它的持久战思想。"日本研究战略理论的著名学者伊藤宪一把毛泽东的持久战思想归纳为"以动员人民的战略和游击持久的战略，来实现弱者对付强者的战略理论"。

《论持久战》包括结论在内共21个专题计120节，是中国共产党领导抗日战争的纲领性文件，处处充满了辩证法，充满了唯物主义，是马克思主义普遍真理同中国抗日战争具体实际相结合的典范，大大提高了坚持抗战的信念。它是毛泽东最重要的军事著作之一，回答了当时困扰人们的种种问题，奠定了持久战略的理论基础，标志着抗日持久战思想的完整形成，对中国抗日战争的进程产生了重大影响。

《论持久战》既有丰富的军事战略思想，又含有深厚的哲学内涵，其中很多观点在当代中国依然具有很强的现实意义。“一篇持久重新读，眼底吴钩看不休”，这两句话出自叶剑英在抗日战争胜利20周年时所作的《七律·重读毛主席〈论持久战〉》，生动地反映了《论持久战》这部经典著作的历史地位和现实意义。

中国人民14年坚苦卓绝的抗日战争，促成了马克思主义在中国的落地生根，作为中国抗战指导理论的毛泽东思想走向成熟。今天，习近平总书记重提持久战时指出：“我们遇到的很多问题是中长期的，必须从持久战的角度加以认识。”重温抗战历史，领会习近平总书记重提持久战的深意，既是对抗战胜利的最好纪念，更是新时代面对复杂斗争局面保持清醒的客观需要。

1945

党的七大与抗战胜利

——一二九师敬献的彩绘降落伞

引言

——

1945年4月23日，中国共产党第七次全国代表大会在延安杨家岭召开。大会确立毛泽东思想为党的指导思想并写入党章，提出党的政治路线。中共七大为抗日战争和夺取新民主主义革命在全国的胜利奠定了基础。七大召开前夕，八路军第一二九师精心准备了一件彩绘降落伞，作为庆祝大会召开的献礼。这件礼品用1939年10月一二九师独立支队在山西昔阳安丰村击落的日军战斗机上所缴获的降落伞绘制而成。伞身上分别记述了1937年11月至1939年10月期间一二九师的六大重要战绩，生动直观地展现了在中国共产党领导下，刘伯承、邓小平、徐向前等指挥一二九师同日本侵略者血战到底的决心，是十分难得的历史见证。

中国国家博物馆珍藏着一件八路军第一二九师全体指战员给中共七大的献礼——彩绘降落伞。这是1939年10月，一二九师独立支队在山西昔阳安丰村击落的日军战斗机上缴获的，降落伞直径7米，高3.7米，周长20米，由日本藤仓工业株式会社制造，型式为九二式，制造番号8706，制造于昭和十三年（1938年）11月10日。这件彩绘降落伞的边缘由长城和火炬构成，伞顶绘有一个大轮舵，整个伞身由彩色图案及文字构成，从右向左按时间顺序分别记述了1937年11月至1939年10月期间一二九师的六大重要战绩，是中国共产党领导下的八路军在敌后坚持游击战争的最好例证和生动展示。

1937年8月，中国共产党和中国国民党实现第二次国共合作，建立抗日民族统一战线，红军主力部队被改编为国民革命军第八路军，下辖三个主力师：第一一五师、第一二〇师和第一二九师。各师先后分头开赴日本侵略军身后，开辟抗日根据地，建立抗日民主政权，开展游击战争，有效牵制和迟滞了日军进攻，逐渐成为坚持长期抗战的中流砥柱。

进入1945年以后，在中国抗日战争接近最后胜利的前夜，为系统总结中国革命的基本经验，为彻底打败日本侵略者，继而为建设新中国做准备，4月23日至6月11日，中国共产党第七次全国代表大会在延安杨家岭召开。从1928年党的六大到1945年，其间相隔了17年时间，在经历了国民党军队的“围剿”、红军艰苦卓绝的长征、全民族共同抗战的各种艰难曲折，以及全党的思想、政治、组织状况都发生根本性变化的情况下，终于迎来了这次在中国共产党历史上极为重要的大会。为了迎接这一“团结的大会，胜利的大会”的召开，参会各方代表、各单位、各抗日根据地、各作战部队都精心准备了献给七大的“礼物”，这件降落伞便是其中之一。它生动直观地展现了在中国共产党领导下，刘伯承、邓小平、徐向前等指挥一二九师同日本侵略者血战到底的决心，是十分难得的历史见证。

这件降落伞上，第一组图文是总述性的介绍，上方由镰刀、锤子、五角星组成图案，周围文字为“以坚持敌后抗战的胜利来庆祝中共第七次全国代表大会”。中间图案为一二九师坚持抗战所涉及区域的地图以及铁路线和重要城市。区域地图上用红色字迹标注有六次战斗的地点，地图左侧文字为“抗战以来本师所获得的几个较大的胜利。1.阳明堡——烧毁敌机二十二架；2.神头村——消灭敌骑兵二千余名；3.响堂铺——烧毁敌汽车一百八十辆；4.长乐村——伤亡敌二千三百名；5.香城固镇——敌快速部队二百余全部消灭，夺炮五门；6.昔阳安丰村——步枪击落敌巨型战斗机一架”（此降落伞即缴获自该机中）。下方文字为“一二九师全体指战员敬赠”。

第二组图文表现的是阳明堡战斗场景。这组图文的右上角文字为“阳明堡战斗”。左上角绘有红旗，旗上绘有赵崇德营长头像及“英勇牺牲的赵宗（崇）德营长”文字。中间图案为一名八路军战士左手紧握步枪，右手挥舞着手榴弹，朝向被八路军炸毁的正在燃烧的几架敌机，敌机下躺着两名被击毙的日军。战士右侧注有文字：“一九三七，十一月十九日，我七六九团夜袭阳明堡飞机场，烧毁敌机二十二架，毙敌百余，我仅阵亡营长赵宗（崇）德以下廿余人”。

1937年11月，日军以阳明堡机场为其前进机场，轮番出动飞机轰炸忻口、太原的国民党军。经详细侦察后，一二九师七六九团团长陈锡联决定夜袭阳明堡机场。19日夜，第三营在营长赵崇德的率领下，偷渡滹沱河，经过1小时激烈战斗，焚毁敌机22架，歼敌100余人。第三营指战员阵亡20余人，营长赵崇德光荣牺牲，彭德怀在回忆录里称赞赵崇德“忠肝赤胆，与日月争光”。这一袭击战，是一二九师在抗日战

八路军一二九师敬献给中共七大的绘有重要战绩、战果的降落伞

场上取得的第一个重大胜利。

第三组图文表现的是神头村战斗场景。这组图文最上方文字为“神头村战斗”。中间图案为一名八路军战士左手持步枪、右手握手榴弹冲向人仰马翻的日军，有的敌军已被歼灭，有的则正在溃逃。近处绘有一支被丢弃在地的敌军步枪，枪上挂的日本旗上写有“武运长久”文字。最下方注有文字“一九三八年三月十六日，神头村战斗毙敌千余名，生俘十余名，获步枪马枪三百余支，轻重机枪十挺，骡马三百余匹，子弹万余发，军用品无数”。

1938年3月16日凌晨，八路军一举袭入日军重要补给站黎城，敌军急调潞城第十六师团和第一〇八师团步、骑兵共1500余人增援。一二九师经过周密部署，利用神头岭复杂地形，采用“吸打敌援”的战术，成功伏歼敌兵。此战，增援日军几乎全部被歼，缴获骡马600余匹和枪支弹药等大批军用物资。

第四组图文表现的是响堂铺战斗场景。这组图文最上方文字为“响堂铺战斗”。中间图案为八路军占据山头的有利地势，居高临下夹击峡谷中的敌军，日军运输车辆被八路军炸毁，慌乱的日军仓皇逃窜。左侧注有文字“一九三八年三月三十一日，在响堂铺战斗毙敌七百多人，烧毁汽车一百八十辆，步枪三百余枝（支），轻重机枪十二挺，迫击炮四门，子弹□（注：伞上有涂改）余发，其他军用品甚多”。

1938年，日军利用邯（郸）长（治）大道频繁运输车队和军用物资。为摧毁敌人的物资供给，经过实地勘察，一二九师决定在地势险要的响堂铺伏击日军运输车队。3月31日，徐向前指挥主力部队展开伏击战，经两小时激战，取得大胜，歼灭敌军700余人，烧毁汽车180辆，缴获大量枪支弹药等军用物资。

第五组图文表现的是长乐村战斗场景。这组图文左上角文字为“长乐村战斗”和“一九三八年十一月十六日（注：应为四月十六日），我师及三四四旅一部长乐村战斗——粉碎敌人九路围攻的决战——毙敌二千三百名以上，俘敌三名，缴获军用品甚多，我团长叶成焕亦因是役而壮烈牺牲”。中间图案为一名八路军战士右手持一支刺刀带血的步枪，左肩背数支缴获的枪支，身倚一块写有“长乐村”的石头，下方是数具敌军尸体及日本旗。战士右侧为一个五角星图案，上绘叶成焕团长头像和“壮烈殉国的叶成焕团长”文字。

1938年4月16日，一二九师在武乡以东的长乐村地区夹击日军第一〇八师团，歼灭2300余人，缴获大量军用物资，后八路军乘胜追击，共歼敌4000余人。此战中，年仅24岁的一二九师七七二团团长叶成焕牺牲，朱德特地赶到追悼会现场，向这位战将的遗体告别。

第六组图文表现的是香城固镇战斗场景。这组图文左上角文字为“香城固镇战斗”和“一九三九年二月十日，在香城固镇战斗敌快速部队二百三十余人被我师及三四四旅之一部全数消灭并生俘八名，获迫（击）炮一门，钢炮三门及其枪弹全部”。图案为一名八路军战士面带胜利的微笑，左手高举步枪，枪上悬挂的旗帜上写有“冀南平原反扫荡胜利的先声！”字样，右手抓住一名被俘后垂头丧气的日军，他们身后是被八路军缴获的日本钢炮。

1939年1月，日军纠集3万余人开始对冀南和冀中地区“扫荡”。一二九师遵照中央军委指示，进入冀南平原作战。2月10日，陈赓率部在香城固镇附近构筑工事设下埋伏，以骑兵连引诱日军第十师团第四十联队200余人进入伏击圈。激战8小时，歼敌230余人，俘虏8人，烧毁汽车8辆，缴获迫击炮1门、钢炮3门，以及大量枪支弹药。香城固镇战斗被刘伯承称为“平原模范伏击战”。

在第一组图文和第二组图文之间的中上部分，单独框起一幅小图，看似是降落伞整幅画作基本完成之后又补加上的内容。图中表现的是一名八路军战士仰面横躺在地上，手举步枪击落一架机尾冒着浓烟，俯冲而下将要坠毁的敌机的场景。旁边文字为“一九三九年十月我独支在昔阳安丰村以步枪击落敌六十战队巨型战斗机一架”。

七大是中国共产党在新民主主义革命时期极其重要的一次、也是最后一次代表大会。它确立了毛泽东思想为党的指导思想，并将其写入党章，这是近代中国历史和人民革命斗争发展的必然选择。它总结中国新民主主义革命20多年曲折发展的历史经验，制定了正确的路线、纲领和策略，克服了党内的错误思想，使全党特别是党的高级干部对于中国民主革命的发展规律有了比较明确的认识，从而使全党在马克思列宁主义、毛泽东思想的基础上达到空前团结。七大为党领导人民争取抗日战争的最后胜利和新民主主义革命在全国的胜利，奠定了政治上、思想上和组织上的深厚基础，是中国共产党具有里程碑意义的一次代表大会。

正如毛泽东在大会闭幕式上满怀信心预言的那样：“中国人民将要在中国共产党的领导之下，在中国共产党第七次大会的路线的领导之下，得到完全的胜利，而国民党的反革命路线必然要失败！”

1947

转战陕北的见证

——一双旧布鞋

引言

——

1946年6月下旬，蒋介石在美国支持下，发动全面内战。1947年3月，国民党军开始进攻延安。毛泽东、周恩来、任弼时等率中共中央和人民解放军总部机关主动撤出延安，依靠陕北优越的群众条件和有利地形，转战陕北，与敌周旋，寻机歼敌。在物资供给极端困难的条件下，毛泽东等中央领导同志穿着补了又补的粗布衣服、缝了又缝的简陋布鞋，吃着粗茶淡饭，住着破旧窑洞，坚持留在陕北地区，从容指挥着全国各战场的作战。中共中央这一决策和胆略，极大鼓舞了全国各解放区军民的战斗意志和胜利信心。

一双鞋，一双布鞋，破洞的鞋帮、开线的鞋跟、磨毛的鞋边、磨薄的鞋底，普通得不能再普通，但这双鞋是毛泽东在转战陕北时穿过的。穿着它，毛泽东跋山涉水、风餐露宿，行程1000多公里，途经12个县38个村庄，在陕北的山沟里留下了深深的足印；穿着它，毛泽东与敌周旋、牵敌兵力，以其超乎常人的胆识和气魄，用远远少于敌人的军事力量拖住蒋介石的后腿；穿着它，毛泽东高瞻远瞩、运筹帷幄，用战略眼光思考着如何扭转全国战局，由战略防御转入战略进攻，进而夺取全国胜利。让我们一起回望毛泽东率领中共中央转战陕北的峥嵘岁月……

抗日战争胜利后，中国人民迫切需要和平安定的环境，休养生息，重建家园。中国共产党从人民的这一根本愿望出发，主张团结一切爱国民主力量，把中国建设成为独立、自由、民主、统一、富强的新国家。这是一个光明的前途。与此相反，国民党统治集团则企图依靠美国政府的支持，在中国继续维持国民党一党专政的统治。这是一个使中国继续处于半殖民地半封建社会的黑暗的前途。为了争取中国走向光明的前途，中国共产党领导广大人民同国民党统治集团展开了复杂和激烈的斗争，由此开启两种命运、两个前途决战的新时期。

1946年6月，国民党不顾全国人民的强烈反对，以进攻中原解放区为起点，发动全面内战。蒋介石倚仗优势兵力，声称只需三到六个月，就可以消灭中国共产党的军队。

随着战事的进行，国民党为解决进攻兵力不足的问题，于1947年3月改以陕北和山东解放区为重点，实行被称为“双矛攻势”的重点进攻。在蒋介石看来，中国共产党在山海关内有三个重要根据地，即以延安为政治根据地，以沂蒙山区为军事根据地，以胶东为交通供应根据地。于是，国民党军将延安作为最先的进攻对象，妄图以此摧毁中国共产党的党、政、军指挥中心。

1947年2月下旬，蒋介石便飞抵西安，部署进攻延安的作战计划，决定以胡宗南、马鸿逵、马步芳、邓宝珊等部约25万人发动进攻。在这一地区迎击国民党军队的是西北人民解放军彭德怀、习仲勋所部2.6万余人，另三个地方旅和一个骑兵师1.6万余人，兵力上处于绝对劣势。

延安，黄土高原上的一座小城。自1937年1月中共中央迁到这里开始，延安一直是中共中央所在地，中国革命的中心和圣地，中国共产党领导全体军民进行全国解放战争的指挥中枢。在中国共产党的领导下，延安从一个偏僻落后的小城变为一座光明的城市，在抗日战争时期留下了光辉灿烂的历史，一直吸引着无数进步青年和爱国民主人士。

面对数倍于己的国民党军的进攻，中央军委着眼于战略全局，毅然做出暂时放弃延安的重大决策，命令西北解放军在延安以南地区实行机动防御、节节抗击，掩护在延安的党政机关和群众安全转移后，主动放弃延安，诱敌深入，与敌周旋，然后看准国民党军的弱点，集中兵力逐批予以歼灭，并牵制胡宗南部主力于陕北战场，使其不能发挥国民党军战略预备队的作用，以利于其他战场的解放军打击和歼灭敌人，收复和扩大解放区。

3月18日晚，毛泽东、周恩来撤出延安，次日上午，西北野战部队完成掩护任务后撤离。

毛泽东离开延安后，没有过黄河，而是继续留在陕北，与胡宗南的部队在山里"捉迷藏"。一直到西北战场取得决定性胜利，全国的战局有了转机，毛泽东才离开陕北，东渡黄河。人们把这段历史称为"转战陕北"。

3月29日，中共中央在清涧县枣林沟召开紧急会议，讨论中央的去

| 毛泽东转战陕北时穿的布鞋

向问题。毛泽东在会上分析了形势，权衡利弊后，认为还是不走为好。原因有二：其一，中央留在陕北，可以拖住胡宗南集团，减轻山东和华北战场的压力，配合即将开始的战略反攻；其二，留在陕北虽然处于敌优势兵力的包围之中，但陕北地形复杂，群众基础好，回旋余地大，安全有保障。

经过一番争论，会议最终决定：毛泽东、周恩来、任弼时继续留在陕北，主持中共中央和中央军委的工作，指挥全国解放战争。为了保密需要，三人分别使用代号"李得胜""胡必成""史林"。

毛泽东决定利用陕北有利地形、良好的群众条件，牵着敌人的鼻子在山区周旋，将其肥的拖瘦，瘦的拖垮，待其筋疲力尽时，再寻找机会歼灭。他把这种战术叫"蘑菇战术"。他曾这样形容这个战术："敌人好比一只手，来延安时握着拳头，等他进来后把五指伸展开来，我们就将他的指头一个一个地切掉。敌人又像几块豆腐垒在一起，我们的口没有那么大，吃不了，等他摆开来，我们就能一块一块地把他吃掉。"

毛泽东在陕北运筹帷幄，指挥着全国的解放战争。在撤离延安后的40多天时间里，西北野战军在中央军委指挥下，先后取得青化砭战役、羊马河战役和蟠龙战役的胜利，共歼敌1.4万余人，还缴获了大批粮食和军用物资，给予胡宗南部沉重打击，粉碎了国民党军妄图消灭解放军于陕北或驱赶解放军过黄河的计划，基本稳定了陕北战局。蟠龙战役后，新华社负责人范长江曾经写了一首打油诗，淋漓尽致地描述了胡宗南的失败和窘境："胡蛮胡蛮不中用，延榆公路打不通；丢了蟠龙丢绥德，一趟游行两头空；官兵六千当俘虏，九个半旅像狗熊；害得榆林邓宝珊，不上不下半空中。"

自1947年3月18日撤离延安后，毛泽东一直与陕北人民同甘苦、共患难，与陕北人民建立了深厚的感情。毛泽东之所以能率领中共中央把敌人搞得精疲力竭并不断消灭，最根本的原因就是人民群众的倾力支持。陕北历来不是富足的产粮区，再加上20多万国民党军队的抢劫糟蹋，老百姓多半已揭不开锅。但他们却把仅有的一点粮食都送给了解放军部队，甚至连地里没成熟的粮食也抢收回来支援前线。陕北人民自觉担当起共产党军队的耳朵、眼睛，自觉为军队保守秘密，保护中央领导的安全。这就是毛泽东"用一个延安换取全中国"这样坚定自信的力量之源。毛泽东曾多次感慨说，共产党什么都不怕，就怕脱离群众。只要有了人民的支持，我们就能战胜一切敌人，克服一切困难。

在行军中，毛泽东和战士们一起风雨夜行；与战友们一同挤在黑漆漆充满酸菜味的窑洞里办公，撑起布搭帐篷，点着油灯查看地图，布置战斗……整整1年零5天，率领中央和人民解放军总部机关以及4个半连队的警卫部队，栉风沐雨，转战于陕北的沟壑之间，这种率先垂范、亲临战场、艰苦奋斗、坚韧不拔的伟大革命精神，对鼓舞各解放区军民的斗争，粉碎国民党反动派的进攻，进而夺取全国胜利，起了重大的激励作用。

1948年3月23日，毛泽东、周恩来、任弼时率领中央机关，来到吴堡县川口村南的园则塔渡口。马上就要过黄河了，毛泽东表情凝重，面河而立，向着河西，向着他生活和战斗了13个春秋的陕北高原，动情地说："陕北人民对革命做出了很大贡献，我们是忘不了的。"毛泽东离开了陕北，踏上了迎接新的胜利的征途。

1个月后——1948年4月21日，被敌人占领了1年1个月的延安，重新回到了人民的怀抱。

新中国成立后，曾长期在毛泽东、周恩来等中央领导人身边担负拍摄工作的侯波及毛泽东的卫士李银桥将这双布鞋捐献给中央革命博物馆筹备处(现中国国家博物馆)，为我们保留下中共中央转战陕北的重要见证。

党中央、毛泽东等转战陕北的一年多时间里，虽然条件艰苦，但基本上一路平安无事。这正如习近平总书记所指出的，一个政党，一个政权，其前途命运取决于人心向背。党只有始终与人民心连心、同呼吸、共命运，始终依靠人民推动历史前进，才能做到坚如磐石。历史证明，坚如磐石的军政军民团结，永远是我们党取得革命、建设和发展的政治优势；人心向背、不忘初心，永远是推动党和军队建设、改革、发展的力量源泉；民众拥护、百姓支持，永远是克服一切困难、战胜一切艰难险阻的重要法宝。

1948 

用小车推出来的胜利

——支前模范董力生用的独轮小推车

引言

——

自1947年7月中国人民解放军开始由战略防御转入战略进攻之后，中国革命战争出现了历史性转折。1948年秋，人民解放战争进入夺取全国胜利的决定性阶段，战略决战的时机已经成熟。在毛泽东和中央军委的领导、指挥下，人民解放军先后发动辽沈、淮海、平津三大战役，打响决定中国命运的大决战。三大战役中，人民群众给予人民解放军巨大的帮助，他们依靠人力、利用落后的工具，比如小推车，冒着生命危险将大量军需物资源源不断运往前线，并将伤病员及时送往后方医治，为解放战争的最终胜利提供了有力支援，谱写出一曲军民团结鱼水情的感人赞歌。

在中国国家博物馆《复兴之路》基本陈列展厅里，有这样一辆普通的木质独轮小推车，是支前模范董力生为人民解放军运送物资用过的。它通长190厘米，通宽110厘米，通高96厘米，与二十世纪七八十年代中国农村仍然普遍使用的独轮车并没有太大区别，但它却记录和见证着中国广大人民群众对中国共产党及人民解放军的深厚情谊。

1947年7月，中国人民解放军结束了长期以来在内战中处于战略防御地位的局面，转入战略进攻。经过一年的外线作战，1948年7月初，即中国人民解放战争进入第三年时，战争形势朝着有利于人民的方向迅猛发展，国共力量对比发生根本变化。到1948年秋，中国国内的军事、政治和经济形势更加有利于人民，而不利于国民党统治集团。人民解放军与国民党军队进行战略决战的时机日渐成熟。

1948年9月12日至11月2日，东北野战军发起辽沈战役，历时52天，共歼灭国民党精锐部队47.2万余人，解放了东北全境。至此，人民解放军不但在质量上占有优势，而且在军队数量上也取得优势，改变了长期以来敌强我弱的基本格局。辽沈战役后，国共双方将争夺的目光投向广袤的华东地区，一场更大规模的会战随即展开。

1948年11月6日至1949年1月10日，淮海战役历时66天，人民解放军歼灭国民党军55.5万余人，长江以北的华东、中原地区基本解放，国民党反动统治的中心地带南京、上海直接暴露在人民解放军的铁拳面前，为解放军渡江作战创造了极为有利的条件。

1948年11月29日至1949年1月31日，平津战役历时64天，人民解放军按照中共中央军委“先打两头，后取中间”的原则，歼灭和改编国民党军队52万余人，并和平解放北平，华北地区基本获得解放。

中国人民解放军同国民党军队进行的辽沈、淮海、平津三大战役，共历时142天，人民解放军以伤亡24万人的代价，共歼灭、争取起义投诚与接受和平改编国民党正规军144个师，非正规军29个师，合计154万余人，基本摧毁国民党的主要军事力量。三大战役的胜利，奠定了人民解放战争在全国胜利的基础。

三大战役的胜利，离不开人民群众的支持和援助。当时，人民解放军的交通运输条件十分落后，除在东北已控制部分铁路外，主要还是依靠人力和相当落后的工具，用肩挑、车推、驴驮、船运等方法，将大量粮食、弹药等军需物资源源不断运往前线，将伤病员送回后方医治。对于三大战役这样几十万人参与的大会战，后勤补给物资数量之大是难以想象的，往往需要几十万甚至上百万人参与运输支前。据统计，三大战役中，支前民工累计达880余万人次，人民群众使用的大小支前车辆141万辆，担架36万余副，牲畜260余万头，粮食4.25亿公斤。

特别是在淮海战役中，人民解放军在兵力、装备都不占优势的情况下，同国民党重兵集团展开殊死决战，最后获得全面胜利。这种战争史上的奇迹，除中共中央、中央军委和总前委的正确决策，指战员的英勇作战，军队后勤保障之外，与人民群众的全力支援也是密不可分的。

淮海战役开始后，为更好地配合前方主力部队作战，满足战争需要，中共中央华东局、中原局和华北冀鲁豫分局全力以赴地组织筹划了庞大的支前工作。人民群众得到解放军在战场上捷报频传的消息，看到全国胜利的曙光，支前的积极性空前高涨。浩浩荡荡的支前大军，日日夜夜转战在淮海战役战场上。解放区和邻近战区的广大群众在“一切为了前线胜利”的口号下，克服种种困难，从人力、物力、财力上支援人民解放军。来自江苏、山东、河南、安徽、河北5省的支前民工云集淮海战役战场，数不清的民工担架队、小车队、毛驴队、挑子队……像千万条小

支前模范董力生为人民解放军运送物资用过的独轮小推车

河汇入大海那样，从胶东半岛到黄河两岸，从沂蒙山区到东海之滨……他们越过山峦，跨过平原，车轮滚滚，昼夜不息地涌向前线；他们冒着枪林弹雨，忍着风雪饥寒，破冰渡河，将粮食、被服、鞋袜、弹药等送到一线作战部队手中。后方群众则不分男女老幼，参加冬耕生产，昼夜突击碾米磨面、加工军粮，赶做军鞋、军衣，筹集粮草，照料伤员。

据不完全统计，整个淮海战役，动员支前民工，包括随军、二线转运常备民工和后方临时民工共约543万人（不包括后方碾米磨面、做军鞋等人员），为人民解放军参战人数的9倍。动用担架20.6万副，大小车辆88万余辆，挑子30.5万副，牲畜76.7万头，船只8500余艘，汽车250余辆。广大人民群众的全力支援有力保障了淮海战役的胜利，充分体现了人民战争的强大威力，在物质上和精神上都给予子弟兵极大的支持和鼓舞。

作为中共淮海战役总前委领导成员之一的陈毅，在《忆江南·记淮海前线见闻》中描述了当时群众踊跃支前的盛况："几十万，民工走不通。骏马高车送粮食，随军旋转逐西东，前线争立功。担架队，几夜不曾睡。稳步轻行问伤病：同志带花最高贵，疼痛可减退？"他还深情地说："淮海战役的胜利，是人民群众用小车推出来的。"

在当时的农村，独轮小推车是平常百姓家司空见惯的一种生产劳动工具，而正是这种简陋的运输工具，却在淮海战役中发挥了其他运输手段无法替代的作用。这辆独轮小推车就是人民群众支前的历史见证，它的主人是参加淮海战役的千千万万支前大军中的一员——支前模范董力生。董力生是江苏省赣榆县董青墩村人，自幼家贫，早期没有名字。她秉性敦厚，意志坚定，从少年时代起便吃苦耐劳、帮助他人。在战争年代，由于人们对她突出的劳动模范事迹十分钦佩，所以都亲切地称呼她为董大姐。

1940年，八路军在她的家乡建立了革命根据地，她的思想觉悟逐渐提高，开荒种田、推车挑担、耕种刨锄，样样抢着干，赣榆县妇救会主任见她劳动积极、肯吃苦，便说："自力更生，才能更好地劳动，你就叫董力生吧。"在领导的鼓励下，董力生积极参加识字班，组织妇救会，大力搞生产。1943年，她加入中国共产党，并被评为滨海区劳动模范。之后，董力生的干劲更大了，她组织群众开垦荒地，把乱葬岗变成良田，不但增加了群众的经济收入，还支援了前线。当时，由于日寇实行严密而残酷的封锁，食盐无法运进敌后根据地，她便组织起运盐队，乔装改扮，推车到城里运盐，同时打探敌人情报。她还组织联防民兵，配合八路军攻打县城，出色完成了拆除碉堡和城墙的任务。1947年，为支援解放军粉碎国民党军队向鲁南发动的进攻，她积极报名参加支前担架队，是赣榆县担架团4000多名民工中唯一的女担架员。在孟良崮战役最紧张的时候，她连续奋战18个昼夜，逢山爬山、遇水涉水，从火线上抢背伤员，休息时为伤员清洗伤口、烧水喂饭。孟良崮战役结束后，她被评为"钢铁担架团一等功臣"。1948年11月，淮海战役开始后，董力生推着这辆独轮小推车与无数支前民工一起长途跋涉，为解放军运送给养和弹药，因表现突出，被评为"支前模范"。1949年3月，董力生出席在北平召开的中国妇女第一次全国代表大会，并被选为大会主席团成员。她身穿山东老土布衣服，头上包一条旧的白羊肚毛巾，腰里扎着的布腰带里还掖着烟袋，虽是大会代表，却仍是一身朴素装扮，没人介绍，谁能想到这是一位英雄劳动模范。会议期间，她还受到毛泽东等领导人的亲切接见。1950年，董力生出席全国工农兵劳动模范代表大会，被授予"全国劳动模范"称号，之后，又先后被授予"山东省劳动模范""全国三八红旗手"等称号。

三大战役是真正的人民战争，毛泽东曾反复强调："真正的铜墙铁壁是什么？是群众，是千百万真心实意地拥护革命的群众。"淮海战役的胜利是党的群众路线彻底地、完整地贯彻与实施的必然结果，生动地体现了战争的伟力在民众之中，有力地证明了人民的拥护和支援是革命战争胜利的源泉。

1949

开启新中国的开国盛会

——中国人民政治协商会议第一届全体会议代表签名册

引言

1949年9月21日至9月30日，中国人民政治协商会议第一届全体会议在北平举行。中国共产党及各民主党派、无党派民主人士、人民团体和各界爱国人士等代表参加会议。会议通过了《中国人民政治协商会议共同纲领》，制定了《中国人民政治协商会议组织法》《中华人民共和国中央人民政府组织法》等，还通过了国名、国都、国旗、国歌、建立人民英雄纪念碑等多个重要决议。中国人民政治协商会议第一届全体会议的召开，翻开了新中国历史的第一页，宣告中华人民共和国的诞生。1949年9月15日，参会代表们陆续前往中南海签名报到，留下了644位代表共82页纸的亲笔签名。

中国国家博物馆珍藏着1949年9月中国人民政治协商会议第一届全体会议代表签名册。签名册纵43厘米，横32.5厘米，木制封面上镌刻着人民政协的会徽和林伯渠的题款。它真实记录了中华人民共和国开国盛会的盛况，记录了中国共产党、各民主党派、无党派人士等代表们齐聚一堂共商国是的历史片段。

1948年，随着解放战争形势的发展，中共中央发出“各民主党派、各人民团体、各社会贤达迅速召开政治协商会议，讨论并实现召集人民代表大会，成立民主联合政府”的号召，得到各民主党派和爱国民主人士的热烈响应。爱国民主人士冲破重重险阻，从全国各地和海外奔赴解放区，积极参加召开新政治协商会议和建立新中国的筹备工作。

1948年11月25日，中国共产党代表与到达哈尔滨的民主党派负责人和民主人士就成立新政协筹备会、新政协的性质和任务等问题达成共识，由中国共产党起草筹备会组织条例，同时确定了新政协参加范围、召开时间和共同纲领的制定等问题。

1949年6月15日，新政协筹备会在北平成立，由中国共产党、各民主党派、各人民团体和无党派民主人士共23个单位134人组成。会议选出21人组成新政协筹备会常务委员会，负责办理经常性工作，推选毛泽东为主任，周恩来、李济深、沈钧儒、郭沫若、陈叔通为副主任，李维汉为秘书长。常务委员会下设六个小组：第一组负责拟定参加新政协的单位和代表名额；第二组负责起草新政协组织法；第三组负责起草新政协共同纲领；第四组负责拟定中华人民共和国政府方案，起草中央人民政府组织法；第五组负责起草新政协会议宣言；第六组负责拟定国旗、国徽、国歌方案。

紧张而有序的筹备工作进行了近三个月，其中最重要的工作之一，是民主协商确定新政协代表名单，这是一项极其严肃又十分繁重的工作。在新政协筹备会常委会的领导下，时任中共中央统战部部长的李维汉承担起拟定代表名单的重任，成为第一组的组长。

筹备会拟定的参加政协第一届全体会议代表分为五类，由党派、区域、军队、团体代表和特别邀请人士组成，共662人，几乎包括了所有主张实行新民主主义的各民主党派、各人民团体、各地区、人民解放军、少数民族、海外华侨以及宗教界的负责人和代表人物。前四类共45个单位，有正式代表510人，候补代表77人。其中，党派代表包括中国共产党和中国国民党革命委员会、中国民主同盟等各民主党派以及无党派民主人士，共14个单位，165人；区域代表9个单位，116人；军队代表包括人民解放军的6个单位，71人；团体代表包括中华全国总工会、国内少数民族、国外华侨民主人士、宗教界民主人士等16个单位，235人；特邀代表包括孙中山夫人宋庆龄和各界知名人士、老解放区民主人士、起义的国民党军政人员、新疆代表团、战斗英雄劳动模范代表，共75人。

代表阵容具有广泛的代表性，在党派代表中，中国共产党与中国国民党革命委员会、中国民主同盟的代表名额均为正式代表16人，候补代表2人。参会的全部代表中，共产党员约占44%，各民主党派代表约占30%，无党派代表约占26%，形成中国共产党与各民主党派、无党派民主人士以及社会各阶层人士团结合作、民主协商、共筹建国大计的政治局面。正如毛泽东在会议开幕词中说的："我们的会议是一个全国人民大团结的会议。"

当时对代表名单的商定极为慎重，需逐一研究、再三斟酌，工作量极大。经过筹备会多次开会座谈，反复协商，征求各方面意见，临近大会开幕前才最终确定了代表名单。在此期间，毛泽东和周恩来十分重

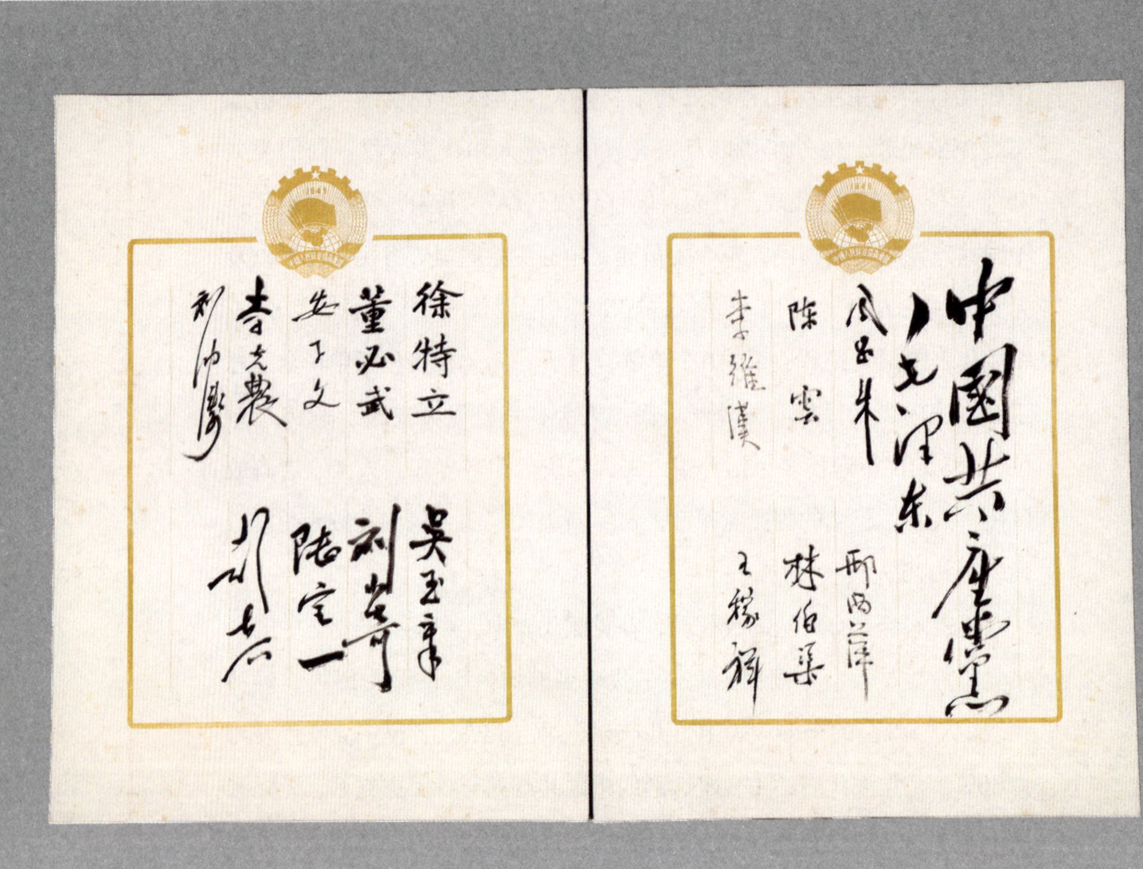

| 中国人民政治协商会议第一届全体会议代表签名册

视，也常常参加讨论。当中央统战部把参加政协第一届全体会议的单位、代表人选和各项统计印制成一本厚厚的表册呈送中央后，毛泽东一边翻看，一边风趣地说“这是一本‘天书’”。

1949年9月15日，中南海陆续迎来参加新政协的各界代表，在勤政殿、怀仁堂等几处地方的长桌上按参加会议的各单位顺序摆放着印有政协会徽的签到纸，供与会代表们签名报到。

各党派代表的报到处设在勤政殿正门内的大厅里。分管中国共产党代表报到的孙小礼回忆：“陈云同志是第一个来报到的……首席代表毛泽东是最后一位报到的。9月17日上午，迟先达通知我：‘毛主席来勤政殿开会，同时就来报到。’……要我给他一张未用过的签到纸，他沿着第三行的竖道把纸折叠起来，盖上已签满了的后三行。”

孙小礼还回忆，特邀人士首席代表宋庆龄是在9月中旬单独到怀仁堂签名报到的，按规定“代表签名一律用毛笔，第一行写单位名称，由各单位的首席代表写；第二行是首席代表签名”，但为了尊重宋庆龄的习惯，特备了一支钢笔，代表签名只有她一人用的是钢笔，也没在第一行写单位名称。

此外，中国人民救国会首席代表李章达因心脏病复发，在会前离开了北平，因此签到纸上第二行为他空了一个签名位置。特邀新疆维吾尔族代表赛福鼎和乌孜别克族代表阿里木江写的是维吾尔文，是仅有的两位用少数民族文字签名的代表。一些当天因故未能及时签到的代表，如特邀人士代表国民党军起义将领傅作义、邓宝珊，因处理绥远起义事宜，22日上午才到达北平，参加了下午的会议。特邀人士代表、老解放区开明士绅安文钦，30日才到会，只参加了最后一天的会议，他是最后一个签名的代表。

据统计，到北平参加中国人民政治协商会议第一届全体会议的代表，实际是644位，与662位代表名额相差18人，这18人中，有15人因故未到北平，被会议批准列名缺席，有3人为缺额。这15位列名缺席的代表分别是：杨杰、李章达、任谦、徐向前、荣德生、李四光、徐四民、刘明电、萨镇冰、颜惠庆、侯寒江、林棠、龙云、张鸿鼎、董其武。列名缺席者多数出于身体原因和工作原因，如第一野战军代表徐向前，因肋膜炎复发，高烧不退，赴青岛休养；中国国民党革命委员会代表杨杰，9月19日在香港被国民党特务暗杀；中华全国第一次自然科学工作者代表大会筹备委员会代表李四光因出席国际地质学术会议，身在英国伦敦，无法定到回国船票；特邀人士代表董其武在绥远起义后，因主持军队改编和地方政府组建事宜，未能赶到北平；缅甸华侨徐四民和日本华侨刘明电的情况比较特殊，考虑到两位华侨所在国环境以及他们自身和亲属的安全问题，特被准许列名缺席。

会议期间，代表每天进入会场时，还要在会议发的名片大小的签到卡上签上名字和日期，交给工作人员验证后方能入场。据统计，8天会议的出席人数分别为：21日634人，22日635人，23日628人，24日626人，25日625人，27日632人，29日633人，30日638人。毛泽东、刘少奇、周恩来、朱德、宋庆龄等605位代表参加了全部的会议。而未到会的代表，之后也补上了签到卡，并注明未到会原因。

1949年9月21日，中国人民政治协商会议第一届全体会议在北平中南海怀仁堂隆重举行。会议代行全国人民代表大会的职权，通过了具有临时宪法性质的《中国人民政治协商会议共同纲领》，制定了《中国人民政治协商会议组织法》《中华人民共和国中央人民政府组织法》等；还通过了国名、国都、国旗、国歌、建立人民英雄纪念碑等多个重要决议；选举出以毛泽东为主席，朱德、刘少奇、宋庆龄、李济深、张澜、高岗为副主席，陈毅等56人为委员的中央人民政府委员会；以及选举了政协第一届全国委员会委员。9月30日下午，中国人民政治协商会议第一届全体会议胜利闭幕。

会议闭幕后，82页644个珍贵的报到签名，按各单位顺序被装裱成厚厚的两册。1965年10月，政协全国委员会将这两本签名册拨交给中国革命博物馆收藏，后在中国国家博物馆的《复兴之路》基本陈列中展出。它是老一辈革命家和各界民主人士聚会共商建国大计的珍贵见证，具有非常重要的史料价值和文物价值。

中国人民政治协商会议第一届全体会议的召开，翻开了新中国历史的崭新一页。中国共产党顺应大势、团结各方，开启了协商建国、共创伟业的新纪元。新中国成立70多年的实践证明，人民政协在协商中促进广泛团结、推进多党合作、实践人民民主，既秉承历史传统，又反映时代特征，充分体现了我国社会主义民主有事多商量、遇事多商量、做事多商量的特点和优势。70多年后的今天，在同心共筑中国梦、携手奋进新时代的新长征路上，人民政协将继续在中国共产党的坚强领导下，坚定不移沿着中国特色社会主义道路前进，为实现“两个一百年”奋斗目标、实现中华民族伟大复兴的中国梦、实现人民对美好生活的向往做出更大贡献！

1949 

献礼新中国的诞生

——国旗设计原稿

引言

——

1949年10月1日，中华人民共和国宣告成立，中国人民从此站起来了！中国共产党领导中国人民完成了党所肩负的争取民族独立和人民解放的历史使命，彻底改变了近代以后100多年中国积贫积弱、受人欺凌的悲惨命运，中华民族走上了实现伟大复兴的壮阔道路。为了迎接新中国的成立，新政治协商会议向全国广泛征求国旗图案，将国旗交给人民自己去设计、去描绘，在亿万中华儿女的心中激起了澎湃的爱国热情。最终，由上海市民曾联松设计的五星红旗被确定为中华人民共和国国旗。开国大典上，五星红旗缓缓升起，中华民族从此以崭新的姿态屹立于世界民族之林。

国旗，是一个国家最直观、最集中、最鲜明的符号显现，是民族文化精神的结晶。每当朝霞染红东方，鲜艳的五星红旗在雄壮的国歌声中冉冉升起，每个中华儿女的心中无不洋溢着骄傲自豪的爱国热情。让我们回溯到70多年前新中国成立前夕，了解五星红旗从设计、定稿到确定为中华人民共和国国旗的经过。

1946年6月，国民党政府在美国支持下，发动全面内战。然而，经过两年半时间，全国解放战争形势发生了根本变化。国民党在军事上遭到惨败，特别是从1948年9月12日至1949年1月31日结束的辽沈、淮海、平津三大战役，人民解放军共歼灭国民党军154万余人，国民党赖以维持其反动统治的主要军事力量基本被摧毁。1949年4月20日夜，人民解放军发起渡江战役，4月23日占领南京，标志着国民党反动统治的覆灭。

随着革命战争形势的发展，筹建新中国被提上议事日程。早在1948年4月30日中共中央发出的纪念五一劳动节的口号中，中国共产党就明确提出迅速召开没有反动分子参加的新的政治协商会议，成立民主联合政府，得到各民主党派的热烈响应和积极支持。

在各方面时机业已成熟的条件下，1949年6月15日，新政治协商会议筹备会第一次全体会议在北平中南海勤政殿召开。会议选举了21人组成的常务委员会，在常务委员会之下又设立了六个小组，分别负责筹建新中国的各项具体事宜，其中，第六小组专门负责拟定国旗、国徽、国歌方案。

第六小组的成员经过讨论后一致认为，制定中华人民共和国国旗、国徽、国歌是一件神圣和严肃的大事，必须充分体现全国各族人民的共同意愿，决定在全国各大报纸上向全国发布国旗、国徽图案及国歌词谱的征集启事。7月14日，新政协筹备会秘书处将征集启事分别送到人民日报社、北平解放报社、新民报社、大众日报社、光明日报社、天津日报社等各大报社，规定各家报社要以“显著地位刊登广告”。此后，国内各报及海外各华侨报纸也都进行了转载。启事全文如下：

一、国旗，应注意：（甲）中国特征（如地理、民族、历史、文化等）；（乙）政权特征（工人阶级领导的以工农联盟为基础的人民民主专政）；（丙）形式为长方形，长阔三与二之比，以庄严简洁为主；（丁）色彩以红色为主，可用其他配色。

二、国徽，应注意：（甲）中国特征；（乙）政权特征；（丙）形式须庄严富丽。

三、国歌：（甲）歌词应注意：（1）中国特征；（2）政权特征；（3）新民主主义；（4）新中国之远景；（5）限用语体，不宜过长；（乙）歌谱于歌词选定后再行征求，但应征国歌歌词者亦可同时附以乐谱（须用五线谱）。

四、应征国旗国徽图案者须附详细之文字说明。

五、截止日期，八月二十日。

六、收件地点：北平本会。

把国旗交给人民自己设计，这在中国历史上是破天荒的头一回。大江南北，长城内外，在亿万中华儿女的心中激起了澎湃的爱国热情。人们纷纷拿起画笔、铺开稿纸，把对新中国的无限向往、对祖国主权和尊严的崇高敬仰凝聚笔端，精心描绘出心中最美的图案。

截至1949年8月20日，在短短一个月时间里，新政协筹备会总计收到应征的国旗设计稿1920件，图案2992幅。其中，一幅来自1000多公里外的上海的设计稿最终脱颖而出。它的设计者是一位来自上海的从事计财工作的年轻人，名叫曾联松。

曾联松是浙江瑞安人。少年时代的他酷爱美术和书法。从学生时代起，曾联松就是一位充满爱国激情的热血青年，并在中国共产党的引导下走上革命道路。1938年5月，他加入中国共产党，解放战争时期在中共地下组织领导的秘密经济新闻机构“上海现代经济通讯社”从事情报工作。1949年5月，上海解放。曾联松和上海人民一样，欢欣鼓舞，沉浸在胜利的喜悦之中。

1949年7月的一天，曾联松在《解放日报》上看到新中国国旗图案的征集启事。怀着对新中国的无限热爱、对祖国未来的美好憧憬，他购买了纸张、画笔等材料，然后把自己关在一间不足10平方米的阁楼里设计国旗图案。

一开始，设计工作并不顺利。他反复读着征集启事中提到的“中国特征”“政权特征”“庄严简洁”“以红色为主”这些要求，可是通过何种图形、符号来表现，如何设计才能既有民族特色，又有地域特点呢？他冥思苦想、辗转反侧，经常夜不能寐。

一天晚上，曾联松仰望天空，猛然想起人们常说的一句话：“盼星星，盼月亮，盼来了救星共产党。”他从中得到启发：中国革命的胜利离不开中国共产党，离不开中国人民解放军，可以说毛泽东领导的中国共产党和人民解放军就是中国人民的“救星”。他又想到自己曾读过埃德加·斯诺的《红星照耀中国》（即《西行漫记》），书中一张毛泽东头戴红军帽的照片给他留下极为深刻的印象，红军帽上的红五角星正是中国共产党最为形象的代表。他还特意在五角星中增加了中国共产党党旗中的图案——锤子、镰刀，以便使人更加明确知晓含义。为了不使国旗图案中的符号元素过多，他又决定以小五角星象征广大人民。这样，大星（中国共产党）引导于前，小星（人民群众）环绕于后，如同众星捧北斗，象征着人民群众紧紧围绕在中国共产党周围，从胜利走向胜利。至于小五角星的个数，曾联松联想到伟大祖国有

4000年悠久的文明史（有文字记载以来），有四万万同胞……最终，他想到了毛泽东在1949年6月30日发表的《论人民民主专政》一文中写道，“人民”包括有四个阶级：工人阶级、农民阶级、城市小资产阶级和民族资产阶级，于是决定以四颗小五角星象征广大人民群众。在五星的颜色问题上，曾联松最终决定用黄色，这代表中国人是黄种人，是被母亲河黄河养育的，这就把最典型、最突出的中国特征包含在政权特征之中。红色作为国旗的基础色，似红霞满天，表达热烈的感情，象征革命、解放和光明。红、黄两色搭配在一起非常协调，红霞一片，金光灿灿，色彩简洁而庄严。

元素符号和颜色都确定下来后，接下来就是布局问题。怎样布局才合理、才有美感？曾联松又是煞费一番苦心。当他把五星移到旗面左上方时，感觉视野开阔，五颗金星居高临下、光彩闪耀。大星的一个尖角指向正上方，显得庄重、稳如泰山；四颗小星的一个尖角和中心的延长线正对大星中心，显得生动、错落多变。五颗金星的结合图形大小相应、疏密相间，显得平稳而和谐，整个图案庄严而不失华丽。

就这样，历时一个多月，经过一次次勾画，一遍遍推翻，度过一个个不眠之夜，一幅令自己满意的国旗图案呈现在曾联松面前。他制作了两份五星红旗图案稿，一份于8月中旬寄往全国政协筹备会去应征，随同寄去的还有关于国旗图案意义的说明及制作方法，另一份保留在家中。

在国旗图案评选中，曾联松设计的图案得到与会专家的好评。著名戏剧家田汉拿着五星红旗图案说：“依我看，这个设计是不错的。”评选委员会也认为，曾联松设计的图案有新意，美观、大方、简洁，同时也指出了不妥之处，认为大五角星中不必出现锤子、镰刀。第六小组根据大家讨论的意见，将曾联松设计图案上大五角星中的锤子、镰刀删去，

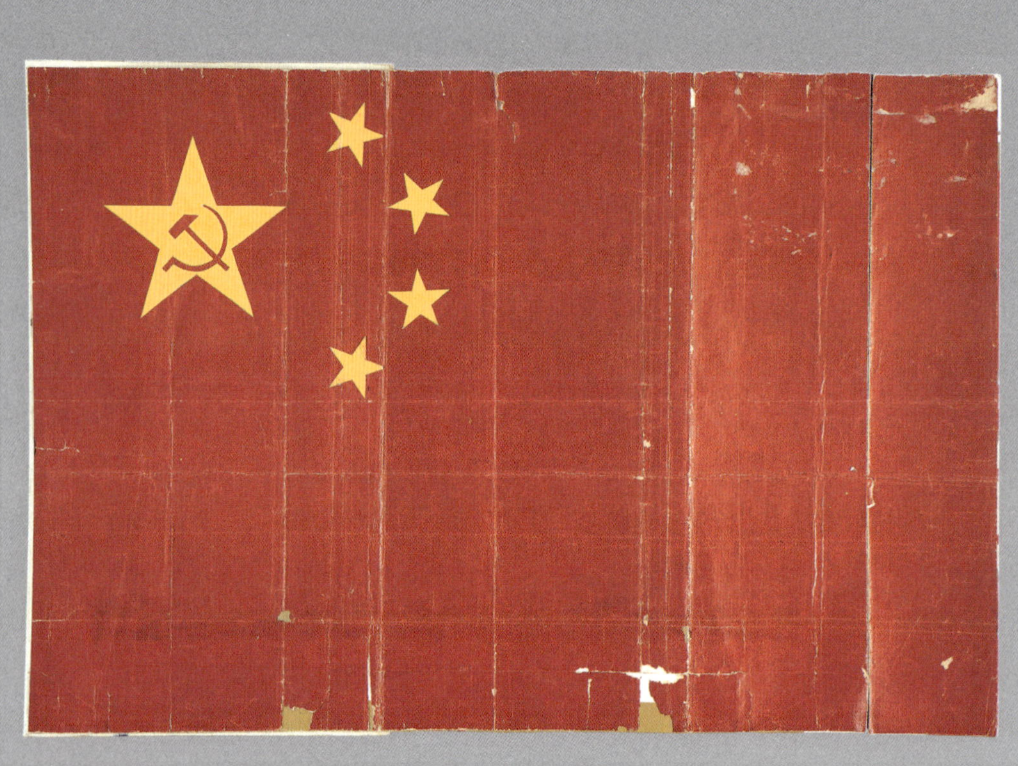

| 曾联松设计的国旗图案原稿

国旗说明略做调整，其他部分未做修改，将其列为复选出的38个图案之一，编为《国旗图案参考资料》复字第三十二号。

最终，曾联松设计的五星红旗图案，经过初选、复选和终选，从2992幅图案中脱颖而出。

当时，身在上海的曾联松对自己设计的国旗图案被采纳一无所知。当他在《解放日报》上看到公布的国旗图案时，又激动又惊喜，激动的是中国人民从此将拥有真正代表自己国家尊严和主权的国旗了；惊喜的是这个五星红旗图案竟与自己设计的几乎一样，只是删去了原设计图大五星中的镰刀、锤子。不过，这时的他还不敢相信这个国旗图案就是自己设计的，猜测可能是别人的作品，但他很难释怀，心中总留着一个结。

1949年10月1日，中华人民共和国开国大典在天安门广场隆重举行。毛泽东庄严宣告：中华人民共和国中央人民政府成立了！经过28年的艰苦奋斗，中国共产党领导中国人民终于取得新民主主义革命的胜利。中华人民共和国的成立，标志着中国历史从此进入一个人民当家作主的新时代，中华民族的发展从此开启了新的历史纪元。

时隔一年之后，曾联松心里的结终于解开了。1950年9月，曾联松到北京出差。全国政协的工作人员找到他，了解关于国旗图案设计的情况和投稿经过，问得非常详细、具体，还做了记录。没过几天，他就收到中央人民政府邀请他参加国庆一周年纪念活动的请柬。10月1日，曾联松胸前佩戴着长条燕尾的观礼证，登上天安门观礼台，目睹了由他设计的五星红旗在雄壮的国歌声中徐徐升起、高高飘扬。

将近半个世纪后，1994年5月，曾联松在得知中国革命博物馆为筹备“当代中国”展览开展文物征集工作的消息后，毅然决定将自己珍藏了45年的用红黄两色蜡光纸剪贴的另一幅国旗原设计图案底稿捐献出来，让它们在博物馆中作为爱国主义教育的生动教材不断传承下去。

时光飞逝，斗转星移，新中国已经走过70多年辉煌历程，发生了日新月异、翻天覆地的变化。当今社会，国旗成为一种强大的民族精神和凝聚力，成为一个国家公民的骄傲和荣耀，成为人们不断拼搏进取的力量源泉。在中国特色社会主义进入新时代的今天，当我们伫立在国旗下，目视五星红旗徐徐升起，心中仍然无比骄傲和自豪！

1949 人民政权的象征

——新中国开国第一大印

引言

——

新中国的诞生，是20世纪世界历史上发生的最有影响的伟大事件之一。就在同日，新选出的中央人民政府委员会宣布就职。中央人民政府的组成，以中国共产党的坚强领导，体现工人阶级领导国家政权的根本属性；同时以各民主党派参加政府，体现统一政权、团结合作、政治协商的人民民主原则。新中国的诞生，使中国历史翻开了新的一页，中国进入了人民民主的新时代，中华民族以崭新的姿态屹立于世界民族之林。“中华人民共和国中央人民政府之印”便是这个人民政权的象征。

中国国家博物馆收藏的新中国开国第一大印——“中华人民共和国中央人民政府之印”，及“中央人民政府政务院印”等与之同时刻制完成的第一批45枚中央政府机构印章，是新生的人民政权——中华人民共和国中央人民政府的象征，是人民当家作主的历史见证。

1949年6月15日，新政治协商会议筹备会在北平成立。在筹备会为筹建新中国所做的各项准备工作中，刻制中央人民政府及所属机构印信是一项极为重要的工作。新中国建立初期，中央人民政府是国家最高权力机关，享有较广泛的职权，在特殊的历史转折时期（1949年10月—1954年9月）里，承担了特殊历史使命。中央人民政府的印信是颁发各种法令、命令、指示和行使其他权力时钤印公文的凭证信物，具有特殊重要的意义。

在开国大典举行之前的10月1日下午2时，新选出的中央人民政府委员会在中南海勤政殿举行第一次会议，宣布就职。10月19日，中央人民政府委员会第三次会议通过政务院及所辖委、部负责人名单。21日，周恩来主持召开政务院第一次会议，宣布中央人民政府政务院成立。政务院作为国家政务的最高执行机关，下设政治法律、财政经济、文化教育和人民监察4个委员会，30个工作部门。其中，担任正职的中共党员20人，民主党派和无党派民主人士14人。这充分表明，中央人民政府是一个统一战线性质的政府，为中国共产党领导的多党合作和政治协商的执政特点奠定了坚实的基础。

新政治协商会议筹备会成立不久，周恩来就委托筹备会常务副主任陈叔通，邀请治印名家为即将成立的中央人民政府及所属机构治印。陈叔通指定筹备会副秘书长齐燕铭具体负责此项工作。齐燕铭邀请张樾丞、顿立夫、唐醉石、魏长青等治印名家共同研究探讨。由于张樾丞最擅长刻制铜印，并且在业界享有很高威望，刻制开国大印重任就由张樾丞担当。有关印章的型式、用料等具体细节问题经过大家反复商讨，并报中央批准。1949年8月19日下午，余心清副秘书长在北京饭店主持召开了“政府印铸问题座谈会”。

会议议定政府印铸问题4项：型式仿宋印；字体为小篆或仿宋，仿宋体有大众化意义，但奇数时不易排列，中国人民印刷厂负责人黄澍铭设计了两种样式；质料为铜；字文用“印”，废除“关防、钤记”。会议修正通过了黄澍铭所拟之《中央人民政府政务院印铸局组织条例》草案初稿。由于国名问题上一直有争议，迟迟未有定论，直到9月27日“中华人民共和国”国名最终确定后，国印印文“中华人民共和国中央人民政府之印”才正式确定。由于中央人民政府所属机构尚在组建之中，机构名称未正式确定，政府机构印章印文的确定也随之推迟。

1949年10月27日，齐燕铭将镌铸中央人民政府暨所属各机构印信报告附设计说明上报，并预计中国人民印刷厂月底可完成刊铸工作。同日早上周恩来和毛泽东批示后，首批印信即交付刊铸。报告还对废除过去以大小区别官级制度和政府印信的印型、字文、铸造制度（质料、型制、制法、字体）及首批45枚印信的印文做了明确规定：印型一律为正方形。字文一律为“印”。铸造制度——质料为铜质，仅这一点就充分说明中国共产党领导的人民政府是务实、节俭的；型制，中央人民政府印边长9厘米，其余7厘米；制法为铸胎镌字，字体用扁宋体，而不是用以往官印使用的篆体，首先考虑的是人民群众能看得懂，说明中国共产党是人民的政党，政府是人民的政府，同时附印样两种。

“中华人民共和国中央人民政府之印”在31日上午9时即镌刻完成并上交启用。当时在字文排列上要求对称，印面字文中加入“之”字，为的是使15个字能够整齐、美观地框在正方形印面内。在具体制作方

| 中华人民共和国中央人民政府之印

法上，国印使用的铜料比其他政府印信的密度大、黏度大、兑铵多，质地较硬。国印的柄与印体是分别制作再旋接上的，铜色柔和、制作精细，印体厚2.5厘米、柄长10.9厘米，印柄中间略凹进，整体造型庄重而有气势。

负责刻制国印重任的张樾丞1883年生于河北省新河县贫苦农民家庭，14岁入北京琉璃厂益元斋刻字铺学艺，1903年至1909年间，自定润格，专以刻字为业。后因镌刻了梁启超所书的“龙飞虎卧”四字，一时名声大噪，被誉为“铁画银钩”，得“铁笔圣手”之美名。1912年，张樾丞在西琉璃厂开设“同古堂”，其治印闻名遐迩。宣统皇帝的“宣统御览之宝”“宣统御宝”，及北京大学授学位印章、中央银行发行的纸币上“中央银行总裁印鉴”等均出自张樾丞之手。张樾丞为鲁迅刻的“会稽周氏藏本”“俟堂石墨”等印章，颇为鲁迅喜爱。张樾丞的刻铜技艺尤为突出，他刻治铜印时运用刻竹的“沙地留青”刀法，堪称一绝。

关于具体刻制开国之印的过程当时是保密的。据张樾丞的幼子张幼丞回忆，1949年政协筹备会期间，齐燕铭的小汽车曾到他家接走了张樾丞。回家后，张樾丞便开始翻阅资料、找印谱，画出了隶、宋、汉篆、秦篆四种字体的印文，送到北京饭店。最后确定用宋体。经过画样、写字、凿字和修字等多道工序后，国印镌刻完毕。按照规定，没有打样留底，而且印章的四个角都留有高台，待正式启用时磨平，即“开封”。

“中华人民共和国中央人民政府之印”“中央人民政府政务院印”等45枚新中国最早镌刻和启用的政府印信，被称为“第一批印信”。除“中华人民共和国中央人民政府之印”由张樾丞刻制外，其余44枚印信刻制任务均交由中国人民印刷厂组织完成。中国人民印刷厂前身为光绪三十四年（1908年）兴建的清度支部印刷局，是国内首家采用雕刻钢凹版印刷工艺的印钞企业，中国现代化印钞基地之一。1948年之前，为国民政府财政部印刷局，称中央印制厂北平厂。其旧址位于北京市西城区白纸坊街23号，2006年5月，作为近现代重要史迹及代表性建筑被国务院公布为第六批全国重点文物保护单位。1949年1月31日北平和平解放后，该厂由北平市军事管制委员会接管，随后改称“中国人民印刷厂”。该厂设有“活版课”，专门从事刻制印章等业务。10月27日，中国人民印刷厂接受刊铸第一批政府印信的任务，厂里集中来自北京琉璃厂萃文阁和同古堂等商铺的19名刻印人员。“中央人民政府政务院印”是第一批政府印信（除中央人民政府之印外）中尺寸最大，难度也最大的，由治印名家王景华刻制。

其余政府印信也是由众多治印高手分别刻制。刻制完成后，经统一编号后启用。中央档案馆保存的关于颁发人民革命军事委员会铜质印信一颗的《中央人民政府令》（10月31日9时签发），是目前发现最早的钤有国印的文件。中国国家博物馆收藏的《中央人民政府任命沈钧儒为最高人民法院院长的任命书》和“中央人民政府命令颁布《中华人民共和国土地改革法》的发文稿”等数十件文物，也都钤有开国大印。外交部档案馆珍藏的1950年中国首任驻瑞典大使耿飚呈递给瑞典国王的国书上，也钤有国印。这说明国印在新中国建立之初，即行使了它的神圣使命，发挥了重要作用。

1954年9月20日，第一届全国人民代表大会一致通过的《中华人民共和国宪法》规定，全国人民代表大会为国家最高权力机关，国务院为最高国家权力执行机关。至此，中华人民共和国中央人民政府及其所属和下属行政机关的几十枚印信也完成了它们的历史使命。1959年5月，国务院秘书厅将这批珍贵的政府印信拨交中央革命博物馆筹备处。

新中国开国第一大印——“中华人民共和国中央人民政府之印”，标志着人民当家作主的新中国的诞生。从此，中国历史翻开了新的一页，中华民族以崭新的姿态屹立于世界民族之林。

1950 

新中国土地改革运动

——《中华人民共和国土地改革法》

引言

——

土地，自古以来就是农民的生存之本。然而在旧中国，占农村人口不到百分之十的地主、富农，占有百分之七十至八十的土地，而占农村人口百分之九十的贫农、雇农和中农，却只占有百分之二十至三十的土地。地主阶级以地租等方式残酷剥削和压迫农民，占有土地收入的一半以上，而农民终年辛勤劳作，却不得温饱。封建土地制度严重阻碍了农村经济和中国社会的发展，是旧中国积贫积弱的主要原因之一。这件《中华人民共和国土地改革法》原稿，是新中国成立初期党领导人民群众进行土地改革运动，废除封建土地所有制，恢复发展农村经济伟大举措的珍贵见证物。

民以食为天，食以地为先。中国共产党从成立之初就十分注意土地问题，在不同的革命斗争时期，根据当时的主要矛盾，分别制定切实可行的土地改革政策。

早在井冈山斗争时期，中国共产党就领导了打土豪分田地斗争。1928年底制定了第一个土地法《井冈山土地法》，规定“没收一切土地归苏维埃政府所有”。1929年4月颁布的兴国县《土地法》，在吸收《井冈山土地法》经验教训的基础上，将“没收一切土地”改为“没收公共土地及地主阶级的土地”，这一改变被毛泽东称为是一个“原则性的改正”，表明了党的土地政策的一大进步。在抗日战争时期，党为适应建立抗日民族统一战线需要，制定了地主减租减息、农民交租交息的政策，既减轻地主对农民的剥削，又有利于调动地主、富农的积极性。在解放战争时期，党根据国内阶级矛盾上升为主要矛盾的变化，发布《关于清算减租及土地问题的指示》，即《五四指示》，将减租减息政策改为没收地主土地的政策。1947年，党领导制定了《中国土地法大纲》，在解放区一亿人口的地区完成了土地制度改革，消灭了封建的生产关系，农民在政治上经济上翻了身，大批青壮年参军支前，保证了解放战争的顺利进行。但由于历史条件的限制，一直未能在全国范围内彻底消灭封建土地制度。

新中国成立时，全国三亿多人口的新解放区还没有进行土地改革，广大农民迫切要求进行土地改革，获得土地。在这样的背景下，一场轰轰烈烈且影响深远的新土地改革运动诞生了。《中华人民共和国土地改革法》（简称《土地改革法》）的制定，为新中国土地改革运动拉开了帷幕。1950年6月14日至23日，全国政协一届二次会议在北京召开，讨论由中共中央建议的《土地改革法（草案）》。会上，刘少奇代表中共中央做《关于土地改革问题的报告》，对新解放区土地改革的重要意义、《土地改革法（草案）》中有关政策的提出依据以及进行土地改革时应该注意的事项等做了说明。

经过全国政协一届二次会议审议，并对《土地改革法（草案）》做了若干修改和补充，6月28日，中央人民政府委员会第八次会议通过《土地改革法（草案）》。6月30日，毛泽东主席签署命令，正式颁布《中华人民共和国土地改革法》。

中国国家博物馆收藏有1950年6月29日中央人民政府命令颁布《中华人民共和国土地改革法》的发文稿及《中华人民共和国土地改革法》原稿，其中，发文稿纵26.5厘米，横37.5厘米，原稿纵26厘米，横18.7厘米，纸质，铅印。1959年由国务院秘书厅档案科拨交给中央革命博物馆，这件珍贵文献既完整记录了《土地改革法》的全部内容，同时也见证了新中国土地改革运动的一段辉煌历程。

1950

《土地改革法》共6章，40条，明确指出土地改革的目的是废除地主阶级封建剥削的土地所有制，实行农民的土地所有制，借以解放农村生产力，发展农业生产，为新中国的工业化开辟道路。《土地改革法》对1947年制定的《中国土地法大纲》中的若干规定进行了修订，其中最大的变动就是由征收富农多余的土地财产的政策，变为保护富农所有自耕和雇人耕种的土地及其他财产不得侵犯的政策。（《土地改革法》第二章第六条）

新土改法中的这一变化，有着深刻的历史背景与现实意义。新中国成立前，根据1947年《中国土地法大纲》的有关规定，彻底平分土地的方针也适用于富农，于是富农的土地被平分，多余的牲畜、农具、农屋、房屋、粮食等也被征收了，富农处于土改政策中被“消灭”的范围。在当时战争的环境和条件下，“消灭富农”的政策切实可行。新中国成立后，对于新解放区的广大农村，必须通过彻底的土地改革，消灭

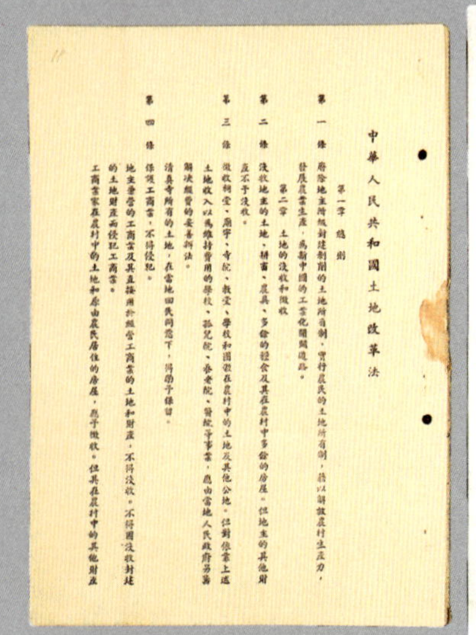

中華人民共和國土地改革法

第一章 總則

第一條 廢除地主階級封建剝削的土地所有制，實行農民的土地所有制，藉以解放農村生產力，發展農業生產，為新中國的工業化開闢道路。

第二章 土地的沒收和徵收

第二條 沒收地主的土地、耕畜、農具、多餘的糧食及其在農村中多餘的房屋。但地主的其他財產不予沒收。

第三條 徵收祠堂、廟宇、寺院、教堂、學校和團體在農村中的土地及其他公地。但對依靠上述土地收入以為維持費用的學校、孤兒院、養老院、醫院等事業，應由當地人民政府另籌解決經費的妥善辦法。

清真寺所有的土地，在當地回民同意下，得酌予保留。

第四條 保護工商業，不得侵犯。

地主兼營的工商業及其直接用於經營工商業的土地和財產，不得沒收。不得因沒收封建的土地財產而侵犯工商業。

工商業家在農村中的土地和原由農民居住的房屋，應予徵收。但其在農村中的其他財產

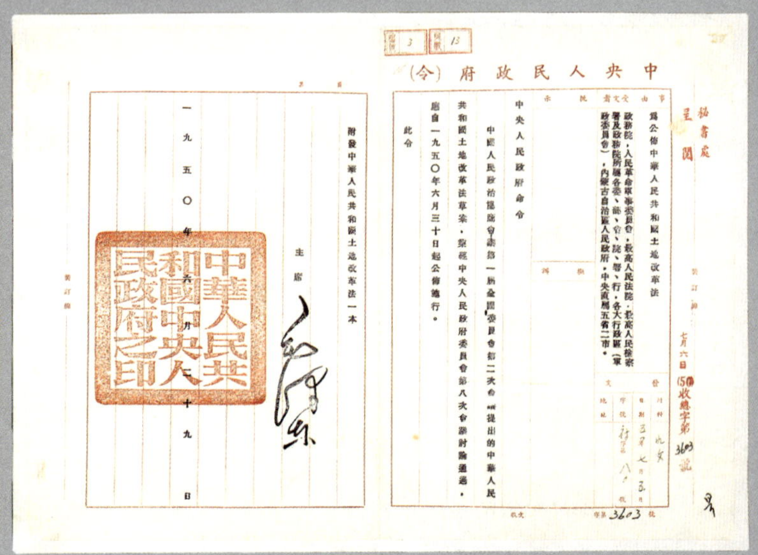

中央人民政府(令)

事由：為公佈中華人民共和國土地改革法

受文者：政務院，人民革命軍事委員會，最高人民法院，最高人民檢察署及政務院所屬各委、部、會、院、署、行，各大行政區（軍政委員會），內蒙古自治區人民政府，中央直屬五省二市。

中央人民政府命令

中國人民政治協商會議第一屆全國委員會第二次會議提出的中華人民共和國土地改革法草案，業經中央人民政府委員會第八次會議討論通過，應自一九五〇年六月三十日起公佈施行。

此令

附發中華人民共和國土地改革法一本

主席 毛澤東

中華人民共和國中央人民政府之印

一九五〇年六月二十九日

秘書處 呈閱

七月六日 (50)收總字第3603號

| 《中华人民共和国土地改革法》原稿及中央人民政府命令颁布《中华人民共和国土地改革法》的发文稿

封建土地剥削制度，实现农民的翻身解放。但是，这些地区由于解放的时间短，无产阶级的政权尚未完全巩固，封建势力仍较顽固。因此，如果土改不慎，很有可能会引起地主阶级的反攻，破坏土改事业。而其中的一个关键因素，就是如何对待富农的问题。这一问题引起毛泽东主席和党中央的高度重视。早在1949年的12月，毛泽东在中央政治局会议上就曾指出，即将开始的土地改革应分地主和富农两个阶段进行，且应与资产阶级进行合作。1950年2月，毛泽东、周恩来在苏联访问时，向斯大林通报了我国新解放区土改关于对待富农的这一考虑，斯大林根据苏联的改革经验，对这一提议给予了肯定和支持。之后，根据毛泽东的建议，党中央对此问题进行了深入的调查研究，并在党内展开广泛的讨论，征询各大区中央局意见。经过长达三个多月的反复讨论和民主协商，最终将保护富农经济的政策写进了《土地改革法》中。

这一政策产生了积极的影响，一方面有效地将富农与地主区别开来，保护了富农的生产积极性，另一方面也极大地鼓励了贫农和中农发展生产，避免这部分农民因担心变成富农而不敢多种土地或种好土地。保护富农的政策也得到新解放区各阶层的广泛拥护。首先高兴的无疑是广大的贫雇农阶层，他们说，《土地改革法》“是我们穷人翻身的印把子，只要掌握了这个法宝，我们就能和地主进行说理斗争”。富农听到保护富农经济的政策也感到十分庆幸，《土地改革法》颁布前，大多数富农认为自己一定是土改的对象，惶惶不安，《土地改革法》公布后，知道对他们采取的政策与地主不一样，就开始远离地主，情绪比较稳定，提高了生产的积极性。中农在听到《土地改革法》中不动富农的消息后，情绪也提高了，有的说：“中农和富农是唇齿相依，以前动富农，中农是唇亡齿寒，说不动也动起来了，现在连富农也不动，中农才保了险。”有的说：“连富农都不动，我们更安心了。”

《土地改革法》的颁布，为新解放区土改运动提供了法律依据和指导方针。从1950年秋季开始，全国新解放区土改工作按照清匪反霸，减租退押；土地分配，土改复查的“二步三段法”有计划、有步骤地开展，各地严格贯彻落实土改的总路线和总政策，依靠贫农、雇农，团结中农。没收地主的土地，分给无地或少地的农民耕种，同时也分给地主应得的一份，让他们自己耕种，自食其力，借以解放农村生产力，发展农业生产。

从1950年秋至1953年春，经过短短3年的时间，占全国人口大多数的新解放区的土地改革运动基本完成。至此，除一部分少数民族地区和台湾地区外，在中国存在两千多年的地主土地所有制被完全废除了！

新中国土地改革运动的胜利完成，产生了积极而深远的影响。首先，土改运动消灭了封建半封建的土地关系和生产关系，生产力得以解放，农业生产得到迅速恢复和发展。土改后，全国3亿多农民获得了7亿亩土地及大量的生产和生活资料，广大农民在自己的土地上劳动，生产积极性高涨，农业生产得到恢复和发展。据统计，1952年与1949年相比，我国农业生产总值增长了48.5%，年均增长14.1%，粮食总产量增长42.8%，年均增长12.6%，超过战前最高年产量的90%。农村经济的恢复和农业的发展，不仅使农民生活得到改善和提高，还给工业提供了大量的原料、劳动力、资金、市场等支持，为国家在“一五”计划时期启动国家工业化战略并组织实施156个工业项目创造了条件。

其次，土改运动彻底摧毁了封建土地制度，消灭了封建地主阶级，农民在获得土地的同时，还摆脱了千百年来封建宗法的人身束缚，广大农民的政治觉悟和政治热情空前提高。获得土地的翻身农民更加热爱共产党，拥护人民政府。他们把对党和政府的感激爱戴之情，积极投入到国家的政权建设和国防建设当中。据载，仅华东地区1951年就有30多万农民积极分子加入青年团，有550多万人参加民兵组织。在抗美援朝中，广大农民积极捐款捐物，主动参军，为赢得战争的胜利做出了巨大的贡献。广大农民已成为新兴人民政权的重要支柱，工农联盟和人民民主专政的政权得到了巩固。

总之，新中国的土地改革运动，解放和发展了生产力，根除了封建剥削的基础，给了农民最基本的生存保障，顺应了民心，构建起了新的经济基础、社会基础和政治基础，是一次伟大的历史性的进步，是一场深刻的经济、社会和政治变革。这场变革，不仅对成立初期的新中国产生了直接的积极影响，而且对其后的中国现代化建设也产生了深远的影响。

1950

开启新中国外交新篇章

——《中苏友好同盟互助条约》

引言

新中国成立前夕，毛泽东将新中国的外交方针概括为“另起炉灶”“打扫干净屋子再请客”和“一边倒”。在这样的外交方针指引下，中国的外交事业开启了新篇章。1949年10月3日，中苏正式建交，苏联成为第一个承认中华人民共和国的国家。经过艰难曲折的谈判，1950年2月14日，中苏两国签订《中苏友好同盟互助条约》。这是新中国与外国签订的第一个条约。它奠定了新中国成立初期“一边倒”的外交政策，对当时的国际格局产生巨大影响，正如毛泽东所说，中苏条约的缔结，“便利我们放手进行国内的建设工作和共同对付可能的帝国主义侵略，争取世界和平”。

1949年，新中国冲破帝国主义的东方战线，以独立自主的崭新面貌屹立于世界，为结束百余年来旧中国的屈辱外交，在平等、互利、互相尊重主权和领土完整的基础上同各国建立新型外交关系创造了前提。

早在1949年的春夏之际，毛泽东就用三句名言概括了即将成立的新中国的外交方针，即："另起炉灶""打扫干净屋子再请客"和"一边倒"。这是中国共产党根据中国的历史和现实以及当时的国际环境做出的重大外交决策，这三条方针大体形成于1949年上半年。当年1月，中共中央政治局会议确定的一项主要的外交政策是"不承认"政策，即不承认国民党政府与各国建立的旧的外交关系。3月，毛泽东在中共七届二中全会上用简练而生动的语言把它概括为"另起炉灶"和"打扫干净屋子再请客"两句话。"另起炉灶"，就是要在新的基础上同各国另行建立新的外交关系。"打扫干净屋子再请客"，即先清除帝国主义在华的特权、势力和影响后，再考虑与他们建交。

为了澄清一些人的模糊认识，毛泽东在1949年6月30日发表了《论人民民主专政》一文，旗帜鲜明地提出中国必须"一边倒"。他指出："中国人不是倒向帝国主义一边，就是倒向社会主义一边，绝无例外。骑墙是不行的，第三条道路是没有的。……我们在国际上是属于以苏联为首的反帝国主义战线一方面的，真正的友谊的援助只能向这一方面去找，而不能向帝国主义战线一方面去找。""一边倒"方针的提出，是毛泽东在总结中国革命的历史经验的基础上，从当时的国际战略格局，主要是以美国为首的帝国主义国家对新中国采取敌视态度实行包围封锁的现实情况出发的。

中华人民共和国成立后，苏联是第一个承认新中国的国家。联合苏联，站在社会主义阵营一边，是新中国最重要的一项外交政策。为了与苏联建立新的友好关系，毛泽东在新中国建立之初做的第一件大事，就是立即出访苏联。1949年12月6日，毛泽东率随行人员乘火车离开北京前往苏联。这是他一生当中第一次出国访问。他一生仅出国两次，另一次是1957年，也是访问苏联。毛泽东此行的目的，一是祝贺斯大林七十大寿，二是与苏联领导人交换对国际形势的看法，三是同苏联签订新的条约，四是商谈向苏联贷款事宜。其中最重要的是第三点。

中苏新条约的签订经过了曲折的过程。12月16日，毛泽东一行抵达莫斯科的当天晚上，中苏两党两国的最高领导人在克里姆林宫斯大林的小会客厅举行了第一次会谈。会谈进行了大约两个小时，涉及和平可能性、条约、借款、台湾及出版毛泽东著作俄文版等问题。会谈开始不久，毛泽东便将话题转到订立新的中苏条约，这个最棘手也是他最关心的问题。由于斯大林顾虑到这会影响《雅尔塔协定》中的其他规定，表示不要急于修改条约，双方转而就贷款、贸易和建立航空联系等问题交换意见，对这些问题斯大林很是爽快。

第一次会谈之后，斯大林没有约定双方下一次会谈的日期。12月21日是斯大林70岁生日，各国共产党领导人都来莫斯科祝寿。在生日庆典上，斯大林特意安排毛泽东坐在他的身边，并安排毛泽东作为第一位发表祝词的外国领导人讲话。第二天，毛泽东请苏联驻华代表科瓦廖夫向斯大林转达，希望在23日至24日举行会谈，解决中苏条约和协定等问题。12月24日，双方举行第二次会谈，在长达5个多小时的会谈中，斯大林对签订新条约一事只字未提。在涉及国家主权和民族利益的重大问题上，毛泽东坚决不让步，即使对在国际共产主义运动中有崇高领袖地位的斯大林也不例外。毛泽东在后来谈及此事时说，他们让我参观，我不去，不答应订同盟条约我哪里也不去。

由于毛泽东参加祝寿活动后，中苏双方都没有关于他的进一步报道，国际上出现种种猜测。英国通讯社甚至散布谣言说，毛泽东被斯大林软禁了。与此同时，西方国家也开始调整对华政策，印度和英国准备承认新中国。这就让苏联方面有些紧张了。经双方协商，1950年1月2日《真理报》头版发表了毛泽东答塔斯社记者问，其中特意披露要在莫斯科签订中苏条约。西方谣言不攻自破。这件事促使斯大林下决心签订新的中苏条约，并同意周恩来到莫斯科来。

1月10日，周恩来率领一个庞大的中国政府代表团由北京启程。毛泽东也开始到苏联各处走一走，看一看。11日，毛泽东拜谒列宁墓，拜会苏联最高苏维埃主席团主席什维尔尼克。15日，毛泽东一行前往列宁格勒，参观了十月革命的遗迹。此外，毛泽东还参观了苏联卫国战争时期的防御工事、基洛夫机器制造厂、飞机工厂、汽车厂和集体农庄等。

1月20日，周恩来率中国政府代表团抵达莫斯科。之后，毛泽东、周恩来同斯大林、维辛斯基（苏联外交部部长）进行了多次会谈。在1月22日中苏双方开始举行的第一次正式会谈中，双方在主要问题和原则问题上达成了一致。毛泽东提出应当借助条约和协定把中苏两国现存的友好关系和保证我们两国繁荣昌盛的东西固定下来，而且应当规定必须防止日本侵略的重演。新的条约应当包括政治、经济、文化和军事方面的合作，其中最重要的是经济合作。斯大林表示完全同意。关于贷款协议，斯大林说，我们向人民民主国家贷款利率为百分之二，给中国仅为百分之一，是因为中国经济遭到了严重的破坏。关于中长铁路、旅顺口、大连三个涉及中国主权的重要问题，由于中方坚持并做了一些让步，大体上获得了符合中方意见的比较圆满的解决。

1950年2月14日，《中苏友好同盟互助条约》签字仪式在莫斯科克里姆林宫隆重举行。周恩来和维辛斯基分别代表中华人民共和国政府和苏维埃社会主义共和国联盟政府在《中苏友好同盟互助条约》《关于中国长春铁路、旅顺口及大连的协定》和《关于苏联贷款给中华人民共和国的协议》上签

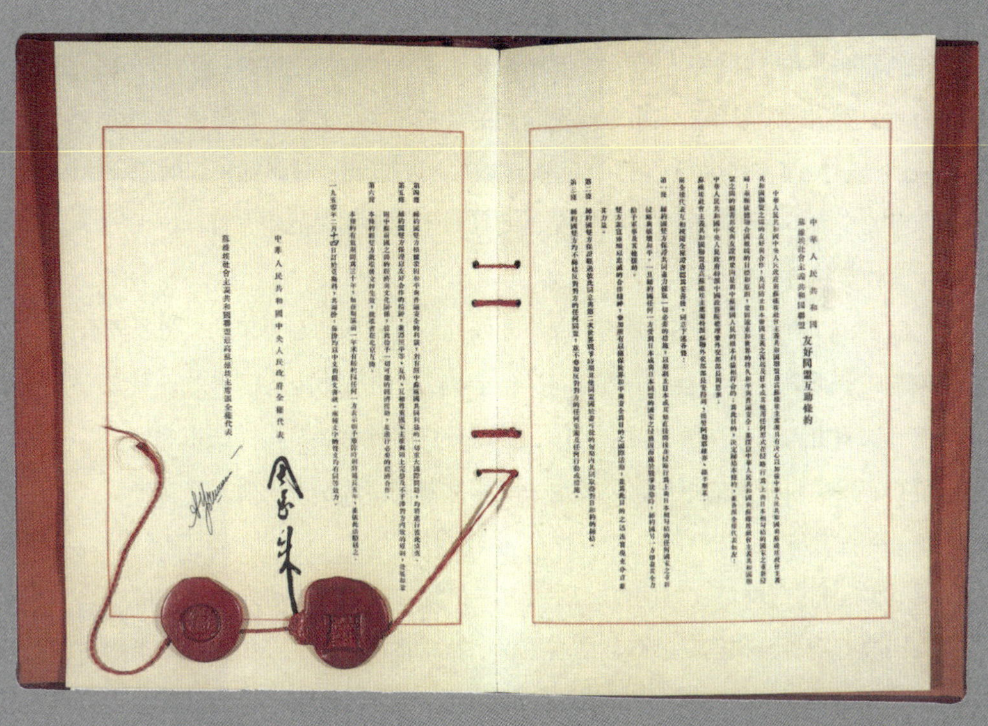

|《中苏友好同盟互助条约》文本

字。斯大林和毛泽东出席签字仪式。

《中苏友好同盟互助条约》共6条，有效期30年。其中规定："缔约国双方保证共同尽力采取一切必要的措施，以期制止日本或其他直接间接在侵略行为上与日本相勾结的任何国家之重新侵略与破坏和平。一旦缔约国任何一方受到日本或与日本同盟的国家之侵袭因而处于战争状态时，缔约国另一方即尽其全力给予军事及其他援助。"该条约还规定："缔约国双方保证以友好合作的精神，并遵照平等、互利、互相尊重国家主权与领土完整及不干涉对方内政的原则，发展和巩固中苏两国之间的经济与文化关系，彼此给予一切可能的经济援助，并进行必要的经济合作。"历史证明，该条约不仅对于保障两国安全和世界和平具有重大意义，而且对于刚刚摆脱战争、百废待兴的新中国恢复经济十分有利。

同日，双方发表中苏两国关于缔结友好同盟互助条约及协定的公告，周恩来与维辛斯基互换照会。宣布1945年的中苏条约与协定均已失效；双方政府确认蒙古人民共和国之独立地位；苏联政府将苏联经济机关在东北自日本所有者手中所获得的财产，以及过去北京兵营的全部房产无偿地移交中华人民共和国政府。

4月11日，《中苏友好同盟互助条约》和有关协定经中华人民共和国中央人民政府委员会和苏联最高苏维埃主席团正式批准生效。在批准这一条约时，毛泽东说："这次缔结的中苏条约和协定，使中苏两大国家的友谊用法律形式固定下来，使得我们有了一个可靠的同盟军，这样就便利我们放手进行国内的建设工作和共同对付可能的帝国主义侵略，争取世界的和平。"《中苏友好同盟互助条约》是新中国与外国签订的第一个条约，是新中国外交取得的重大成果。它奠定了新中国初期"一边倒"外交政策，增强了社会主义阵营的力量，它使中苏两国人民都备受鼓舞，由此开始了长达10年的中苏友好蜜月期。

1951 

西藏历史迎来新时代

——签订『十七条协议』用的印章、文具

引言

——

西藏是中华人民共和国不可分割的一部分，藏族人民是中华民族大家庭中的一员。为粉碎帝国主义制造“西藏独立”的阴谋，完成对全国大陆的解放，1950年1月，中共中央做出进军西藏的决策。同时，为避免伤害藏民族感情，更有利于民族团结，中共中央确定了争取和平解放西藏的方针。在中共中央正确决策下，在人民解放军的强大攻势下，在西藏上层爱国力量的推动下，西藏地方政府同意与中央人民政府进行和平谈判。经过反复谈判和协商，1951年5月23日，中央人民政府同西藏地方政府签署和平解放西藏协议。西藏的和平解放，使百万农奴当家作主，西藏历史迎来一个崭新的时代。收藏于中国国家博物馆的这套文物见证了这个崭新时代的到来。

《关于和平解放西藏办法的协议》（简称“十七条协议”）的签订意味着西藏历史迎来了一个新的时代，而签订协议时用的印章、文具记录了西藏人民回到祖国大家庭的重要时刻。

这套印章、文具，包括石质印章9枚、毛笔4支、竹笔5支、笔架2个、铜墨盒2个、铜镇尺4个，均为中央人民政府为本次签字仪式特制，制作精美，均刻款“和平解放西藏办法的协议签字纪念　一九五一年五月二十三日于北京”。其中中央人民政府全权代表李维汉等4人的印章为汉字，西藏地方政府全权代表阿沛·阿旺晋美等5人的印章为藏文，中央人民政府全权代表签字用的是毛笔，西藏地方政府全权代表用的是藏族习惯使用的竹质硬笔。从这个细节也可以看出中央人民政府对西藏民族文化和习俗的尊重。1951年7月这套印章、文具由文化部文物局拨交中央革命博物馆筹备处收藏。

西藏的和平解放经历了一个艰难曲折的过程。在中华人民共和国成立的当天，留居青海的十世班禅额尔德尼·确吉坚赞致电毛泽东主席、朱德总司令，表示拥护中央人民政府，希望早日解放西藏。但是，西藏地方政府上层少数分裂主义分子却策划派遣四个所谓“亲善使团”去英、美、印度、尼泊尔等国，寻求对其“独立”的支持和援助。慑于中国政府的严正警告和中国人民特别是藏族各界的坚决反对，加之英、美等国政府出于自身利益考虑，表示不接纳西藏“使团”，最终只有赴印的“使团”秘密前往新德里。

为了粉碎帝国主义制造“西藏独立”的阴谋，完成对祖国大陆的解放，1950年1月初，中共中央做出进军西藏的决策。毛泽东致电中共中央和中央军委副主席彭德怀，中共中央西南局书记邓小平、刘伯承、贺龙，指示向西藏进军及经营西藏的任务由西南局担负。根据毛泽东“解决西藏问题宜早不宜迟”的指示，中共中央西南局仅用6天时间就制定出了进军西藏的方案，确定入藏部队以第十八军为主力。18日，以第十八军军长张国华为书记的中共西藏工作委员会成立，统一筹划进军和经营西藏工作。刘伯承、邓小平在重庆召开的第十八军进藏动员大会上，强调注意民族宗教政策，指示第十八军成立政策研究室，研究西藏情况，制定进藏进军守则等。

在积极准备进军西藏的同时，为避免伤害藏民族感情，更有利于民族团结，中共中央根据西藏的历史和现实情况，并分析了国内外的有利形势，确定了争取和平解放西藏的方针。5月29日，中央批准了邓小平起草的关于与西藏地方政府谈判的十项条件。在争取和平解放西藏的既定方针下，中央一方面命令人民解放军积极做好进藏准备，另一方面多次催促西藏地方政府派代表到北京谈判。但是，西藏地方当局一再拖延，并增兵昌都，企图以武力阻止人民解放军向西藏进军。

为了迅速打破僵局，使西藏早日和平解放，中共中央西南局决定派遣双方均能接受的代表赴拉萨谈判。四川甘孜白利寺的爱国活佛格达致电朱德、刘伯承，表示愿意去拉萨促进和谈。7月24日，以西南军政委员会委员、西康省人民政府副主席的身份启程赴藏的格达活佛抵达昌都。他广泛接触僧俗各界，以亲身经历介绍解放军如何尊重藏族群众，并向西藏上层人物转达了中共解决西藏问题的十条政策的精神。格达活佛因此遭到亲帝分裂主义分子的忌恨，特务分子竟在他的茶水里下毒，致使活佛中毒后于第二天圆寂。

在这种情况下，中央人民政府不得不采取强硬政策，命令解放军渡过金沙江，以打促谈。10月6日，解放军发动昌都战役。在人民解放军强大的攻势下，西藏地方政府噶伦（西藏官职名）、昌都总管阿沛·阿旺晋美毅然命令所部放下武器，向解放军投诚。昌都战役打开了进军西藏的大门，为和平解决西藏问题铺平了道路。昌都解放后，中央人民政府再次敦促西藏地方政府派代表来北京谈判，给西藏爱国力量以巨大支持和鼓舞。阿沛·阿旺晋美等西藏官员目睹解放军的严明军纪，了解到党的民族政策和宗教政策，了解到中央人民政府和平解放西藏的基本政策和方针。他们联名给噶厦和达赖喇嘛写信，转达中央人民政府和毛泽东主席和平解放西藏的意愿，希望尽快派代表和中央举行谈判，并表示采取武力对抗没有出路，只有进行谈判，才能真正给西藏人民带来好处。

藏军在昌都战役的失败，震惊了西藏上层人士，他们惊慌失措。在神汉的"神示"下，摄政达扎被迫下台，十四世达赖喇嘛提前亲政。阿沛·阿旺晋美等爱国人士从昌都来信，表达进行和平谈判的主张，得到西藏上层多数人士的赞同。不久中国驻印度大使向暂居亚东的十四世达赖喇嘛辗转递交毛泽东主席的信，信中表达了希望和平解放西藏的意愿。在现实的教育下，1951年1月达赖致信中央人民政府，表示"决定和平达成人民之愿望"，派代表"向中央人民政府谋求解决西藏问题"。同年2月，达赖喇嘛委派噶伦阿沛·阿旺晋美为首席全权代表，僧官土登列门、第二代本（官名）桑颇·丹增顿珠为全权代表，经昌都、康定、雅安、重庆、西安等地走陆路，于4月22日抵达北京；同时，从亚东派出藏军马基（司令）凯墨·索朗旺堆、僧官土登丹达为全权代表转道印度、香港等地走海路，于4月26日到达北京，全权处理和中央人民政府谈判事宜。4月27日，班禅额尔德尼·确吉坚赞及随行官员抵京，表示坚决拥护中央人民政府和毛泽东主席和平解放西藏的政策。

西藏地方政府全权代表全部到达北京后，中央人民政府当即指派李维汉、张经武、张国华、孙志远为全权代表，并以李维汉为首席全权代表，于4月29日与西藏地方政府全权代表开始进行关于西藏和平解放事宜的谈判。

在谈判所要解决的根本问题上，即增强汉藏民族团结和维护祖国统一的问题上，双方的立场一致，中央人民政府全权代表尽量地听取和采纳了西藏地方政府全权代表的建设性的意见，虽然在一些问题上有争论和不同意见，但谈判始终在友好真诚、充分协商的气氛中进行。当时有些条款的协商颇费周折，如一开始西藏代表不同意解放军进藏这一条，担心解放军到拉萨后会夺权包办一切。中央代表也不勉强，而是建议休会两天。在此期间，向他们介绍解放军进藏的目的、任务，并拿出清代的历史文献，证明中央人民政府有权派军队入藏，且早有先例。经过细致的工作和坦率认真的讨论，5月21日双方就有关西藏和平解放的一系列问题达成协议。

1951年5月23日，中央人民政府全权代表和西藏地方政府全权代表，在北京中南海勤政殿隆重举行中央人民政府和西藏地方政府《关于和平解放西藏办法的协议》签字仪式，仪式由朱德、李济深副主席和陈云副总理主持。24日，毛泽东主席致信达赖喇嘛，指出协议符合西藏和西藏人民的利益，也符合全中国各民族人民的利益，当晚，毛泽东设宴庆祝协议的签订。

“十七条协议”主要内容为：西藏人民团结起来，驱逐帝国主义侵略势力出西藏，回到中华人民共和国祖国大家庭中来；西藏地方政府积极协助人民解放军进入西藏；在中央人民政府统一领导下西藏实行民族区域自治；对于西藏的现行政治制度中央不予变更，达赖喇嘛的固有地位及职权中央亦不予变更，各级官员照常供职；班禅额尔德尼的固有地位及职权应予维持；实行宗教信仰自由的政策，尊重西藏人民的宗教信仰和风俗习惯，保护喇嘛寺庙，寺庙的收入，中央不予变更；藏军逐步改编为人民解放军；有关西藏的各项改革事宜，中央不加强迫，西藏地方政府应自动进行改革；由中央人民政府统一处理西藏地区的一切涉外

| 中央人民政府代表使用的印章、文具（上）
西藏地方政府代表使用的印章、文具（下）

事宜；中央人民政府在西藏设立军政委员会和军区司令部；等等。

和平解放西藏的“十七条协议”受到西藏人民的赞成和拥护。7月16日，中央人民政府驻西藏全权代表张经武在亚东会见达赖喇嘛，并递交了毛泽东主席给达赖的信。在张经武代表的敦促下，达赖一行终于返回拉萨。9月28日西藏地方政府举行会议，讨论是否接受“十七条协议”。会上，阿沛·阿旺晋美介绍了和平谈判的情况和协议的重点内容。最后会议建议达赖喇嘛接受“十七条协议”。10月24日，达赖喇嘛致电毛泽东主席，表示拥护和平解放西藏的“十七条协议”。

根据“十七条协议”规定，人民解放军于8、9月间分四路进藏，10月26日顺利抵达拉萨，实现了西藏的和平解放。“十七条协议”的签订，是西藏历史发展一个划时代的转折点。它宣告了西藏和平解放，粉碎了帝国主义分裂中国的阴谋，永远结束了近代帝国主义、殖民主义侵略西藏的历史，西藏人民从此回到中华人民共和国各民族友爱合作的大家庭里来，为国家统一、民族团结的大业，为西藏的民主改革、民族区域自治和社会进步、经济发展奠定了坚实的基础。

西藏和平解放后的社会发展实现了两个深刻的历史性转变：一是由封建农奴制到社会主义制度的社会历史性转变；二是由贫穷落后到初步繁荣的历史性转变。70年来，特别是改革开放40多年来，西藏社会的发展日新月异，西藏全区经济实力大大提高，各项事业快速发展，人民物质生活明显改善，人们精神面貌日日换新……没有西藏的和平解放和改革开放，就不会有今天的社会主义新西藏，就不会有今天西藏各族群众的幸福生活。

1952

抗美援朝　保家卫国

——上甘岭阵地上的红旗、弹片土和工兵锹

引言

1950年6月27日，美国总统杜鲁门公开宣布出兵，发动对朝鲜全面战争。美军不顾中国政府的多次警告，公然将战火烧到鸭绿江边。应朝鲜党和政府请求，中国党和政府做出“抗美援朝、保家卫国”的战略决策。10月19日，中国人民志愿军跨过鸭绿江，与朝鲜人民肩并肩，与以美国为首的世界最强大的军队进行艰苦卓绝的作战，取得了长津湖战役、铁原阻击战、上甘岭战役等一个又一个战役的胜利，最终将美军打回到“三八线”。抗美援朝战争的胜利确立了中国在国际社会中的地位，使人民军队经受了战争的考验，成长为一支能够适应现代战争的正规军。

“雄赳赳，气昂昂，跨过鸭绿江，保和平，卫祖国，就是保家乡……”70多年前，这首雄壮的战歌鼓舞着百余万中国人民志愿军战士，奔赴朝鲜战场，同朝鲜人民军一道，在极为艰难的条件下，扬长避短，以灵活机动的战略战术，与以美国为首的世界最强大的军队进行艰苦卓绝的作战。他们不畏强暴，不怕牺牲，敢于斗争，取得了长津湖战役、铁原阻击战、上甘岭战役等一个又一个战役的胜利，创造了伟大的抗美援朝精神。历经朝鲜战场血与火的洗礼的志愿军插在上甘岭主峰阵地上的红旗、上甘岭战役阵地上布满弹片的泥土等就是这场伟大战役的见证，是志愿军伟大精神的最好诠释。

1950年6月25日，朝鲜战争爆发。27日，美国总统杜鲁门公开宣布出兵干涉，发动对朝鲜全面战争，并命令美国海军第七舰队侵入台湾海峡，入侵中国领土台湾。9月15日，侵朝美军在朝鲜西海岸仁川登陆。10月7日，美军不顾中国政府的多次警告，悍然越过“三八线”（即北纬38度线），并继续北犯，向中朝边境鸭绿江进逼。同时不断出动飞机轰炸中国东北边境的城市和乡村，公然将战火烧向中国。

在这万分紧急的情势之下，尽管经济实力和军事装备上的差距悬殊，尽管刚刚建立的新中国特别需要休养生息，为了捍卫中朝两国独立和安全，为了保卫亚洲与世界的和平，中国党和政府应朝鲜党和政府请求，于10月上旬毅然做出“抗美援朝、保家卫国”的战略决策。10月19日，中国人民志愿军分三路跨过鸭绿江，拉开伟大的抗美援朝战争的序幕！志愿军入朝后，与朝鲜人民军并肩作战，以运动战为主要作战形式，在极端困难的条件下，取得五战五捷，将以美国为首的“联合国军”和南朝鲜军队赶到“三八线”附近，初步稳定了朝鲜战局，迫使对方转入战略防御，并于1951年7月坐下来进行停战谈判。

上甘岭战役是停战谈判开始后，志愿军依托坑道粉碎“联合国军”“金化攻势”的一次著名战役。

1952年秋，美国方面为了政治斗争需要，单方面宣布停战谈判“无限期休会”。并于10月14日至11月25日发动了一年来规模最大的“金化攻势”，企图先拿下上甘岭两个山头阵地，再进一步向北推进，压迫志愿军后退，伺机占领中部战线要地五圣山主峰阵地，为谈判赢得有利地位。

海拔1061.7米的五圣山位于朝鲜中部，南面山脚下五个高地犹如五指，上甘岭战役中双方殊死争夺的五九七点九高地（又称三角形山）和五三七点七高地北山（又称狙击兵岭）是其中的拇指和食指。西侧是斗流峰和西方山，三座山如唇齿相依，如果五圣山失守，斗流峰、西方山就失去了依托，整个中部战线便有全线崩溃的危险。在一次军事会议上，彭德怀指着地图说：“五圣山是朝鲜中部的关键，失去了五圣山，我们在两百公里范围将无险可守。谁丢了五圣山，谁就要对朝鲜对历史负责！”

为夺取上甘岭地区两个高地，美韩军先后投入兵力6万余人，300余门大炮，近200辆坦克，3000余架次飞机。志愿军先后投入3个多师4万余人，火炮、山炮、迫击炮等近500门。仅10月14日一天，美韩军各出动一个师，使用300门火炮、27辆坦克和40架次飞机，对志愿军仅有两个连加一个排把守的五圣山前沿3.7平方公里的五九七点九高地和五三七点七高地北山狂轰滥炸，发射炮弹30多万发，火力密度高达每秒落弹6发，其炮火密集程度已经超过整个第二次世界大战的最高水平。通讯天线一次次架起又被一次次炸断，致使我守军一度炮火支援中断。4个多月苦心修筑的野战防御工事在敌军猛烈的炮火下

志愿军在上甘岭阵地上的红旗（上）、弹片土（左下）、工兵锹（右下）

荡然无存！强烈的冲击波激荡着坑道，坑道中的守军宛如乘坐小船在大海上颠簸，许多人的舌头、嘴唇被牙齿磕破，一个17岁的小战士竟被活活震死！

在43天的激战中，“联合国军”共发射炮弹190万余发，投下航空炸弹5000余枚，上甘岭山头被炮弹、炸弹削低2米，石土被炸成1米多厚的粉末。上甘岭阵地上没有一块完整的岩石，没有一棵直立的树木。一铲从上甘岭阵地上取回的弹片土，由碎石、砂、弹片、子弹头组成，其中弹片、子弹头的重量约占一半，碎石最长不超过3厘米，它是当年激战的见证，现陈列在中国国家博物馆《复兴之路》展中，向人们讲述着当年战争的残酷，讲述着抗美援朝精神的崇高和伟大。

志愿军防守部队贯彻“坚守防御、寸土必争”的作战方针，依托坑道工事，坚决抗击敌军的进攻。战役经历了争夺表面阵地、坚持坑道斗争和实施决定性反击三个阶段。在反复争夺表面阵地战斗中，志愿军平均每天打退敌人30至40次的连续进攻，杀伤大量敌军后再转入坑道坚持作战。18日，上甘岭表面阵地第一次全部失守。当晚，某部八连以疏散队形，仅伤亡5人便进入五九七点九高地一号坑道。19日晚，在猛烈的炮火掩护下，志愿军第十五军四十五师在守军3个连配合下转入反攻，一度夺回全部阵地。黄继光、赖发均、欧阳代炎、龙世昌等的壮举就发生在这一天。当时，黄继光的3人爆破小组炸掉了3个地堡，战友一伤一亡，黄继光在向主堡跃进中也中弹倒地，他仍带伤匍匐前进，爬到主堡前投出手雷，但只炸塌主堡一角，里面又开始射击，此时黄继光已7处负伤，手中已没有武器。最终，他爬到地堡的射击死角，向后面招了招手，一跃而起，张开双臂用自己的胸膛堵住了主堡的射击孔！

由于阵地狭小，交战双方都只能添油似的逐次投入少量兵力，在猛烈的火力下，双方伤亡惨重。志愿军第四十五师在7个昼夜激战中歼敌7000人，自己伤亡也高达3500人，如某部八连全连仅余15人。一面曾被志愿军某部八连插在上甘岭主峰阵地上的红旗，纵79厘米，横134.4厘米，红色丝绸质。旗面被战火硝烟熏黑，布满了密密麻麻的弹孔，白布剪贴的“英勇前进，将红旗插到解放的阵（地）上”字样仍清晰可见。它是那次残酷战役的历史见证。1958年11月，这面战旗曾在第二次全国青年社会主义建设积极分子展览会展出，之后由中央革命博物馆筹备处收藏。如今这面红旗成为《复兴之路》大型主题展中一个生动的场景，每天吸引来自四面八方的观众驻足、缅怀。

上甘岭战役是对以坑道为主干的志愿军坚守防御体系的严重考验。志愿军及时改变战术，撤入坑道，以坑道斗争与小分队反击为主要手段。这次战役，充分显示了坑道在敌军优势火力下进行防御作战的巨大作用。如五九七点九高地共有3条大坑道、8条小坑道和30多个简易防炮洞。志愿军始终控制着3条大坑道和5条小坑道。位于1号阵地下的一号坑道是最大的坑道，全长近80米，高1.5米，宽1.2米，左右各有一个叉洞，顶部是厚达35米的石灰岩。据记载，1952年4月，志愿军开始在五圣山、西方山一线挖掘坑道，至7月底共挖掘坑道306条，共8800米。图中这把工兵锹是志愿军在上甘岭战役挖坑道时用过的，锹头已磨去大半。锹上錾有“US AMES 1944”字样，应为志愿军缴获的战利品，是美国1944年生产的工兵锹。锹柄一面刻“工　二三一　五十一个汉子　二十一个”，一面刻“一三二团二营五连战士张国良”。

通过战役的实践，志愿军摸索出一整套坑道战术，主要是“少、近、狠、快”。少，是指使用兵力少，一般以一两人对付敌班进攻，以小组对付敌排进攻，以班对付敌连进攻；近，是指将敌放到20米至30米的近距离再开火，既能使其猛烈炮火失去作用，又能给敌人以沉重打击；狠，是指对突入阵地的敌人力争全歼，把它打痛，使其产生恐惧；快，是要求从坑道跃出快、战斗结束回撤快，反击距离不超过100米为宜。这样可以节约兵力，减少伤亡，完成防御任务。志愿军依托以坑道为主干的防御体系，解决了在敌人猛烈火力下减少伤亡，保存有生力量的难题，有效地削弱了敌军在技术装备上的优势。即使在暂时失去表面阵地时，守备部队仍能以退守坑道来配合二线部队实施反击，抗击敌军进攻，充分证明了坑道在以劣势装备进行坚守防御中的优越性。志愿军守备部队在地面部队配合下，在20多天的坚持中粉碎了敌军用轰炸、爆破、燃烧、烟熏等毒辣手段破坏坑道的企图，终于在10月30日夜决定性的大反击中与反击部队里应外合，全歼守敌，恢复阵地。10月30日这一天的炮战规模之大堪称志愿军战史之最。

至11月25日，"联合国军"的"金化攻势"被彻底粉碎，美方压迫我军后退，夺回战场主动权的企图也彻底破产。在上甘岭战役中，"联合国军"伤亡2.5万人，志愿军伤亡1.1万余人，创造了军事史上依托坑道进行坚守防御的光辉范例。当时美联社的报道将上甘岭激烈争夺比之为第一次世界大战中的凡尔登战役，称"这次战役实际上却变成了朝鲜战争中的凡尔登"。

在朝鲜战场，西方世界头号强国的第一流军队，使用了除原子弹以外所有的现代化武器，但最终还是被推回到战争的起点——"三八线"。这个事实戳穿了美帝国主义不可战胜的神话。正如彭德怀在《关于中国人民志愿军抗美援朝工作的报告》中所说，"西方侵略者几百年来只要在东方一个海岸上架起几尊大炮就可以霸占一个国家的时代是一去不复返了"。

2020年，我们迎来了中国人民志愿军抗美援朝出国作战70周年，习近平在纪念大会上的讲话中，对抗美援朝战争做了精辟的阐述：抗美援朝战争伟大胜利，是中国人民站起来后屹立于世界东方的宣言书，是中华民族走向伟大复兴的重要里程碑，对中国和世界都有着重大而深远的意义。伟大的抗美援朝精神跨越时空、历久弥新，必须永续传承、世代发扬。

1954 

新中国第一部根本大法

——1954年《中华人民共和国宪法》

引言

宪法是一个国家的根本大法，具有最高的法律效力。它确认了现实的民主政治，规定了国家的根本任务和根本制度。1954年一届全国人大一次会议通过的《中华人民共和国宪法》（又称“五四宪法”），是我国第一部社会主义类型的宪法。它标志着中国社会主义政治制度的基本形成，为发扬社会主义民主和建立社会主义法制奠定了初步基础。《中华人民共和国宪法》根据不断发展变化的形势，历经多次制定、修订，经历了几十年漫长的发展过程，更加科学、完善，对党和国家事业的健康发展起到保驾护航的作用。

中国国家博物馆收藏的1954年《中华人民共和国宪法》、宪法草案几次修正稿、宪法草案讨论意见汇编和历次通过宪法的表决票等文物，见证了《中华人民共和国宪法》诞生、发展、不断完善的曲折历史过程。

中华人民共和国筹建时，由于解放战争还没有结束，各种社会政治改革还没有在全国范围内进行，经济也需要一个恢复时期，用普选方法产生人大代表、召开全国人民代表大会的条件尚不成熟，因而采取了由中国人民政治协商会议代行全国人民代表大会职权的过渡办法。1949年9月，中国人民政治协商会议第一届全体会议通过《中国人民政治协商会议共同纲领》（简称《共同纲领》），该纲领具有临时宪法的性质。在《共同纲领》中，没有把中国的社会主义前途写进去。

随着土地改革的基本完成和国民经济的迅速恢复，中国社会发生了巨大的变化，中共适时提出了在过渡时期的总路线。形势的发展迫切要求在《共同纲领》的基础上前进一步，制定一部更为完备的真正意义上的国家根本大法。此时，召开全国人民代表大会、制定宪法的条件已经具备。根据全国政协常委会的建议，1953年1月13日，中央人民政府委员会第二十次会议通过《关于召开全国人民代表大会及地方各级人民代表大会的决议》，并决定成立以毛泽东为主席，由朱德、宋庆龄、李济深、邓小平、李维汉等人为委员组成的宪法起草委员会。

1953年底，由毛泽东领导的，陈伯达、李维汉、胡乔木和田家英等参加的宪法起草小组正式成立，同时组成宪法起草办公室，负责收集相关资料。12月27日晚，毛泽东亲率宪法起草小组抵达杭州，住进风景宜人的西湖西南杨公堤畔的名园刘庄（因清代刘学洵建宅得名）一号楼。

1954年1月9日，宪法起草工作正式开始。毛泽东还是战争年代的老习惯，白天睡觉，每天下午3时，驱车来到北山路84号30号楼的办公地点，常常一干就是通宵。1月15日，毛泽东致电刘少奇及中央各同志，通报了宪法起草小组的工作计划，并要求各位中央政治局委员及在京的各中央委员抽时间参阅包括各国宪法在内的一些主要参考文件。宪法起草小组在认真学习和借鉴世界上各种类型宪法经验的基础上，于2月17日完成宪法草案初稿，随即送到北京。2月20日，刘少奇召集在京的中央委员对宪法草案初稿进行讨论。随后，宪法起草小组又修改出二读稿、三读稿。刘少奇两次召开中共中央政治局扩大会议，讨论并通过了三读稿。与此同时，中央决定由董必武、彭真、张际春等同志组成研究小组，并聘请周鲠生、钱端升为法律顾问，聘请叶圣陶、吕叔湘为语文顾问，对三读稿进行了认真仔细的研究修改。3月初，宪法起草小组完成四读稿，中共中央政治局连续召开3次扩大会议进行讨论修改，并提交全国政协常委会讨论。修改后的四读稿成为宪法草案初稿。3月中旬，宪法草案初具规模，宪法起草小组返京。

3月23日，宪法起草委员会在北京举行第一次会议，对宪法草案初稿进行认真讨论后，将其交给全国政协、各民主党派、人民团体、中央和地方领导机关及社会各方面代表8000余人进行讨论，广泛征求意见，共收到5900多条修改意见和建议。3月至6月，宪法起草委员会先后举行7次正式会议，对上述意见和建议进行了认真讨论，并采纳了其中的100多条。尽管毛泽东为“五四宪法”的起草倾注了大量心血，但当有人提议仿照苏联的做法，将这部宪法定名为“毛泽东宪法”时，毛泽东断然拒绝。6月14日，毛泽东主持召开中央人民政府委员会第三十次会议，讨论宪法起草委员会提出的宪法草案。在讨论宪法草案的过程中，毛泽东否定了有关突出个人的条文。他说，这样写不适当、不合理、不科学。这次会议通过了《中华人民共和国宪法草案》和中央人民政府委员会关于公布宪法草案的决议。

| 1954年《中华人民共和国宪法》

从提出初稿到最终通过，关于“五四宪法”的全民大讨论持续了近3个月，参加人数多达1.5亿人，占当时全国人口的四分之一。全国人民对自己的宪法渴望已久，热情高涨。仅仅两个多月，就收到各方提出的修改、补充意见和问题118万多条，几乎涉及宪法草案每一个条款。正如毛泽东所说，《中华人民共和国宪法草案》的起草，“采取了领导机关的意见和广大群众的意见相结合的方法”，不仅使宪法的内容臻于完善，而且使宪法深入人心，获得了最广泛的群众基础。这是中国制宪史上的一个革命。根据这些意见和建议，宪法起草委员会对草案再次做了一些重要修改。9月9日，中央人民政府委员会第三十四次会议讨论并修正通过宪法草案。

第一届全国人民代表大会第一次会议于1954年9月15日在北京召开。会前，由全国第一次普选产生的人大代表，带着神圣的使命从祖国的四面八方云集北京。20日，会议以无记名投票的方式，全票通过了宪法草案，中国历史上第一部社会主义类型宪法从此诞生。

1954年宪法是在1949年中国人民政治协商会议通过的《共同纲领》的基础上，根据国家新形势和社会发展的客观要求制定的。中国共产党在过渡时期的总路线的基本精神，作为宪法起草工作的指导思想，像一条主线贯穿于整部宪法之中，构成对《共同纲领》的重大修订和发展。该宪法包括序言，总纲，国家机构，公民基本权利和义务，以及国旗、国徽、首都5个部分，共4章106条。

宪法序言把实现国家在过渡时期总任务的具体步骤用根本大法的形式确定下来。它指出：“从中华人民共和国成立到社会主义社会建成，这是一个过渡时期。国家在过渡时期的总任务是逐步实现国家的社会主义工业化，逐步完成对农业、手工业和资本主义工商业的社会主义改造。”

关于国家性质和政治制度，宪法首先确认了工人阶级的领导地位，确认了工农联盟是国家的阶级基础，肯定了人民在国家中的地位。宪法规定：“中华人民共和国是工人阶级领导的、以工农联盟为基础的人民民主国家”；“一切权力属于人民，人民行使权力的机关是全国人民代表大会和地方各级人民代表大会”；“全国人民代表大会、地方各级人民代表大会和其他国家机关，一律实行民主集中制”。以宪法明确人民在国家中的地位，这在中国历史上是第一次，意义十分重大。

关于经济制度，宪法根据当时过渡时期的实际情况，将我国当时各种主要经济成分在国民经济中的地位和前途，国家对农业、手工业和资本主义工商业实行社会主义改造的具体步骤等，都做了明确规定。

由于受历史条件的局限，1954年宪法虽然“是社会主义类型的宪法，但还不是完全社会主义的宪法，它是一个过渡时期的宪法”。随着国内形势的发展变化，我国又先后制定了1975年宪法、1978年宪法和1982年宪法。此后，宪法又历经1988年、1993年、1999年、2004年、2018年五次修订。

2002年，胡锦涛总书记在纪念1982年宪法公布施行二十周年大会上指出，我国现行宪法的制定基础是1954年宪法，要“在全社会进一步树立宪法意识和宪法权威，切实保证宪法的贯彻实施”。党的十八大以来，以习近平同志为核心的党中央以前所未有的力度推进全面依法治国，把实施宪法摆在全面依法治国的突出位置，采取一系列有力措施加强宪法实施和监督工作，维护宪法法律权威，中国特色社会主义法治建设取得重大成就。2018年3月17日，在十三届全国人大一次会议上，习近平主席面对近3000名全国人大代表、面对14亿中国人民，庄严进行宪法宣誓。这是新中国成立以来，我国最高领导人首次进行宪法宣誓，充分体现了习近平总书记率先垂范，带头尊崇宪法、维护宪法、恪守宪法的高度政治自觉，充分体现了国家领袖对宪法的尊重、对人民的尊重，充分体现了以习近平同志为核心的党中央坚持依宪治国、依宪执政的坚定意志和坚强决心。

1955 军队正规化现代化建设的开端

——朱德的三枚勋章

引言

军队正规化建设和国防现代化建设，是过渡时期国家建设工作不可缺少的组成部分。中华人民共和国成立后，人民解放军的任务发生了历史性的转变，即由进行军事战争夺取政权，转变为巩固人民民主专政，保卫社会主义革命和建设，防御外敌入侵，保卫国家安全和领土主权的完整。为此，中共中央、毛泽东及时提出，建设一支正规化、现代化的革命军队，来担负这一光荣的使命，给人民军队的建设指明了正确方向。1955年新中国第一次授衔授勋，成为中国人民解放军走向正规化的重要标志性事件，此后，人民军队正规化建设跃上新高度。

朱德，作为人民军队的缔造者之一，位列中华人民共和国第一批被授予元帅军衔的十大元帅之首，同时被授予三枚金质勋章：一级八一勋章、一级独立自由勋章和一级解放勋章。1979年，朱德夫人康克清将毛泽东亲自授予朱德元帅军衔的三枚金质勋章等文物，捐赠给中国革命博物馆。三枚勋章图案及其内涵各具特色，八一勋章图案为红五角星中有“八一”字样，独立自由勋章图案为红星照耀下的延安宝塔山，解放勋章图案为红星照耀下的天安门。这些珍贵文物见证了朱德为中华民族的独立、自由和解放所立下的丰功伟绩，也见证了中国人民解放军从无到有、由弱到强的发展历程。

新中国成立后，随着国家经济的恢复和发展，中国人民解放军的正规化、现代化建设有了坚实的政治和物质基础。1952年，我军完成全军干部评级工作，从军委主席到副排级共计9等21级，为实施军衔制度创造了条件。1953年1月9日，毛泽东批发中央军委《关于实施军衔制度准备工作的指示》。2月7日，军委成立“军衔实施委员会”，制定《中国人民解放军军衔条例（草案）》。1955年1月23日，中央军委发布《关于评定军衔工作的指示》，确定军衔为“6等19级”：元帅2级，即中华人民共和国大元帅、中华人民共和国元帅；将官4级，即大将、上将、中将、少将；校官4级，即大校、上校、中校、少校；尉官4级，即大尉、上尉、中尉、少尉；军士3级，即上士、中士、下士；兵2级，即上等兵、列兵。

1955年2月8日，全国人大常委会审议通过《中国人民解放军军官服役条例》，规定从1956年开始，中国人民解放军由志愿兵役制改为义务兵役制。军队同时实行军衔制度，并做出授予在革命战争时期有功人员勋章和奖章的决议。8月，国防部部长彭德怀、总政治部主任罗荣桓下达《关于军士和士兵评定军衔的指示》。该指示规定了士兵军衔的内容，全军评定军衔的工作正式展开。按照当时的干部任免权限，授予元帅、大将军衔的人选由中央书记处提名，经中央政治局审议确定；授予上将、中将、少将军衔名单由总干部部和总政干部部提出，报中央军委批准；授予校官军衔名单由各总部、军兵种、大军区提出，报总干部部和总政干部部衡量。至国庆节前全军评衔工作基本完成。但实际授衔时有所变动，如由于毛泽东坚辞大元帅，此衔一直空缺，人们常说的“十大元帅”实际授予的是“元帅”，而不是“大元帅”；总部为解决几十万副排级干部的军衔，又暂设了准尉衔。

根据规定，八一勋章和八一奖章、独立自由勋章和独立自由奖章、解放勋章和解放奖章分别授予在中国工农红军时期、抗日战争时期、解放战争时期参加革命战争有功人员。勋章由全国人大常委会决定，中华人民共和国主席授予；奖章由国务院批准，国防部部长授予。勋章分一、二、三级，奖章不分级。授予勋章、奖章的同时颁发证书。八一勋章和奖章，图案为红五角星中有“八一”字样。八一勋章共分三级：一级授予当时师级以上干部，二级授予当时团级和营级干部，三级授予当时连级以下干部。独立自由勋章和奖章，图案为红星照耀下的延安宝塔山。独立自由勋章共分三级：一级授予八路军、新四军和抗日游击队中旅、支队以上干部，二级授予当时旅、团级及其相当的干部，三级授予当时营级、连级及其相当的干部。解放勋章和奖章，图案为红星照耀下的天安门。解放勋章共分三级：一级授予当时军级以上及其相当的干部，二级授予当时师级及其相当的干部，三级授予团级和营级及其相当的干部。

1955年9月23日，一届全国人大常委会二十二次会议通过《关于授予中华人民共和国元帅军衔的决议》，决定授予朱德、彭德怀、林彪、

朱德的一级八一勋章、一级独立自由勋章和一级解放勋章

刘伯承、贺龙、陈毅、罗荣桓、徐向前、聂荣臻、叶剑英10人为中华人民共和国元帅军衔；通过《关于授予在中国人民革命战争时期有功人员一级八一勋章、一级独立自由勋章和一级解放勋章的决议》，对中国人民解放军在中国人民革命战争时期的有功人员，在人民解放战争时期直接领导国民党军队起义的有功人员，对人民解放战争的有功人员以及对和平解放西藏地区的有功人员，分别授予一级八一勋章、一级独立自由勋章和一级解放勋章。

按照条例，授予元帅军衔的资格是“创建和领导人民武装力量，领导战役军团作战，立有卓越功勋的高级将领”。

9月27日，中华人民共和国主席授予元帅军衔及勋章典礼在中南海怀仁堂隆重举行。下午5时整，全国人大常委会典礼局局长余心清宣布典礼开始，军乐队奏国歌。全国人大常委会副委员长兼秘书长彭真宣读了中华人民共和国主席授予朱德等10人以元帅军衔的命令。朱德的名字赫然列在元帅名单之首。当听到宣读他的名字时，朱德从座位上站起，大步走上主席台。随后在京的6位元帅也依序走上主席台（林彪、刘伯承、叶剑英因故缺席）。7位元帅身着海蓝色元帅服，气宇轩昂地站成一排。

中华人民共和国主席毛泽东亲手将“授予中华人民共和国元帅军衔的命令状”一一授予朱德等功勋卓著的开国元勋，接着郑重地将一级八一勋章、一级独立自由勋章和一级解放勋章授予在中国人民革命战争时期有功人员。朱德郑重地行了个军礼，接过命令状和三枚沉甸甸的金质勋章。毛泽东伸出手来，两位老战友的手紧紧地握在一起。从井冈山会师那时起，历经28年风雨历程，艰难岁月，他们一直携手并肩战斗。

朱德是中国人民解放军和中华人民共和国的主要缔造者之一，是中国共产党、中国人民解放军和中华人民共和国的主要领导人，是一位杰出的马克思主义者，无产阶级革命家，军事家，政治家。朱德传奇的一生和中国人民军队发展壮大的历史紧紧联系在一起。从井冈山会师起，“朱毛”的名字就再也没有分开过，从红军到八路军，到中国人民解放军，朱德始终是中国共产党领导的人民军队的总司令。朱德排列在十位元帅之首，实在是众望所归。

同日，国务院隆重举行授予将官军衔典礼。秘书长习仲勋宣读了国务院总理授予中国人民解放军将官军衔的命令，授予粟裕、黄克诚、谭政、萧劲光、王树声、陈赓、罗瑞卿、许光达、徐海东、张云逸10人中国人民解放军大将军衔，授予55人上将军衔，授予175人中将军衔，授予800人少将军衔。周恩来将将官军衔命令状一一授予粟裕等在京人员。次日，国防部举行授予校官军衔典礼，彭德怀授予在京部分校官军衔。同年11月至1956年初，各军兵种和各大军区，也先后举行授衔典礼，同时，各部队还举行了授予士兵军衔的典礼。全军共有64万余人获准尉以上军衔。

此次共授予一级八一勋章178枚，二级八一勋章1467枚，三级八一勋章5339枚；授予一级独立自由勋章313枚，二级独立自由勋章4152枚，三级独立自由勋章31098枚；授予一级解放勋章991枚，二级解放勋章4932枚，三级解放勋章54879枚。授予八一奖章、独立自由奖章、解放奖章56万余枚。

授予军人军衔，是为了确定军人在军队中的等级地位，也是国家给予军人的一种荣誉，是我军现代化、正规化建设的一项重要措施。它与同时实行的薪金制、义务兵役制这“三大制度”，对于克服单纯志愿兵役制度的某些不利因素，保证全军高度集中统一和提高工作效益，推进军队正规化、现代化建设，具有重要意义。授勋授奖，不仅体现了党和国家对立功受勋人员的关心，也是对中国人民解放军伟大历史功绩的肯定，对激发全军官兵的爱国主义和革命英雄主义精神，弘扬革命传统，具有巨大的教育和鼓舞作用。

从1955年国庆阅兵起，中国人民解放军陆海空三军将士身着崭新的五五式军装，佩戴军衔和军兵种勤务符号，展威武严整军容，创条例严军治军，大比武带兵练兵，导弹在空中升起，核弹在云中翻腾……令世人瞩目！

1956 

中国有了自己的汽车工业

——『解放』牌汽车

引言

汽车工业是一个国家制造业水平的重要标志之一，在国民经济和国防建设中都具有举足轻重的作用。新中国成立伊始，面对重重困难，中国党和政府仍然把筹建汽车工业提上日程。1949年，中央人民政府成立重工业部，着手筹建汽车工业。1953年7月15日，长春第一汽车制造厂隆重奠基。在中共中央、国务院的亲切关怀下，在全国各行各业的支持和苏联等国家的援助下，经过3年的艰苦奋战，1956年7月14日，国产第一辆“解放”牌汽车在长春第一汽车制造厂胜利下线。这标志着中国有了自己的汽车工业，中国不能制造汽车的历史一去不复返。

新中国成立前，中国的公路上行驶着百余种不同牌号的汽车，却没有一辆是中国自己生产的。“解放”牌汽车（FAW）是第一个量产的中国国产品牌汽车，它的诞生终结了中国无国产汽车的历史，开启了中国汽车工业的巨轮。

1956年7月14日，这个日子注定要载入中国汽车工业的史册。就在这一天，第一批12辆试生产的“解放”牌卡车披红挂彩地开下了长春第一汽车制造厂（简称一汽）的总装配线，永远地结束了中国不能制造汽车的历史。中国国家博物馆收藏的刻着毛泽东为长春第一汽车制造厂题词的基石和一汽生产的“解放”牌卡车，是中国汽车工业诞生的历史见证。

长春第一汽车制造厂第一批下线的“解放”牌汽车为CA10型卡车。中国国家博物馆收藏的是首批下线的第三辆CA10型“解放”牌卡车，车长670厘米，宽240厘米，高230厘米，是20世纪50年代由长春第一汽车制造厂拨交的，至今性能完好。CA10型“解放”牌卡车，是以苏联吉斯150卡车为蓝本制造的。C既有长春的意思，也有中国的意思，A是第一的意思。卡车自重3900公斤，装有90匹马力、四行程六缸发动机，载重量为4吨，最大时速65公里，最大功率为71千瓦，全车由2600种、11000个零件组成。整车结构较苏联1955年以前生产的汽车做了部分改进。CA10型“解放”牌卡车具有发动机开动后均匀性好、结构坚固、刹车系统安全可靠、使用寿命长等特点，非常适合中国的公路、桥梁负荷，以及大规模建设的需要。另外，还可以根据需要把它改装成公共汽车、加油汽车、运水汽车、倾卸汽车、起重汽车、工程汽车、冷藏汽车和闭式车厢载重汽车等。

今天的中国早已进入汽车时代，汽车走进了千家万户，汽车工业成为国民经济的支柱性产业。但在新中国成立伊始，百废待兴，我们面对的是一个贫穷落后的烂摊子，一辆汽车、一架飞机、一辆坦克、一辆拖拉机都不能制造，汽车工业技术人才也十分紧缺。虽然困难重重，但是党和政府仍然及时把筹建汽车工业提上了日程。新中国成立后，中央人民政府重工业部成立，由中央财经委员会主任陈云兼任部长，何长工、刘鼎、钟林任副部长，刘鼎负责着手筹建汽车工业。

新中国成立后毛泽东第一次出访苏联时，就与苏联领导人商定由苏联援助中国建设一批重点工业项目，包括建设一座现代化载货汽车工厂。这一项目被列入“一五”计划苏联援建的第一批重点项目。其后由周恩来、李富春等进行具体商谈，引进了苏联援建的156项重点工程项目。至20世纪60年代苏联撤回专家时，已建成或基本建成149个。正是有了这些大项目作骨干，中国有了一个较为完整的工业体系。

1950年3月，重工业部成立了汽车工业筹备组，郭力被任命为筹备组主任，孟少农、胡云芳为副主任。同年，在北京成立汽车实验室，重工业部副部长刘鼎主持召开首次汽车工业会议，讨论汽车工业建设的方针与步骤等问题，明确先生产载货汽车，决定聘请苏联专家承担汽车工厂的设计工作。此后，建设汽车制造厂的筹建工作陆续展开。

首先是厂址的选择问题。当时，曾考虑在北京、沈阳、武汉、包头四个地区选址建厂。1951年2月，孟少农等陪同苏联专家前往长春考察，经过再三的调查、勘测、研究，决定将厂址定在地质、水文、气候、交通等条件都比较适宜的长春市西南的孟家屯火车站西北侧的荒原地带。苏方还建议建厂目标为年产3万辆吉斯150载货汽车，由苏联承担交付成套设备。中央财经委员会会议批准了长春第一汽车制造厂的建厂目标、厂址，兴建时间为1953年。1951年底，苏联汽车拖拉机工业部全苏汽车拖拉机工业设计院组织数百人，编制完成长春第一汽车厂的初步设计，以后又完成了汽车厂的技术设计。

| 第一批下线的“解放”牌汽车

1952年4月，重工业部任命郭力为长春六五二厂（长春第一汽车制造厂前身）厂长，中央财经委员会派孟少农、李刚、陈祖涛、潘承烈组成订货代表小组赴莫斯科，在中国驻苏联大使馆的领导下，办理设计联络、设备分交、聘请专家和派遣实习生等事宜。1952年8月，重工业部撤销，代之以新成立的第一机械工业部。为了加强一汽建设的领导力量，12月，第一机械工业部任命中共中央原东北局财经委员会秘书长饶斌为长春第一汽车制造厂厂长，郭力、孟少农、宋敏之为副厂长。1953年1月，在汽车工业筹备组的基础上组建汽车工业管理局，作为第一机械工业部的一个专业局继续筹建汽车工业，行使管理职能。

1953年初，长春第一汽车制造厂的建设计划遇到了一些实际问题，主要是苏方建议提高产量和缩短建设时间，由原定的4年改为3年。为此，第一机械工业部将此情况报告中央。最终中央决定支持3年建成长春第一汽车制造厂的计划。6月9日，毛泽东主席签发《中共中央关于力争三年建设长春汽车厂的指示》，指出："兴建第一汽车制造厂，这对我国国防建设、经济建设，积累建设经验，培养壮大建设力量并为接踵而来的其他重要建设工程创造有利条件，均有重要意义。""中央认为有必要通报全国，责成各有关部门对长春汽车厂的建设给予最大的支持，力争三年内建成。"并指示由第一机械工业部部长黄敬直接负责该厂建设。第一机械工业部很快制定了3年建设第一汽车制造厂总体计划上报中央。中央批示各地和国家有关部门，动员全国力量支援一汽建设，并提出了一汽3年建厂的目标：出汽车、出人才、出经验。

1953年7月15日，长春第一汽车制造厂举行隆重的奠基典礼。参加奠基仪式的有中共中央东北局第一副书记兼东北行政委员会第一副主席林枫，第一机械工业部部长黄敬，以及地方党、政、军、群众团体，苏联驻华商务代表、援建的专家等。一万多名建设者在一匹红绸上签名，表示决心。林枫、黄敬和李岚清（后任中共中央政治局常委、国务院副总理）等6名青年职工，将刻有毛泽东亲笔题写的“第一汽车制造厂奠基纪念”的基石，安放在厂区中心广场。中国第一个汽车工业基地开始动工兴建。刻有毛泽东题词的基石为汉白玉质地，长120.5厘米，高70厘米，厚5.5厘米，重250公斤。1987年10月22日，因修改陈列的需要，中国革命博物馆派人赴长春第一汽车制造厂征集文物。同年11月21日一汽派专人将原在该厂一号门展览室展出的基石护送到北京，拨交中国革命博物馆。

长春第一汽车制造厂的建设是中国空前规模的建设工程，得到了全国各行各业的大力支援。来自全国20多个省市，上千个企业、机关、学校一万多人加入建设大军，包括从各地抽调的优秀干部、专家，刚刚走出校门的大学生、各地的技术工人以及农民。全国100多个厂家为它生产建筑材料、机械设备和协作产品，每天运载各地支援物资的车皮达上百节。一汽所需约5500台成套设备，其中80%由苏联提供，少数由苏方转口到英国、民主德国、捷克订货。莫斯科斯大林汽车厂还为一汽培训了从厂长到科组长、技术人员共500余人的生产骨干。时任一汽计划科副科长的李岚清曾于1956年至1957年间赴苏联莫斯科利哈乔夫汽车厂、高尔基汽车厂实习。另外，从1953年起的四年间，苏联派出各类专家达200名，支援一汽建设和生产。

在中共中央、国务院的亲切关怀下，在全国各行各业的支持和有关国家的援助下，肩负重任的一汽人经过3年的夜以继日、齐心协力的艰苦奋战，在长春市郊的荒地上建起了37万平方米的厂房，安装了上万台机器，铺设了30多公里的铁路、8万米长的管道，完成了各种复杂设备的安装。1956年7月14日，国产第一辆“解放”牌CA10型4吨载货卡车在长春第一汽车制造厂胜利下线，长春第一汽车制造厂3年建厂目标如期实现，中国自己不能制造汽车的历史至此结束。当天上午在汽车工人俱乐部举行了庆祝会，会后400多名劳模、先进工作者坐上“解放”牌卡车，组成报捷车队，前往省委、市委报喜。第一批下线的12辆报喜车绕厂一周后，浩浩荡荡驶向市区。长春市到处红旗招展，锣鼓震天，成千上万的市民聚集在道路两旁，迎接车队的到来。

长春第一汽车制造厂自建厂开始就严把质量关，无论是厂房建筑还是生产中的各项工作都是如此。以至在后来汽车投产时连苏联专家都禁不住称赞说：一汽生产出来的汽车质量比我们生产的还好。

第一批下线的“解放”牌卡车，参加了1956年的国庆阅兵式。之后一部分汽车留在北京展出，老百姓争相目睹了国产汽车的风采。10月15日，长春第一汽车制造厂隆重举行竣工验收和开工生产典礼，“解放”牌卡车正式投产，年产3万辆。“解放”牌卡车还曾大量出口到阿尔巴尼亚等很多国家，支援了这些国家的经济建设。随着一代又一代“解放”牌汽车的广泛使用，老式的“解放”牌汽车已渐渐退出历史舞台。但是，它们为中国及其他国家国民经济的发展所做出的贡献，将永载史册。

1956 完成社会主义『三大改造』

——全国工商界给中共中央的报喜信

引言

——

新中国成立初期，在进行有计划经济建设的同时，中共中央领导了生产资料的社会主义改造。1953年，党提出在过渡时期的总路线和总任务，就是要在一个相当长的时期内，逐步实现国家的社会主义工业化，并逐步实现国家对农业、手工业和资本主义工商业的社会主义改造。到1956年底，国家基本上完成了“三大改造”，实现了从生产资料私有制向社会主义公有制的转变，从新民主主义到社会主义的伟大转变，这里33位工商界人士给中共中央的报喜信等文物，见证了这一中国历史上最伟大、最深刻的社会变革。

新中国成立初期，在进行有计划经济建设的同时，中共中央领导了生产资料的社会主义改造。1953年，党提出在过渡时期的总路线和总任务，就是要在一个相当长的时期内，逐步实现国家的社会主义工业化，并逐步实现国家对农业、手工业和资本主义工商业的社会主义改造。

当时有一种通俗的比喻：好比一只鸟，发展社会主义工业是它的主体；而对农业、手工业和私营工商业的社会主义改造是它的一双翅膀。在党的社会主义改造方针的正确指导下，到1956年底，国家基本上完成了对农业、手工业和资本主义工商业的社会主义改造，创造性地开辟了一条适合中国特点的社会主义改造道路。“遵化县第十区西四十里堡农业生产合作社土地入股登记簿（第十号）”（1953年），济南市铁业工人生产合作社股票，李烛尘、盛丕华等33位工商界人士给中共中央的报喜信等相关文物，见证了这一中国历史上最伟大、最深刻的社会变革。

对农业的社会主义改造也称农业合作化运动，大体上可分为三个阶段：从新中国成立到1953年底以发展互助组为中心，同时试办初级社；从1954年到1955年上半年在全国普遍建立初级社；从1955年下半年到1956年进入大办高级社阶段。到1956年底，加入农业生产合作社的社员总户数已达全国农户总数的96.3%，其中参加高级社的农户占全国农户的87.8%。农业合作化的完成，实现了中国土地的公有化。随着土地及耕畜、大型农具等主要生产资料归农业生产合作社集体所有，广大农村建立起劳动群众的社会主义集体所有制经济。这标志着我国基本上完成了对个体农业的社会主义改造。

在农业合作化运动中，有一个闻名全国的“穷棒子社”，即河北省遵化县第十区西四十里铺农业生产合作社。1952年秋后，西四十里铺村23户穷汉办起了农业生产合作社，王国藩任社长。该社刚成立时，只有230亩贫瘠的山地，3条驴腿（另一条驴腿归中农所有，没有入社），被讥笑为“穷棒子社”。

“穷棒子”们发扬艰苦创业精神，上山砍柴换取农具等生产资料，依靠组织起来的力量，到第二年就发展到83户，粮食亩产也从120多斤增长到了300多斤。1954年秋该社又发展为户有千斤余粮的148户（全村154户）的大社，并于1958年9月发展为建明农林牧生产合作社（高级社），成为全国农业合作化的典型。在“穷棒子社”的带动下，西四十里铺村从1952年前的每年由国家发放5万斤以上的救济粮，3年后发展为每户有上千斤余粮。毛泽东主持编写的《中国农村的社会主义高潮》一书介绍了该社。这本“遵化县第十区西四十里堡农业生产合作社土地入股登记簿（第十号）”（1953年），记载了该社从1953年1月2日到年底的土地分红。全社共有23户，土地229.45亩，土地入股，按地五、劳五分红，应付地租16334.5斤（按原产量计算），反映了初级社以土地入股、统一经营为特点的半社会主义性质。

对手工业的社会主义改造，是过渡时期总路线提出的三大改造任务之一。1953年召开的第三次全国手工业生产合作会议，确定了对手工业进行社会主义改造的方针和政策，即“在方针上，应当是积极领导，稳步前进；在组织形式上，应当是由手工业生产小组、手工业供销生产合作社到手工业生产合作社；在方法上，应当是从供销入手，实行生产改造；在步骤上，应当是由小到大，由低级到高级”。逐步把分散、落后的手工业者个体私有制改造为社会主义集体所有制。手工业合作化运动的发展大致经历了三个阶段：从1949年到1952年的恢复时期为典型试办、摸索前进阶段；从1953年春到1955年冬为普遍发展、稳步前进阶段；从1955年冬到1956年为高潮形成、手工业合作化提前完成

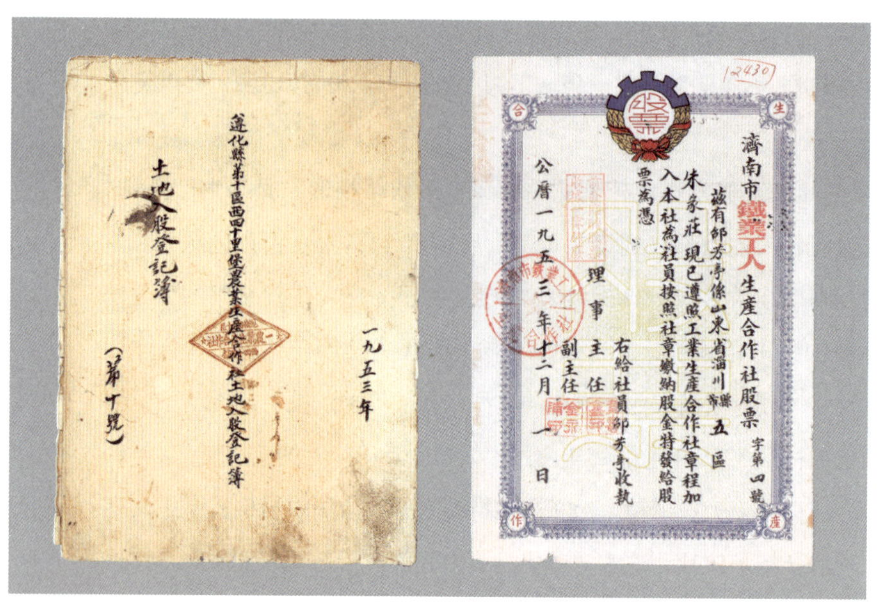

遵化縣第十區西四十里堡農業生產合作社土地入股登記簿

土地入股登記簿

（第十號）

一九五三年

濟南市鐵業工人生產合作社股票　字第 四 號

茲有邰芳亭係山東省淄川縣 五 區朱家莊現已遵照工業生產合作社章程加入本社為社員按照社章繳納股金特發給股票為憑

右給社員邰芳亭收執

理事主任

副主任

公曆一九五三年十二月一日

中國共產黨中央委員會：

我們懷着萬分感激和無比興奮的心情，向你會報喜。

由於毛主席、中國共產党和人民政府的正確領導，全國主要城市資本主義工商業，已經全行全業地轉變為公私合營經濟，完成了社會主義改造的第一步。全國工商業者已經愉快地、幸福地進入了社會主義社會。

為了更進一步接受社會主義改造，為了在偉大的社會主義建設事業中積極貢獻我們的力量，我們代表全國工商業者誠懇地向你會保証：

第一，我們一定服從領導，守職盡責，搞好生產經營；

第二，我們一定加強學習，更好地改造我們的思想；

第三，我們一定努力學會本領，學會社會主義經營管理方法，改造自己成為自食其力的勞動者。

我們永遠忠誠地跟着中國共產党向着社會主義社會邁進。

謹致

崇高的敬禮

全國工商界報喜人

李燭塵　盛丕華　樂松生　凌其峻　畢鳴岐

朱繼聖　榮毅仁　胡厥文　苗海南　王亭生

胡子昂　王少岩　嚴樹棠　王德輿　張敬礼

唐南屏　成盛三　高振声　楊湖芬　廖鸞亭

湯元炳　葉雨田　陳經畬　陳芸田　毛鉄橋

武百祥　來吉提·木沙巴克夫　黃長水

潘清啟　肇天民　黃　織　戴翊英　沈方成

一九五六年一月三十日

遵化县四十里堡农业生产合作社土地入股登记簿（左上），济南市铁业工人生产合作社股票（右上），全国工商界的报喜信（下）

阶段。

1953年济南市铁业工人生产合作社的股票，持有人为邵芳亭。这张股票纵20厘米，横13.7厘米，纸质。1959年，由全国手工业合作总社拨交中央革命博物馆筹备处。股票内容为“兹有邵芳亭……现已遵照工业生产合作社章程加入本社为社员按照社章缴纳股金特发给股票为凭”。劳动群众通过持股的形式拥有部分生产资料，说明了手工业合作社的集体所有制性质，它是社会主义公有制的一种形式。

随着农业合作化运动迅猛发展，手工业社会主义改造高潮开始出现，成千上万的手工业劳动者、小商小贩纷纷递交申请书，要求入社。1956年1月11日，北京市宣布手工业全部实现合作化。全国各大城市纷纷学习北京的经验，采取全市按行业将手工业全部组织起来的方式。到1956年底，全国手工业合作社（组）已发展到10.4万余个，社（组）员达603.9万余人，占全部从业人员的91.7%。其中，高级形式的手工业生产合作社发展到7.4万余个，社员484.9万余人，占全部从业人员的73.6%。至此，手工业由个体经济向集体经济的转变基本完成，全国基本实现了手工业合作化。在此基础上，初步建立起了新型的中国集体工业经济，成为中国社会主义公有制经济的一个基本组成部分。

对资本主义工商业（指民族资本）社会主义改造，是过渡时期总路线总体布局中的重要一翼。国家采取了和平赎买的办法，通过国家资本主义的各种形式，把资本主义工商业逐步改造成为社会主义国营经济，使资本主义私有制转变为社会主义全民所有制。国家资本主义初级形式在工业中有加工、订货、统购、包销等，在商业中有经销、代销等，特点是国家仅控制原料的供应、产品的计划和销售，但企业的资本主义性质仍然没变；国家资本主义高级形式是个别企业公私合营和全行业公私合营，特点是企业性质已经变成半社会主义或社会主义性质。

过渡时期总路线公布后，许多资本家曾对自己的命运和前途深感不安。党和政府通过细致深入的思想工作，使他们认识到社会主义是大势所趋，只有走社会主义道路才能掌握自己的命运。1955年10月和12月，毛泽东在与全国工商联委员和代表的座谈会上，做了两次重要讲话，他系统地阐述了中国共产党的和平改造和赎买政策，为中国资本主义工商业者指出了光明前途：认清社会发展规律，主动掌握自己的命运，接受社会主义改造。

对资本主义工商业的社会主义改造经历了三个阶段：1953年底前主要是国家资本主义的初级形式阶段；从1954年到1955年夏主要是单个企业公私合营阶段；从1955年秋到1956年是全行业公私合营阶段。对资本主义工商业，创造了加工订货、经销代销、公私合营等一系列国家资本主义形式，使资本家私有制逐步过渡到社会主义公有制，成功地实现了对资产阶级的和平赎买。

由单个企业的公私合营发展到全行业公私合营，是新中国成立以来党和国家对资本主义工商业采取利用、限制、改造政策的必然趋势，也是国民经济中计划管理因素不断加强的必然结果。1956年1月，全国出现了资本主义工商业社会主义改造的热潮。1月8日，北京全市有20个行业、800多家商店一道被批准实行全行业公私合营。1月10日，北京市人民政府召开资本主义工商业公私合营大会，宣布35个行业的3990家工厂和42个商业行业的13973户坐商，共17963户全部被批准实行公私合营。1月底，全国50多个资本主义工商业比较集中的大中城市相继实现了全行业公私合营。到1956年底，全国99%的私营工业企业和82.2%的私营商业企业实现了全行业公私合营，标志着国家对资本主义工商业的社会主义改造基本完成。

这张报喜信，是全国工商界报喜人在全国政协二届二次会议开幕式上献给中共中央的，上面有李烛尘、盛丕华、荣毅仁、胡厥文、胡子昂等33位全国工商界知名人士的署名，落款时间是1956年1月30日。信中说“全国主要城市资本主义工商业，已经全行全业地转变为公私合营经济，完成了社会主义改造的第一步”，并做出以下保证：服从领导，守职尽责，搞好生产经营；加强学习，更好地改造思想；努力学会本领，学会社会主义经营管理方法，改造自己成为自食其力的劳动者。信中最后表示“永远忠诚地跟着中国共产党向着社会主义社会迈进”。此信，纵55.5厘米，横79厘米，毛笔所写，用的是粉色洒白底、金色“喜”字边框纸，喜庆气氛跃然纸上。1956年11月由中共中央办公厅秘书室拨交中央革命博物馆筹备处。

在全国私营工商业实现全行业公私合营的过程中，各大中城市都是敲锣打鼓，欢呼“跑步进入社会主义”。大多数资本家在党的教育下，愿意走社会主义的光明大道。时任申新纺织公司总管理处总经理、恒大纺织股份有限公司董事长的荣毅仁，曾对新华社记者坦言自己的矛盾心理：“我是一个资本家，但是我首先是一个中国人……对于我，失去的是我个人的一些剥削所得，它比起国家第一个五年计划的总额是多么渺小；得到的却是一个人人富裕、繁荣富强的社会主义国家。”

随着对农业、手工业和资本主义工商业的社会主义改造的基本完成，实现了从生产资料私有制向社会主义公有制的转变，从新民主主义到社会主义的伟大转变，这是中国历史上最伟大、最深刻的一次社会变革。具有中国特色的社会主义改造的经验，丰富和发展了马克思主义的科学社会主义理论。社会主义基本经济制度的全面确立，为推进中国的工业化、现代化事业，以及实现中华民族的伟大复兴，奠定了根本政治前提和制度基础。

1964 

见证中国国防科技的发展

——王淦昌的木箱

引言

——

新中国成立以来，特别是改革开放40多年来，经过中国科学家和建设者们的共同努力，中国的各项事业取得了辉煌的成就，使昔日的“东亚病夫”岿然屹立于世界民族之林。其中，“两弹一星”的研制成功是新中国伟大成就的象征，是中华民族的骄傲。为了祖国“两弹一星”研制工作，许多科学家放弃了在国外的优厚待遇，毅然回国，由于保密的需要，他们在茫茫无际的戈壁荒漠，在人烟稀少的深山峡谷，隐姓埋名，默默无闻。王淦昌装资料用的木箱承载着“两弹一星”研制的艰难历程，见证了一代科学家为了祖国的核事业无私奉献、保守国家秘密的真实故事。

王淦昌的木箱，长57.4厘米，宽67厘米，高51.3厘米，表面粗糙，唯有用毛笔书写的“北京王京<10>”字样，是它唯一的装饰。“王京”是王淦昌为了工作需要给自己取的名字，用他自己的话说，是北京的京。从1961年到1978年参与原子弹和氢弹研制工作期间，“王京”这个名字一直伴随王淦昌达17年之久，而“王淦昌”似乎被人遗忘。1971年至1978年，王淦昌随核武器研制机构从北京迁往四川，这只木箱是他在此期间装资料用的。这个看似普通的木箱，最好地诠释了中国科学家为了国家和民族的献身精神。1999年8月由王淦昌的儿子王德基捐赠给中国革命博物馆。

1964年10月16日14时59分40秒，随着发射现场总指挥张爱萍一声指令，主控操作员按下启动电钮。10秒钟后惊天动地的一声巨响，一朵硕大无比的蘑菇云在戈壁滩上空腾空而起！中国第一颗原子弹爆炸成功！中国成为继美、苏、英、法之后的第五个核国家。1967年6月17日，在新疆罗布泊上空，随着一声巨响，空中升腾起巨大的蘑菇云，中国第一颗氢弹空投爆炸试验成功！中国成为继美、苏、英后第四个掌握这种具有更强大威慑力的热核武器国家！从原子弹到氢弹，美国用了7年4个月，苏联用了4年，英国用了4年7个月，法国用了8年8个月，而中国仅仅用了2年8个月。1970年4月24日，中国“长征一号”运载火箭成功将中国第一颗人造地球卫星“东方红一号”送入太空，《东方红》乐曲响彻太空！中国成为继苏联、美国、法国、日本之后第五个自主研制并发射人造地球卫星的国家。“东方红一号”成功发射升空开创了中国空间事业的新纪元。从此，中国的国防科技工业不断发展壮大，先后掌握了中子弹设计技术和核武器小型化技术，研制和发射了各种型号的战略战术导弹和运载火箭，潜艇水下发射成功，发射多颗返回式卫星、地球同步轨道及太阳同步轨道卫星……“两弹一星”事业所取得的巨大成就，是中国人民挺直腰杆站起来的重要标志。正如邓小平同志曾经指出的那样：“如果六十年代以来中国没有原子弹、氢弹，没有发射卫星，中国就不能叫有重要影响的大国，就没有现在这样的国际地位。这些东西反映一个民族的能力，也是一个民族、一个国家兴旺发达的标志。”

为了祖国“两弹一星”研制工作，许多科学家放弃了在国外的优厚待遇，毅然回国，由于保密的需要，他们在茫茫无际的戈壁荒漠，在人烟稀少的深山峡谷，隐姓埋名，默默无闻。他们的一切都不能告诉父母、妻儿，没有个人的行踪，不能发表学术论文，不能公开做报告，不能出国，不能与朋友随便交往……王淦昌在“两弹一星”的伟大科学成果中，特别是在“两弹”的研制中，是名副其实的功臣和主要贡献者，被誉为“中国核武器之父”“中国原子弹之父”。但一直以来，多数中国人并不熟悉“王淦昌”这个名字，那是因为在“两弹”工作开始到成功及之后相当长的一段时间里，对从事这项工作的科学家们的情况保密，特别是为首的多数重要的科研专家，绝对不允许公开身份，只有钱学森、钱三强等几位担任国家领导职务的人例外。王淦昌可以说是排在最需要隐姓埋名的前列的人物，因为在他受命领导核武器研制前，就已经是世界著名的物理学科学家了。从1961年参与原子弹研制工作，王淦昌开始使用“王京”这个名字，直到1978年，他再次当选为第五届全国人大常委会委员，出任二机部副部长兼原子能研究所所长，他才在公开场合重新启用“王淦昌”这个父亲给他取的名字。王淦昌从公众视野“消失”了整整17年……

1907年，王淦昌出生于江苏常熟。他从小就立志做一个胸怀大志、精忠报国的英雄。1929年王淦昌从清华大学物理系毕业后，赴德国留学。1934年在德国柏林大学获得博士学位后，他婉拒国外实验室的挽

| 王淦昌装资料用的木箱

留，回到灾难深重的祖国，先后在山东大学、浙江大学物理系任教。在这一时期，他培养出包括诺贝尔物理学奖获得者李政道在内的一批优秀的青年物理学家。1941年，王淦昌发表关于探测中微子的论文，受到世界物理学界瞩目。新中国成立后，王淦昌调入中国科学院物理研究所。1955年，王淦昌当选中国科学院学部委员（院士）。1956年9月，他作为中国的代表，到苏联杜布纳联合原子核研究所任研究员，从事基本粒子研究，并担任副所长。其间，他领导的研究小组在世界上首次发现反西格马负超子，其意义不亚于一项单纯的诺贝尔奖，在国际上引起强烈反响。

1960年底，王淦昌奉命回国。翌年他秘密加入研制原子弹的行列，负责物理实验方面的工作。他知道，造原子弹在任何一个国家都是最高机密，参与核心工作的专家，都是核心之核心。美国当年参与造原子弹的人几乎无一例外地被与外界隔断联系数载。这些人连同他们的家人和最亲近的人，都要受到情报部门和军方最严厉的“管控”。当时王淦昌只说了一句话：“我愿以身许国！”从此，他全身心地投入到原子弹、氢弹原理突破及核武器研制的试验研究和组织领导工作中。他在带领科技人员所做的上千个实验元件的爆轰实验中，身先士卒，指导设计实验元件，指挥安装测试电缆等，直到最后参加实验，终于在1962年底，基本掌握了获得内爆的重要手段和实验技术。1964年10月16日中国第一颗原子弹爆炸成功，1967年6月17日第一颗氢弹又爆炸成功，王淦昌为此做出巨大贡献。

1960年至1964年，中国经历了三年自然灾害，一切陷入困难境地。对于王淦昌等投身于攀登科学尖端技术的科学家来说，更是最艰难的岁月。美国等国家封锁了陆地和空中所有通道，要想从正常渠道获得任何外界的先进技术资料和信息几乎不可能。王淦昌曾向周恩来总理请求，用真名出国访问，可以从朋友那里带回一些在他们看来是根本用不着的“垃圾资料”和“垃圾设备”。周恩来听后笑着说，你只要一出去，即使捡，人家情报部门照样会把你抓起来。自从你们几位著名科学家从日常生活中“消失”后，经常有外宾问起，问我们是不是也在进行“曼哈顿工程”（美国研制原子弹的工程），我只能告诉他们，王淦昌等先生做着他们一直从事的专业，很忙，所以不大露面嘛。

河北省怀来县的燕山脚下，驻着中国核试验历史上有名的“十七号工地”。王淦昌和他的团队曾在这里前后进行过数年、几千次核小爆炸试验。当时负责核心技术的科学家们进行着两大系统方面的决战，一个是原子弹的整体理论设计，另一个就是王淦昌他们的实际爆炸试验。“十七号工地”聚集着王淦昌、郭永怀、程开甲、陈能宽等各学科的权威人物。在他们手下，还有方正之、钱晋、任益民等数十位有专长的年轻人，组成两个小组进行操作性爆炸工作。工作条件的艰苦程度难以想象。大家都吃住在帐篷里，工地正好处在风沙口，有时一顿饭会遇上几次风沙，常常是一碗饭半碗沙。但大家毫无怨言，因为与王淦昌这样的大科学家同吃同住，自己还有什么可抱怨的呢。

1963年，中央决定，“十七号工地”上的试验要搬到西边去……“西边”，就是原子弹的引爆地——罗布泊。王淦昌兴奋地回到家，让夫人准备冬天的衣服。夫人吴月琴追问他到什么地方去，他随口说道，西安。铁的纪律不允许他将实情告诉家人，多少年来王淦昌一直对自己的工作守口如瓶，就连对夫人和子女也从来没透露过半个字。在王淦昌的子女印象中，父亲不是出国就是出差，一年到头没几天能在家里见到他。用他小女儿的话说，他不是几年不着家门，就是进了家门便一个人关在屋子里忙他自己的事情。5个子女的婚礼，王淦昌也都因为工作原因而未能参加。

当时赴戈壁滩原子弹试验基地工作的数万人中，绝大部分都是年轻力壮的部队官兵。年纪大的都是些科技人员，数千人的科技队伍中，王淦昌是年龄最大的一个。第一颗原子弹爆炸成功时，王淦昌57岁，彭桓武、郭永怀50岁出头，王淦昌的部下邓稼先、周光召才40来岁。因此，在试验场，大家亲切地叫他“王老头”。50多岁的“王老头”愣是跟着一群年轻人天天滚打在恶劣的环境下。1976年，70高龄的王淦昌再赴风雪弥漫的青海高原，在一望无际的“死亡之海”的腹地又一次成功地进行了我国第三次地下核试验，我国的空中、地面和地下核试验基本走完了所有历程。

为了表彰为研制“两弹一星”做出突出贡献的科学家的光辉业绩，宣传和弘扬老一辈科学家在研制“两弹一星”事业中的“热爱祖国、无私奉献，自力更生、艰苦奋斗，大力协同、勇于攀登”精神，1999年9月18日，党中央、国务院、中央军委在人民大会堂举行隆重的表彰大会，授予（追授）为我国“两弹一星”事业做出突出贡献的23位科学家“两弹一星”功勋奖章。王淦昌位列其中，当之无愧！

1977

知识改变命运

——恢复高考的准考证

引言

高考是中国选拔人才最直接、最公平的方式。1952年，新中国建立起全国统一普通高等学校招生制度。“文化大革命”期间，高考制度遭到废除。粉碎“四人帮”反革命集团后，1977年国家做出恢复高考的决定。当年12月，全国570多万名考生，手中攥着迟到已久的准考证，怀揣着读书的梦想和对知识的渴望走进考场。其中27.3万人进入大学校门，成为时代的幸运儿。经过几年的学习锻造，他们成为中国改革开放以后第一批投身社会主义建设的栋梁之材。知识不仅改变了他们个人的命运，也改变了一个国家、一个民族的命运。而一张张小小的准考证在忠实记录中国恢复高考这一历史时刻的同时，也折射出我们国家和民族对知识的渴望，对人才的尊重。

中国国家博物馆收藏着一批1977年高考准考证，这些准考证来自全国各地，均为纸质，尺寸大小不一，形式多种多样。与今天那些设计精美的准考证相比，它们的式样、印刷和制作都很简陋，只包含了考生照片和一些必要的信息。以这张北京市准考证为例，纵13.5厘米，横9.7厘米。正面上方印有“北京市1977年高等学校招生准考证”，中间是考生姓名、报名号、报考科类、县（区）、考试地点等栏目，以手填或盖印相关信息。最下面是考试科目及时间表，规定12月10日到12日分上下午进行考试，科目依次为政治、史地（文）或理化（理）、数学、语文、外语（加试）。准考证右上角填写有“第二考场”，考生黑白照片上盖有当地招生办公室的圆形红色印章。背面印有考试注意事项。

这张准考证的主人名叫刘学红，1975年她高中毕业的时候，中国停废高考已经快十年了。那些年，“知识越多越反动”的论调甚嚣尘上，教育特别是高等教育受到了致命性的破坏。中学毕业生的出路多数是上山下乡、插队落户，少数人应征入伍，或到工厂当工人。直到1970年，几所大学才开始试点招生，但招生对象仅限于具有两年以上实践经验、初中以上文化程度的工人、农民、解放军官兵，即工农兵大学生。1972年，大部分高校恢复招生工作，仍采取“自愿报名、群众推荐、领导批准、学校复审”的招生办法。上大学对于大多数青年来说，还是个遥不可及的梦想。由于缺乏公平竞争和刚性标准，当时的工农兵大学生文化水平差异很大，达不到选拔人才的目的。1973年也曾一度恢复文化考试，辽宁省兴城县知青张铁生在考试中交了白卷，却在试卷背面写了一封为自己极力辩解的信。一些别有用心的人便借此“白卷事件”大加煽动，在全国又掀起了一股否定大学入学文化考查、否定文化学习的歪风。当年的文化考试全部作废，此后高校招生继续实行群众推荐的方式。

被时代裹挟着的刘学红，高中毕业后主动要求到艰苦的地方去锻炼。1976年3月，她来到北京市密云县高岭公社四大队插队。最初，她满怀憧憬，幻想着凭借自己的热情、知识和能力，在广阔天地中大有作为。然而在当时的农村，衡量一个人价值大小的标准是劳动力，知识、才华与体现一个人价值回报的工分无关。在严酷的现实面前，最初插队时的激情和热情开始慢慢消退。

几个月后，“四人帮”反革命集团被一举粉碎，举国欢腾之时，国家却面临着百废待兴、人才极度匮乏的局面。停滞了十年的中国同发达国家相比，科学技术和教育水平整整落后了二十年。而那时，刘学红等一大批知识青年还在广阔的天地里日复一日地劳作着。当他们以为自己的一辈子可能就要这样度过时，根本不会想到，此刻，在北京，一场改变知识青年命运，改变整个中国命运的会议正在召开。1977年8月4日，刚刚复出不到一个月、主动请缨分管科技与教育工作的邓小平就在北京饭店主持召开了科学与教育工作座谈会，邀请33位著名科学家和教育工作者参加。会上，与会人员一致呼吁，改革现行高校招生制度，主张立即恢复高考。8月8日，座谈会结束，邓小平总结发言明确表示，今年就要下决心，恢复从高中毕业生中直接招考学生，不要再搞群众推荐。他说：“从高中直接招生，我看可能是早出人才，早出成果的一个好办法。”

根据座谈会的意见，教育部于8月18日向中共中央报送了《关于推迟招生和新生开学时间的请求报告》并获批准，拟定将高等学校招生时间推迟到第四季度，录取新生于第二年2月底前入学。8月13日至9月25日，全国高等学校招生工作会议在北京召开，会议制定了《关于1977年高等学校招生工作的意见》。10月12日，国务院转发该意见，

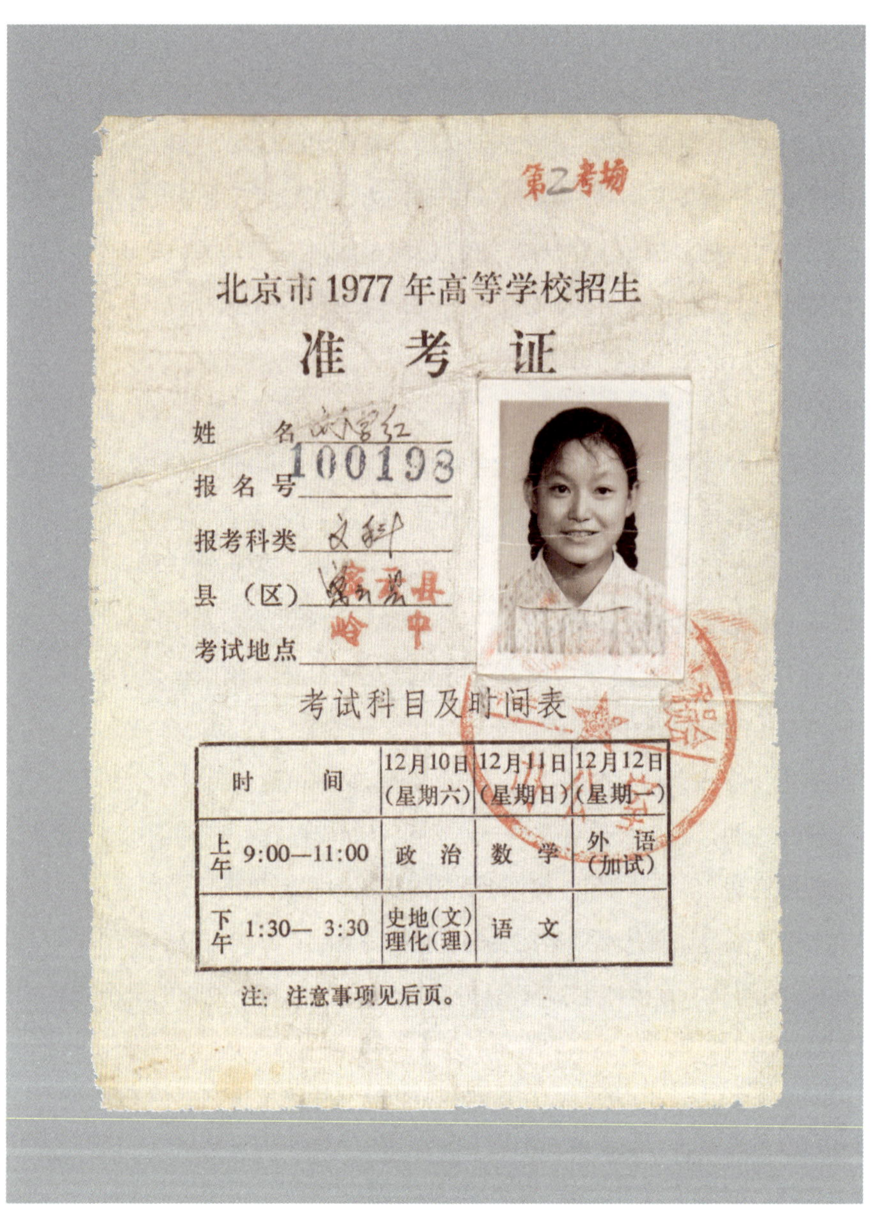

第2考场

北京市1977年高等学校招生

准考证

姓　　名 刘学红

报名号 100198

报考科类 文科

县（区）密云县

考试地点 岭中

考试科目及时间表

时间	12月10日（星期六）	12月11日（星期日）	12月12日（星期一）
上午 9:00—11:00	政治	数学	外语（加试）
下午 1:30— 3:30	史地（文）理化（理）	语文	

注：注意事项见后页。

刘学红的1977年高考准考证

规定从1977年起对高等学校招生制度进行改革，恢复统一考试制度。该意见废除了“文化大革命”时期的招生办法，对1977年高校招生工作进行了重大改革，改变录取比例，扩大招生范围，为广大的社会知识青年上大学创造了条件；放宽招生年龄、婚姻限制，为“老三届”学生（指1966—1968届三届初、高中学生）特别是大龄下乡青年上大学制定了特殊政策；修改烦琐的政审条件，实行择优录取。

恢复高考是在“两个凡是”还没有被打破的情况下进行的，其意义远远超出教育本身，它是开始全面纠正“文化大革命”错误的一个重要标志和突破口，因此成为拨乱反正的先声。

10月21日，《人民日报》发表《高等学校招生进行重大改革》的报道，正式公布恢复高校招生统一考试制度。消息一经传出，就如同强大的冲击波，传遍大街小巷、城市乡村，给数千万彷徨中的中国青年带来了希望，在人才选拔的竞技场上，所有人站到了同一条起跑线上，曾经无法选择的一代人，有了公平竞争、改写人生的机会，很快就得到知识青年们的热烈回应。一时间，你报名了吗？你考不考？成了当时年轻人见面时最热门的话题。全社会掀起了“尊重知识、尊重人才”的新风气，无论应届毕业生还是上山下乡的知青，从他们开始，“知识改变命运”的时代号角，响彻神州大地的每个角落。青年们重新拾起久违的书本，全国各地的新华书店人头攒动，大家连夜排队抢购复习材料。有人白天繁重地工作，晚上熬夜复习；有人已经成家有了孩子，一边肩负着沉甸甸的生活压力，一边坚持读书。为了实现梦想而废寝忘食成了当年复习备考时许多人的共同记忆。

刘学红也有着自己的大学梦。1976年底，她所在的生产队破天荒地获得了一个工农兵大学生的推荐名额，最终大队会计的女儿因为符合招生标准，被推荐上了北京大学低温物理系。刘学红在中学时就对物理产生了浓厚的兴趣，几乎每次考试都是100分，到北京大学物理系读书一直是她的梦想。好在这次她没有等多久，就从广播里听到了恢复高考的消息。高岭公社一共有11名知青，大家都报了名。当时报名点离公社很远，他们走了一天才到达。对于这个来之不易的机会刘学红格外珍惜，抓紧一切时间积极备考。在生产队里，她白天干农活，晚上挑灯夜战，时间不够用，就利用劳动的间歇复习，在距离考试只剩下15天的时候又特意请假回城做最后的冲刺。妈妈为了让她不受干扰，无奈将她反锁在屋里。找不到像样的复习资料，她就把中学课本重新翻出来，还想方设法地弄到了“文化大革命”前的高中数学教材和高考历史试卷。在选择专业时，为了易于被录取，她放弃了曾经喜爱的物理专业，改报北京大学新闻专业。她觉得当记者也是一个符合自己天性、能够干出成绩的理想职业。

短短两个月的复习时间很快过去，决战时刻终于到来了。由于时间仓促，当年的高考由各省、市、自治区单独命题并组织考试，分文理两类，具体考试时间也由各地自行确定。1977年11月28日至12月25日，全国570多万名考生带着他们得之不易的准考证纷纷走进考场。因为十多年的积压，考生中很多人是夫妻、是师生，甚至是父子，年龄最大的已经37岁。由于考生人数大大超过预期，印刷试卷的纸张准备不足，中央便紧急调用《毛泽东选集》第五卷的印刷用纸来先行印刷考生试卷。刘学红参加的北京市高考作文题目是《我在这战斗的一年里》，她从粉碎“四人帮”反革命集团写起，讲述了一年来自己在林业队与贫下中农一起开山造田，修建大型现代化果园的亲身经历，得到99分的高分，成为恢复高考后北京市首个文科状元，如愿被北京大学中文系新闻专业录取。

那一年高考的录取比例为29：1，最后有27万多名考生同刘学红一样幸运地走进了大学校门。半年后的1978年夏天，国家正式恢复全国统一命题考试，这一次又有610万名考生报考，录取40.2万人。两级大学生同年入校，同年毕业，这种现象在世界高等教育史上都是少有的。作为时代的见证者、亲历者，也是恢复高考后的第一批受益者，1977级和1978级是一个不可复制的特殊群体，他们有着不可复制的人生轨迹。他们的求学之路，几乎同步于筚路蓝缕的改革开放进程，这份历史的馈赠赋予了他们独特的理想信念。这些年轻人自觉肩负起兴国的使命，在大学里如饥似渴般刻苦学习，逐渐成长为国家建设和改革开放事业的栋梁之材。作为他们中的一员，1982年刘学红从北京大学毕业后，到中国青年报社从事新闻工作。1998年她创办了中国青年报网络版。两年后她又创立中央级新闻媒体中首家实行市场化运作的媒体网站——中青在线，并担任总经理，为推动中国新闻事业的发展付出了努力。

沧海桑田，斗转星移。40多年来，高考制度从恢复、巩固到完善、变革，几乎从未停止改革的脚步。日益普及的高等教育，为中华民族的腾飞提供了强有力的人才支撑。自恢复高考以来，截至目前已有2.4亿人参加高考，培养出超过1.3亿的高校毕业生。2018年5月2日，习近平同志在北京大学师生座谈会上强调，教育兴则国家兴，教育强则国家强。高等教育是一个国家发展水平和发展潜力的重要标志。今天，党和国家事业发展对高等教育的需要，对科学知识和优秀人才的需要，比以往任何时候都更为迫切。

随着时代的发展，高考准考证早已从一张票据大小的手写卡片发展到信息完善的打印版，从黑白照片发展到彩色照片，从简单防伪发展到条形码、二维码防伪。不过和刘学红一样，很多当年的亲历者依旧珍藏着1977年冬天的那些简陋的准考证。在纪念中国恢复高考制度30周年的特殊日子里，刘学红将它捐赠给了中国国家博物馆。她在自己的博客中写道："2007年7月10日下午两点，当我把写着我的名字、印着'100198'报名号的'北京市1977年高等学校招生准考证'交给中国国家博物馆（原）藏品保管二部征集室的工作人员收藏的时候，内心充满着一种幸福和感激之情。从这个时候起，这张30年前的小纸片开始承载着特殊的使命，它成为当代中国一段特殊的历史转折和发端的真实见证。”

一场伟大思想变革的先声

——《理论动态》刊载的《实践是检验真理的唯一标准》

引言

思想解放往往是社会变革的先导。《时务报》之于戊戌变法，《新青年》之于五四运动，皆如此。1978年，一场席卷全国的关于真理标准问题的大讨论，最终冲破了僵化的思想樊篱，推动了全国性的马克思主义思想解放运动，为随即展开的改革开放大业奠定了坚实的思想基础。引发这场辩论的同样是一篇首先发表于《理论动态》、题为《实践是检验真理的唯一标准》的文章。这篇文章正确指出了检验真理的标准只能是社会实践，理论与实践的统一是马克思主义的一个最基本的原则，任何理论都要不断接受实践的检验，它从根本理论上否定了当时“两个凡是”的思想路线，率先吹响了解放思想的号角。

1978年5月10日出版的第60期中共中央党校刊物《理论动态》，纵26.1厘米，横18.7厘米。这一期，头版刊载了一篇题为《实践是检验真理的唯一标准》的未署名文章。

这篇文章共6000余字，文章第一句话就开门见山地提出“检验真理的标准是什么”这个问题，指出“这是早被无产阶级的革命导师解决了的问题”，但是由于“四人帮”反革命集团的破坏，这个问题被搞得混乱不堪，因此“在这个问题上拨乱反正，十分必要”。下面分四个部分对真理标准问题进行了阐述：检验真理的标准只能是社会实践；理论和实践的统一，是马克思主义的一个最基本的原则；革命导师是坚持实践检验真理的榜样；任何理论都要不断接受实践的检验。文章明确提出了实践不仅是检验真理的标准，而且是唯一的标准，指出“马克思主义理论的宝库并不是一堆僵死不变的教条，它在实践中不断增加新的观点、新的结论，抛弃那些不适合新情况的个别旧观点、旧结论”。我们要完成党在新时期的伟大任务，面临着许多新问题，需要我们去认识、去研究，躺在马列主义、毛泽东思想的现成条文上，甚至拿现成的公式去限制、宰割、裁剪无限丰富的飞速发展的革命实践，是错误的。我们要有共产党人的责任心和胆略，研究生动的实际生活，要研究现实的确切的事实，研究新的实践中提出的新问题。只有这样，才是对待马克思主义的正确态度，才能逐步前进，才能顺利地进行新的伟大的长征。

真理用什么来检验？这个问题在今天的我们看来，也许已经不成为问题。但是回溯到20世纪70年代，由于“四人帮”反革命集团的破坏和歪曲，对于大多数中国人来说，这个问题的答案还是极为模糊甚至是错误的。1978年的中国虽然粉碎“四人帮”反革命集团已经两年了，但是种种阴霾

理论动态60

内部刊物　注意保存

中共中央党校理论研究室　　1978年5月10日

实践是检验真理的唯一标准

检验真理的标准是什么？这是早被无产阶级的革命导师解决了的问题。但是这些年来，由于“四人帮”的破坏和他们控制下的舆论工具大量的歪曲宣传，把这个问题搞得混乱不堪。为了深入批判“四人帮”，肃清其流毒和影响，在这个问题上拨乱反正，十分必要。

检验真理的标准只能是社会实践

怎样区别真理与谬误呢？一八四五年，马克思就提出了检验真理的标准问题：“人的思维是否具有客观的真理性，这并不是一个理论的问题，而是一个实践的问题。人应该在实践中证明自己思维的真理性，即自己思维的现实性和力量，亦即自己思维的此岸性。关于离开实践的思维是否具有现实

| 刊载《实践是检验真理的唯一标准》的第60期《理论动态》

仍未散净，经过十年浩劫，国家积累了大量的政治、经济和社会问题。冤假错案堆积如山，政治思想极为混乱，党和国家的各级组织遭到严重破坏；经济形势更是十分严峻，全国还有2亿多人吃不饱饭，国民经济几乎走到崩溃的边缘。满目疮痍，百废待举，我们的党面临着思想、政治、组织等各个领域全面拨乱反正的重大任务。然而由于受极左思潮影响的时间太长，特别是“两个凡是”思想的严重束缚和阻碍，党的路线方针政策不能及时端正，导致许多有效的工作无法开展，党和国家的事业在前进中出现了徘徊局面。

所谓“两个凡是”，具体来说就是“凡是毛主席作出的决策，我们都坚决维护，凡是毛主席的指示，我们都始终不渝地遵循”。1977年2月7日，当时代表政治气候的《人民日报》、《红旗》杂志、《解放军报》，同时以《学好文件抓住纲》为题发表社论，首次在全国公开提出了“两个凡是”。很显然，这种判断思想、理论、路线的标准是不科学的，是违背马克思主义基本原理的。它不仅压制了思想解放，而且为全党纠正“文化大革命”左倾错误和拨乱反正工作设置了重重障碍。按照“两个凡是”，刘少奇、彭德怀、陶铸、薄一波、习仲勋等大量冤假错案就不能平反，邓小平、彭真等大量老干部就不能复出。因此，实践标准的明确提出与重新确立已经刻不容缓。

1977年10月9日，叶剑英在中央党校复校后的第一个开学典礼上发表讲话，要求中央党校总结第九次、十次、十一次路线斗争问题的经验，研究“文化大革命”以来的党史问题。12月，时任中央党校副校长的胡耀邦召开党委会议，明确提出要以实践标准来检验判断“文化大革命”中的是与非，并用实践标准对十年中的一些重大问题初步进行了剖析判断。经他亲自指导撰写的总结“三次路线斗争”的研究文件中，第二条就鲜明地提出了“应当以实践为检验真理、辨别路线是非的标准，实事求是地进行研究”。党史教研室将文件正式铅印下发给第一期三个班次的807位学员内部讨论，征求修改意见。讨论过程中，大家提出了不少现实中和理论中的难题，但也暴露了当时人们是非标准的混乱。胡耀邦和他的理论助手们意识到，要澄清和克服错误认识，必须要先明确检验真理的标准问题。

几乎与此同时，《光明日报》也收到了一篇题为《实践是检验真理标准》的文章。作者胡福明是南京大学哲学系的一名教师，在1977年南京理论界组织的一场深入揭批“四人帮”反革命集团的研讨会上，他的发言引起了与会的《光明日报》哲学组组长王强华的注意。会后，王强华就向他约稿。彼时，胡福明的妻子患病住院，他白天上课，晚上到医院陪床。酷暑时节，病房里还有其他女病人，胡福明不便在里面照顾，就在走廊里借着微弱的灯光，趴在凳子上，翻阅书籍，构思文章。一个多月后，胡福明写出了《实践是检验真理的标准》一文并投给《光明日报》。此文经过4次修改后，报社准备在1978年4月11日的哲学专刊第77期上发表，专刊大样随即送到正在中央党校学习的《光明日报》新任总编辑杨西光处审阅签发。刚刚接受了“三次路线斗争”大讨论思想洗礼的杨西光，敏锐地发现了这篇稿子的特殊价值，遂决定将它从哲学专刊上撤下来，待进一步修改后作为重头文章推出。随后，胡福明、杨西光、马沛文、王强华，以及中央党校理论研究室的吴江、孙长江等同志先后对文章进行了多次修改，文章的针对性和战斗力越来越强。这篇文章虽然主要是对马克思主义认识论的一个基本问题作正面阐述，但实际上批判的锋芒直指“两个凡是”，因此不折不扣地成了一篇向“两个凡是”公开宣战的战斗檄文。为了使主题更加鲜明、突出，文章的题目最后被确定为《实践是检验真理的唯一标准》。胡耀邦亲自审定了全文，并批准先在《理论动态》上发表。

《理论动态》是中央党校的内部刊物，创办于1977年7月15日，是粉碎“四人帮”反革命集团以后全国创办最早的限级别发行的内部刊物。在拨乱反正中，《理论动态》发表了一系列解放思想的文章，为思想理论上的拨乱反正提供了一个敢为天下先的论坛。此文在《理论动态》上首发后，5月11日《光明日报》即以“本报特约评论员”名义在头版发表，新华社当天也发了通稿。12日，《人民日报》《解放军报》《解放日报》等全文转载。13日，又有多家省报转载。几个月间，上百家媒体加入了转载的行列。

文章一经发表，便在中国思想理论界引起巨大震动，因其鲜明尖锐的思想观点反映了粉碎“四人帮”反革命集团后广大人民群众的心声，立即在党内外引起关注，产生了强烈的社会反响。同时，文章也遭到了坚持“两个凡是”的人的反对和责难，他们认为这篇文章在理论上是荒谬的，在思想上是反动的，在政治上是砍旗子的，并且开始组织反击。一场关于真理标准问题的讨论由此引发。邓小平旗帜鲜明地表明了对《实践是检验真理的唯一标准》一文的支持。他表示现在连实践是检验真理的唯一标准都成了问题，简直莫名其妙。6月2日，邓小平在全军政治工作会议上发表重要讲话，肯定了文章的观点，并号召要“拨乱反正，打破精神枷锁，使我们思想来个大解放”。7月21日，他对当时的中央宣传部部长提出严肃批评，要求“不要再下禁令、设禁区了，不要再把刚刚开始的生动活泼的政治局面向后拉了”。22日，他又约见中央组织部部长胡耀邦，指出《实践是检验真理的唯一标准》这篇文章是马克思主义的，争论不可避免，争得好。8月19日，邓小平同文化部负责人谈话时，再一次明确这篇文章是马克思主义的，是驳不倒的。

在邓小平、叶剑英、陈云、李先念、徐向前、聂荣臻、谭震林、罗瑞卿、胡耀邦等老一辈革命家与领导人的有力支持和正确引导下，关于真理标准问题的讨论不断深入并且扎扎实实地向前推进，逐渐演变成一场全国范围的大讨论。中国社会思想解放的巨大热情借由这篇文章喷薄而出，中央党政机关各部门，全国绝大多数的省、市、自治区党政领导机关，中国人民解放军各总部、各大军区的大多数负责人，以及更多的理论工作者，纷纷撰写文章，发表谈话，积极参与到这场思想风暴中来。截至1978年底，全国中央及其他省市报刊共刊登关于真理标准问题讨论的文章达到650多篇，形成了一个以理论界为主力，涉及全国，影响到各界，人人关心的全民讨论热潮。木不钻不透，理不辩不明。通过大讨论，“两个凡是”被认定是阻碍历史进程的绊脚石而被否定，“实践是检验真理的唯一标准”最终成为广大干部群众的共识。

这场关于真理标准问题的大讨论，由于交锋的双方分别代表着两种对立的历史选择，决定着中国不同的前途和命运，因此是一次以新旧观念交替为核心的整个民族的思想解放运动。而一个民族的思想解放，正是推动这个民族历史前进的重要力量。在关系到国家、民族前途命运的重要时刻，这场讨论犹如江河破冰，使我们党得以重新确立马克思主义的思想路线和政治路线，为改革开放和社会主义现代化建设新时期的到来打开了思想先河。可以说，没有这次思想解放，就没有新时期的改革开放，就没有提出中国特色社会主义的环境，甚至中国很可能还要有较长一段时间徘徊于僵化的体制之下。“中国人民坚持解放思想、实事求是，实现解放思想和改革开放相互激荡、观念创新和实践探索相互促进，充分显示了思想引领的强大力量。”作为这场伟大思想变革的先声、中国思想解放运动的突破口，《实践是检验真理的唯一标准》一文在党的历史以及共和国的发展史上无疑都占有重要地位。

1978 

迎接科学的春天

——陈景润的哥德巴赫猜想（1+2）论文手稿

引言

——

1742年，德国数学家哥德巴赫提出了著名的哥德巴赫猜想。200多年来，它一直被看作是数学王冠上的明珠，吸引了无数数学家为之努力。1966年，中国年轻的数学家陈景润证明了其中（1+2）命题，随后在“文化大革命”极其艰难的环境下，又改进证明方法并发表详细证明论文，受到国际数学界的高度重视和赞誉。1978年3月，陈景润获邀出席全国科学大会。在这次大会上，邓小平着重阐述了科学技术是生产力的马克思主义观点，为日后中国科技的发展扫清了障碍。从那个时刻起，以陈景润为代表的广大科技工作者迎来了科学的春天。1998年3月24日，陈景润夫人由昆女士将证明陈景润伟大数学成就的简要论文手稿捐赠给中国革命博物馆。

数学家陈景润为证明哥德巴赫猜想（1+2）而撰写的简要论文手稿，以钢笔书写在“40×15=600（京文电制）”稿纸上，纵26.5厘米，横29.8厘米，中、英文各3页。稿纸上的字迹清晰工整，每一个汉字，每一个字母，每一个数学符号都写得非常认真。中文稿和英文稿前面分别用曲别针夹着半页投稿登记表，上面清楚地注明了材料名称：“表大偶数为一个素数及一个不超过2个素数的乘积之和”；作者：“陈景润”；所属室别：“四学科室”；所属年代：“1966年4月”；地点：“数学所”；备注：“此文于66/4投《科学通报》”。论文分为“引言”“若干引理”“定理的证明”“参考文献”四部分。因时间过久，曲别针已经生锈，手稿与登记表锈在了一起。稿纸变脆发黄，有装订过的痕迹，具有鲜明的时代和文物流传特征。

陈景润是福建福州人。他从小痴迷数学，早在福州英华书院读初中时，就被老师讲述的哥德巴赫猜想深深吸引，萌发了摘取这颗数学皇冠上的明珠的梦想。1953年，他从厦门大学数学系毕业后，于1956年发表了自己的第一篇学术论文《他利问题》。该论文改进了华罗庚在《堆垒素数论》中的结果，陈景润受到华罗庚的赏识，次年被调到中国科学院数学研究所当实习研究员。1960年，陈景润转入中国科学院大连化学物理所，1962年调回中国科学院数学研究所，不久晋升为助理研究员。这段时间，他的数学才智一点点发挥出来，在圆内整点问题、球内整点问题、华林问题、三维除数问题上，他都改进了中外数学家的结果。1963年，经过10年的准备和积累，陈景润开始向证明哥德巴赫猜想进军。那时候，他身居斗室，不管酷暑严冬，不顾自己的肺结核病，潜心思考钻研，反复演算论证，完全用手工来进行计算，草稿多达几麻袋。而此前国外数学家证明（1+3）则是用了大型高速电子计算机。靠着这种忘我的精神，仅用3年时间，陈景润就证明了命题（1+2），即任何一个充分大的偶数，都可以表示成为两个数之和，其中一个是素数，另一个为不超过两个素数的乘积。1966年4月，他将哥德巴赫猜想（1+2）简要论文投稿于中科院刊物《科学通报》，该刊在5月15日第17卷第9期上予以发表。陈景润在论文首页写道："本简要论文的目的是要给出证明（1，2）提要，详细的证明将另文发表。"［"（1，2）"后统一用"（1+2）"表示］

陈景润的详细证明论文稿长达200多页，专家在认真审阅后，提出了篇幅过长，加以简化的中肯建议，于是他便开始着手修改。然而恰在此时"文化大革命"开始了，科学技术领域一下子沦为重灾区，新中国成立以来17年的科技工作被当作"反革命的资产阶级科研路线"彻底否定，科技体系与组织体制遭到严重破坏。许多著名科学家遭受残酷迫害，大批科技工作者被下放到工厂和农村进行劳动改造。陈景润的境遇也不例外。他因拒绝揭发恩师华罗庚，自己也被作为安（心工作）、钻（研业务）、迷（于专业）的"白专典型"受到批判，他研究的哥德巴赫猜想被斥为"白痴""伪科学"。工资被扣了，小屋的电线被拆了，连桌子也被抬走了。即使这样他仍痴心不改。7年的时间里，他就在一间6平方米的锅炉房里没日没夜地修改论文。没有电灯，一盏昏暗的油灯伴着他；没有桌子，翻开被褥，床就是工作台，证明的过程全是趴在床板上一笔一笔算出来的。终于，陈景润改进了古老的筛法，创造性地使用了一种新的"加权筛法"，从而完整优美地证明了哥德巴赫猜想中的（1+2），改进了1966年宣布的数值结果。1973年，《中国科学》杂志正式发表了他的论文《大偶数表为一个素数及一个不超过二个素数的乘积之和》。陈景润的论文稿从最初的200多页到正式发表时的17页，这个过程是方法创新的过程，也是充满艰辛的过程。陈景润说："我考虑了又考虑，计算了又计算，核对了又核对，改了又改，改个没完。我不记

| 陈景润撰写的哥德巴赫猜想（1+2）简要论文手稿

得我究竟改了多少遍。科学的态度应该是最严格的，必须是最严格的。”

论文发表后，立刻在国际数学界引起轰动，被公认为是对哥德巴赫猜想研究的重大贡献，是筛法理论的光辉顶点。他的成果被誉为“陈氏定理”，写进美、英、法、苏、日等六国的许多数论书中。陈景润的数学成就也引起了国家和中央领导的关注。1975年他当选为第四届全国人大代表，1977年破格晋升为研究员。

不过陈景润一夜之间成为全中国家喻户晓的名字，是缘于一篇题为《哥德巴赫猜想》的长篇报告文学。粉碎“四人帮”后，当中国的人才培养重新步入健康发展轨道的时候，党中央也在着力推进现代化建设。1977年8月，中共第十一次全国代表大会正式宣布“在适当的时候召开全国科学大会”。9月18日，中共中央发出《关于召开全国科学大会的通知》，要求各级党委抓紧落实党的知识分子政策，抓紧搞好各级领导班子的整顿，迅速恢复被撤掉的科研机构，恢复科研人员的技术职称，建立考核制度，实行技术岗位责任制。同一天，统管科研工作的领导机构国家科学技术委员会成立。这一系列举措很快扭转了科研工作长期停顿的局面，使科技界在拨乱反正中起到了带头作用。

在中央的号召下，科学大会的筹备工作紧锣密鼓地开展起来，全国上下兴起了向科学技术现代化进军的热潮。人民文学杂志社积极行动，约请著名作家徐迟深入中科院对陈景润进行采访。很快，一篇2万多字的报告文学《哥德巴赫猜想》就在《人民文学》1978年第1期上发表，2月17日被《人民日报》转载。文章生动地描绘了陈景润的传奇经历，展现了“文革”给知识分子带来的心灵创伤，呼唤对科学和科学家的尊重。在徐迟的笔下，一个爱党、爱国，不畏艰难、勇攀科学高峰的青年科学家形象跃然纸上。文章一经发表，便迅速在科学界和广大读者中引起强烈反响，唤醒了一代人学习科学、争做科学家的梦想。陈景润勇攀科学高峰的形象，瞬间成为全国人民学习的楷模，“成了中国科学春天的一大盛景”。

在全国尊重科学的热潮中，经过充分的酝酿和准备，1978年3月18日，全国科学大会在北京的春天里隆重开幕。大会盛况空前，劫后余生的中国科学界的精英们重新会聚一起，参会代表超过5500人。邓小平在会上发表重要讲话，指出四个现代化的关键是科学技术的现代化，着重阐述了科学技术是生产力这一马克思主义观点，强调知识分子是工人阶级的一部分。这些精辟论述，从根本上澄清了理论是非和人们思想上的混乱，砸碎了长期以来套在广大知识分子身上的精神枷锁，使他们能放下思想包袱，热情投身于现代化建设。

陈景润作为知识分子优秀代表应邀出席了此次大会，并荣获了全国先进科技工作者称号。在会议间隙，邓小平接见了他。记者是这样描述当时场景的：“当邓小平向陈景润走来，微笑着向他伸出了手时，陈景润佝偻着背急步上前，用双手紧紧握住了邓小平的右手。千言万语，尽在这无声的一握之中。陈景润孩子似的笑着，邓小平亲切地嘱咐他，要注意身体健康，并且告诉身边的工作人员，要尽量给陈景润创造更好的工作条件。”大会期间，陈景润也走上主席台，做了题为《科学有险阻，苦战能过关》的发言。他在讲话中诚恳地表达了自己的感激之情：“我只不过是攀上了科学的一个小山包，就受到党和国家的高度重视……”

8月31日，全国科学大会胜利闭幕。本次大会讨论并制定了《1978—1985年全国科学技术发展规划纲要（草案）》，隆重奖励了新中国成立以来的7657项科研成果，对826个先进集体和1192名先进科技工作者予以表彰，还举办了“全国科研成果展览会”，展出新中国成立以来的600多项重大科研成果。大会题在科技，却意在全局。它确立了科技工作正确的指导思想，发出了向科学技术现代化进军的总动员令，成为中国现代科技发展史上的一个里程碑，对我国的社会主义现代化建设起到了极大的推动作用。中国科学院第一任院长郭沫若以诗人的豪情预言："我们民族历史上最灿烂的科学的春天到来了。"从此，科技工作开始全面复苏，科技的发展与进步逐渐成为中国崛起的重要表现与力量支撑。

乘着科学的春风，广大科技工作者的命运发生了重大转变。他们强烈地感受到温暖和希望，迸发出巨大的工作热情与创造力。在邓小平的直接关心下，不仅解决了陈景润夫妻两地分居和住房问题，还给他配备了一位工作助手。这一切，都使这位数学奇才可以集中精力、心无旁骛地搞研究。1978年，他受邀出席国际数学家大会并做报告，1982年再次受邀；1979年，访问美国、法国；1980年，当选为中国科学院院士。他还先后获得国家自然科学一等奖、首届华罗庚数学奖、何梁何利基金奖等多个奖项。

哥德巴赫猜想（1+2）论文手稿是陈景润一生心血的结晶，最真实地记录了挫折岁月科学家不畏险阻、苦战过关的奋斗历程，是中国科学也是中华民族的骄傲。这份手稿的发现也是非常偶然和幸运的。中科院数学研究所曾多次向有关部门查问过它的下落，但得到的答复是：1966年《科学通报》在出版第17卷之后就停刊了，该论文的手稿早已被销毁。1997年初，数学研究所根据中科院办公厅档案处下发的通知，决定对该所科技档案进行系统整理。4月，档案室的一位工作人员从几万页的档案中，意外地发现了这份手稿。后来，手稿交由陈景润夫人由昆女士保存。她致信给中国革命博物馆，表示"我愿将景润'1+2'手稿无偿捐献给国家。因为景润所取得的工作成绩来自祖国的培养教育，所以他身后的一切理所当然地属于人民"。1998年3月24日，由昆女士将手稿捐赠给中国革命博物馆，在捐赠仪式上她说，这应该是（1+2）论文手稿的最佳归宿，是对景润先生逝世两周年的最好纪念。

1978

拨正历史的航向

——一份历史转折关头的讲话提纲手稿

引言

——

1978年是一个值得所有中国人怀想的年份。那一年，中国走到了新的十字路口，何去何从再一次成为摆在党和全国人民面前亟待解决的历史课题。关键时刻，邓小平在当年召开的中央工作会议闭幕会上发表了题为《解放思想，实事求是，团结一致向前看》的重要讲话，及时统一了全党思想，拨正了历史前进的方向，对中国未来的发展产生了极为深远的影响。这篇讲话也因此成为随后召开的党的十一届三中全会的主题报告，由此开辟出一个新时代。邓小平为讲话亲笔拟写的提纲手稿，集中体现了讲话的整体框架、思想观点和方针政策，无疑是见证这个历史节点的珍贵文献资料。讲话稿起草完成后，提纲手稿一直由起草组织者之一的于光远保存。2014年1月，其夫人孟苏女士遵照于老遗愿，将手稿捐赠给中国国家博物馆。

这是一份由邓小平亲笔拟写的讲话提纲，写在16开的白纸上，一共3页近500字。40多年过去了，纸面已经微微发黄。邓小平在纸上用铅笔列出了七个方面的问题：一、解放思想，开动机器；二、发扬民主，加强法制；三、向后看是为的向前看；四、克服官僚主义、人浮于事；五、允许一部分先好起来；六、加强责任制，搞几定；七、新的问题。在提纲的最前边，他还特意加上了“对会议评价”这样一句话。

正是根据这份提纲，邓小平在1978年中央工作会议闭幕会上，发表了题为《解放思想，实事求是，团结一致向前看》的重要讲话。在关系到党和国家命运的紧要关头，该讲话掀起了思想解放的风雷，驱散了当时困扰人们的精神迷雾，最终拨正了历史前进的方向，对中国未来的发展产生了极为深远的影响。

这一年的中央工作会议于11月10日在北京的京西宾馆正式召开。当天，212位党政军高级领导干部，其中包括各省、自治区、直辖市及各大军区、各军兵种的主要负责人，以及党的十一届一中全会选出的23名中央政治局委员和3名中央政治局候补委员，全部通知到会，足见此次会议规模之大、规格之高。

按照党的惯例，这次会议是党的十一届三中全会召开前的一次预备会，全会的议题和议案都要在这次会议上充分酝酿，取得共识。会议的原定议题是讨论农业和未来两年国民经济计划的安排，根据议程，与会者先用两三天的时间分组讨论从1979年1月起把全党工作的着重点转到社会主义现代化建设上来的问题。但11月12日会议开到第三天时，陈云在东北组讨论中似乎有些“离题”的发言，使会议的方向发生了扭转。陈云表示完全赞同中央从第二年起把工作着重点转到社会主义建设上来的主张。但他认为，安定团结是保证党的工作重点顺利转移的关键。要实现安定团结，就要先解决“文化大革命”及其以前左倾错误造成的一些重大历史遗留问题和一些重要领导人的功过是非问题。紧接着，他就把需要由中央考虑和做出决定的，包括为天安门事件平反等6个问题全部提了出来。

陈云的发言全文被刊登到会议简报上后，犹如重磅炸弹般立即引起会议的轰动。他提出的问题因为触及了左倾错误的要害，道出了大家憋在心里很久的话，得到与会者纷纷响应。大家畅所欲言，尽吐心声，一些过去被视为禁区的问题，一些最敏感的话题都被摆到了桌面上，会议的气氛一下子变得生动活泼、民主热烈起来。会议的主题渐渐脱离了事先设置的轨道，突破了既定的有关经济的议题，原定20天的例行会议最后竟然延长到36天，这是事先谁都没有想到的，在党的历史上也是非常罕见的。

会议刚开始时，邓小平因为出访东南亚而没有参加。起初他根据原定议题，委托胡乔木为闭幕会草拟了一份关于工作重点转移的讲话稿。11月14日，当他结束访问回到北京时，会议的形势已经发生了急剧变化。此时的邓小平以战略家的眼光敏锐地觉察到，会上许多新情况和新问题凸显出来，这需要党的领导人抓住机遇，做出回答，指明方向。于是他决定结合新的形势重新考虑自己的讲话稿，并且亲自执笔起草提纲。

据当时讲话稿起草的组织者之一、时任国务院政策研究室的负责人之一，也是这份手稿最后的保存者于光远回忆，12月2日，邓小平约请胡耀邦、胡乔木、于光远到他家里谈起草讲话稿的问题。邓小平拿出自己拟写的提纲手稿，首先说，想了一下，不准备长稿子。接下来，邓小平就按照提纲谈了讲话稿所要写的几个部分的内容，对需要阐明的思想观点、方针政策都一一做了交代，讲得非常具体。最后邓小平将提纲交给

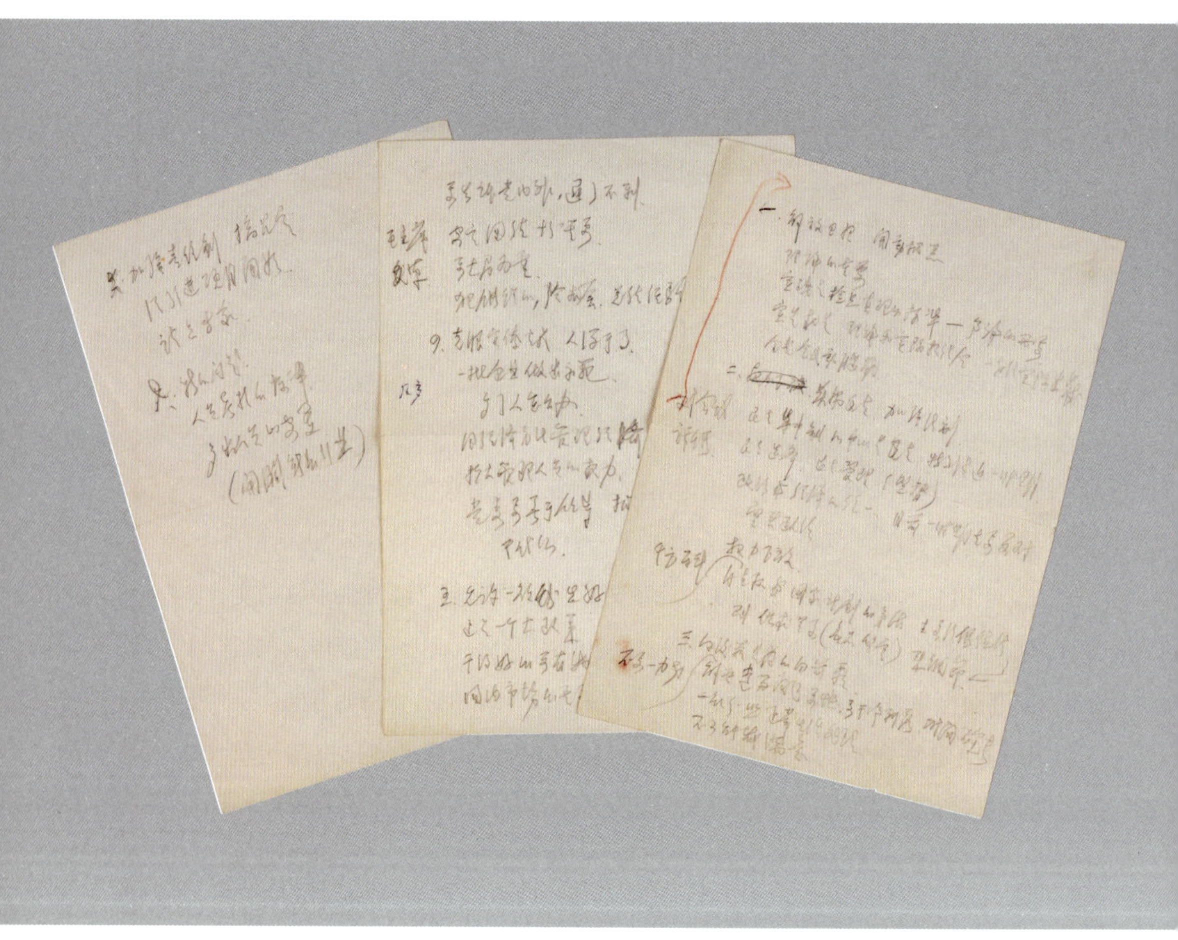

| 邓小平亲笔拟写的《解放思想，实事求是，团结一致向前看》讲话提纲手稿

他们，指示他们负责重新起草。由于当时会程已经过半，时间非常紧迫，胡耀邦和于光远就赶忙找到林涧青等人执笔起草讲话稿。因为有了详细的提纲，邓小平又做了具体指示，起草讲话稿的同志就好办了，两三天后，初稿就完成了，立即送交邓小平审阅。随后，邓小平又分别于5日、9日、11日几次召集负责起草讲话稿的同志对文稿进行讨论，逐字逐句地提出修改意见，一次比一次看得更仔细，意见也谈得更具体。

在邓小平与起草讲话稿的同志的共同努力下，提纲最后由七个问题调整合并为讲话稿中的四个。其中，提纲第一个问题首先说明“理论的重要”，随后强调“实践是检验真理的标准——争论的必要”，重申坚持党的“实事求是，理论和实际相结合，一切从实际出发”的思想路线，号召“全党全民动脑筋”。这个问题就是讲话稿的第一部分“解放思想是当前的一个重大政治问题”。

提纲的第二个问题强调“民主集中制的中心是民主”，要求实行“民主选举、民主管理（监督）”，坚持“政治与经济的统一”，提出“目前一时期主要反对空头政治”，主张“权力下放”，并清醒地预见到“自主权与国家计划的矛盾”，提出要“千方百计”地解决，“主要从价值法则、供求关系（产品质量）来调节”双方之间的矛盾。这些观点都集中体现在讲话稿的第二部分“民主是解放思想的重要条件”。

提纲的第三个问题提出了“向后看是为的向前看”的方针，指出“解决遗留问题要快，要干净利落，时间不宜长”，“不要一刀切”；同时强调对毛主席和对“文革”的评价“要大局为重”，“安定团结十分重要”，对于犯错误的人要“给机会”，“总结经验，改了就好”。这些精神在讲话稿的第三部分“处理遗留问题为的是向前看”中做了具体的阐述和发挥。

提纲的后四个问题，在讲话稿中被综合为第四部分“研究新情况，解决新问题”。在提纲手稿中，邓小平提纲挈领地写了“学会管理，选用人才，简化手续，改革制度（规章）”几点。在经济管理方法上，他明确提出要“克服官僚主义、人浮于事”，学会“用经济方法管理经济”，提出要以“一批企业做出示范”搞试点；同时“党委要善于领导”，但“机构要很小”，不能臃肿。在经营管理上，他明确提出要特别注意“加强责任制”，例如“从引进项目开始”来“搞几定”，同时采取“扩大管理人员的权力”，选用人才、“请点（儿）专家”，严格“人员考核的标准”等措施，来发挥责任制的真正作用。在经济政策上，他更是创造性地提出了“允许一部分先好起来”的主张，强调“这是一个大政策”，对“干得好的要有物质鼓励”，同时他还敏锐地觉察到了“国内市场的重要”。对于改革中可能出现的“多了人怎么办”这样的新情况和新问题，他则提出对“多出人员的安置”可以通过“开辟新的行业”等办法来找出路。

12月13日下午4时，邓小平在中央工作会议闭幕会上发表讲话。他首先高度评价了这次会议，认为“开得很好，很成功，在党的历史上有重要意义”。对于真理标准问题的大讨论，邓小平给予了充分肯定，他强调：“一个党，一个国家，一个民族，如果一切从本本出发，思想僵化，迷信盛行，那它就不能前进，它的生机就停止了，就要亡党亡国……只有解放思想，坚持实事求是，一切从实际出发，理论联系实际，我们的社会主义现代化建设才能顺利进行，我们党的马列主义、毛泽东思想的理论也才能顺利发展。”他坚定地指出：“如果现在再不实行改革，我们的现代化事业和社会主义事业就会被葬送。”这次讲话集中体现和高度概括了中央工作会议的精神，提出并回答了在历史转折关头党面临的一系列根本问题，明确了党在今后的主要任务和前进方向，为随后召开的党的十一届三中全会提供了基本指导思想，为全会形成具有划时代意义的新认识和新决策奠定了重要基础，实际上成为党的十一届三中全会的主题报告。这次讲话也因此被称为冲破“两个凡是”

的禁锢，开辟新时期新道路、开创建设有中国特色社会主义新理论的宣言书。

闭幕会结束后，大家都感到邓小平的讲话非常重要，纷纷要求延长两天来学习和讨论。直到12月15日，中央工作会议才真正落下帷幕。这次会议提出把党的工作着重点转移，为若干重大历史遗留问题平反，明确了党的实事求是的思想路线，最终成为一场全局性的拨乱反正和开创新局面的重要会议。

3天后的12月18日，中国共产党第十一届三中全会在北京隆重召开，这一天注定要在中国历史上留下重重的一笔。由于此前的中央工作会议已经为全会做了充分准备，瓜熟蒂落，全会仅仅开了5天就重新确立了党实事求是的思想路线、政治路线、组织路线，做出了把党和国家的工作重点转移到社会主义现代化建设上来和实行改革开放的战略决策，实现了党和国家历史上具有深远意义的伟大转折，并开始形成以邓小平同志为核心的第二代中央领导集体。

党的十一届三中全会是一座具有划时代意义的里程碑，40多年来的实践早已说明，社会主义事业发展的新时期就是从这里正式启航的。作为见证这段历史转折的重要史料，邓小平亲笔拟写的这份讲话提纲手稿，必然成为党和国家历史档案中的文献瑰宝。

1978

拉开农村改革的序幕

——小岗村的『红手印』

引言

中国的改革始于农村，农村的改革始于安徽。安徽省凤阳县的小岗村是我国农村改革的主要发源地。40多年前一个寒冬的夜晚，小岗生产队18位村民代表冒着坐牢的危险，以“敢为天下先”的精神，在一张简陋的白纸上，联名签下了分田到户的生死契约，率先实行农业生产大包干，悄然拉开了中国农村改革的序幕。此后，小岗村的星星之火迅速燎原，家庭联产承包责任制在中国农村全面推广开来，8亿多农民的种粮积极性得到充分释放，粮食产量年年提高。保存下来的这张摁有小岗村村民指纹和印章的“红手印”，就成为见证中国农村经济体制改革乃至整个改革开放进程的代表性实物。

这张写有人名的紫色横格纸就是著名的小岗村“红手印”。纸张纵16厘米，横19厘米，下半部分有6条折痕，上面横四竖五写着小岗生产队20家户主的名字：关廷珠（即关延珠）、关友德、严立富、严立华、严国昌、严立坤、严金昌、严家之（即严家芝）、关友章、严学昌、韩国云、关友江、严立学、严俊昌、严美昌、严宏昌、严付昌、严加齐（即严家其）、关友申（即关友生）、严国昌。其中12个人名上摁有手印，4个人名上盖有私章。

小岗村隶属安徽省滁州市凤阳县小溪河镇，位于凤阳县城东部25公里处。早在元末明初黄河夺淮入海后，淮河地区，包括凤阳县在内就因自然灾害频繁，成为全国闻名的穷地方。几百年来，凤阳一直流传着一种特有的民间艺术——花鼓灯。其中《凤阳歌》的花鼓词中就唱道：“说凤阳，道凤阳，凤阳本是个好地方。自从出了朱皇帝，十年倒有九年荒。大户人家卖骡马，小户人家卖儿郎。奴家没有儿郎卖，身背花鼓走四方……”这句歌词成为历史上凤阳人年年外出逃荒要饭的形象写照。1938年，黄河在花园口决堤再次夺淮后，这里更是连年灾荒。

新中国成立初期，经过土地改革，凤阳农民怀着对幸福生活的热切向往踏上了互助合作之路，仅用2年时间，农业生产便得到恢复和发展，农民初得温饱。但好日子没过几年，随着“左”的生产管理体制的形成和推行，尤其是1958年开展“大跃进”和人民公社化运动后，凤阳农业遭到致命摧残，粮食产量急剧下降。“文化大革命”中开展的农业学大寨运动，使以生产上“瞎指挥”、管理上“大呼隆”和分配上“大锅饭”为标志的“左”的生产管理体制发展到顶峰，直接侵犯了农民的生产经营自主权，挫伤了农民的生产积极性，致使农业长期低产。从1955年至1978年的23年中，凤阳农业生产不进反退。

当时小溪河镇的梨园公社是凤阳县最穷的公社，小岗生产队又是这个穷社中最穷的队。这里的土地半岗半洼，是个十年九灾的地方。农业合作化以前，小岗生产队有34户人家175人、1100亩耕地，每年粮食产量稳定在十八九万斤，好年成可达20万斤，基本上解决了吃饭问题。但1956年进入高级社后，所有土地归为集体的小岗村，却在1957年第一次吃了国家的救济粮。此后，小岗生产队生产日渐衰退，走上了下坡路。“文化大革命”十年间，上面年年到小岗村搞工作队、宣传队，生产队干部“走马灯”似的轮换。折腾来折腾去，队里的集体财产最后仅剩下三间破草房、一犋半牛、半张耙、一张半犁，已经穷得没法再进行生产了。之后，队里每年生产的粮食不过1万至1.5万公斤，到1976年，全队人均年收入只有22元，人均口粮50多公斤。农民生活极其困苦，全队没有一间瓦房，茅屋破烂不堪，户户家徒四壁，甚至没有一家有暖水瓶，还有的全家仅有一床棉被。饥饿迫使很多人不得不重新踏上先人走过的老路，背起花鼓，外出逃荒要饭。小岗村成了名副其实的“生活靠救济，生产靠贷款，吃粮靠返销”的“三靠”生产队，成了远近闻名的“光棍村”“讨饭村”。

粉碎“四人帮”后，由于没有从根本上冲破“左”的禁锢，农业生产形势依然严峻，安徽农村的贫穷落后面貌没有得到改变。就在此时，万里出任中共安徽省委书记。1977年11月，安徽省委制定了《关于当前农村经济政策的几个问题的规定（试行草案）》（简称《六条》），强调尊重生产队的自主权、试行责任制等。万里还提出农村工作要“以生产为中心”。凤阳县委结合实际情况，也提出了三条具体意见，并建立起“一组四定”（划分作业组，实行定任务、定时间、定质量、定工分）的责任制。安徽省委、凤阳县委的正确决策，使得各种形式的生产责任制探索在当地农村如雨后春笋，纷纷涌现。其中马湖公社在凤阳县率先

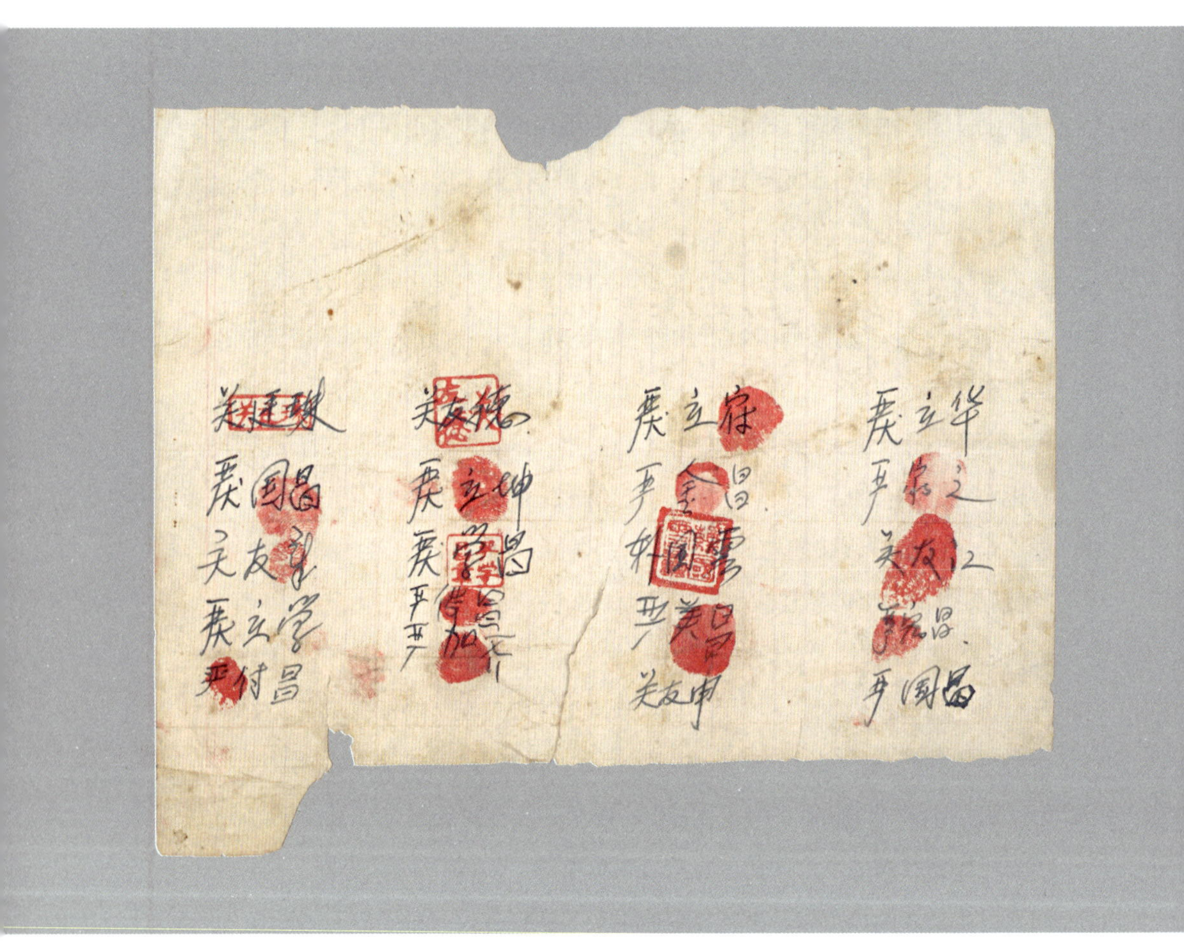

| 小岗生产队包干到户合同书

搞起了“分组作业，以产记工”的“联产计酬”生产责任制，提高了社员的生产积极性。1978年，安徽遭遇特大旱灾，省委又做出“借地度荒”的果断决定，突破了土地管理上的禁区。肥西县山南公社的部分社队干部和农民群众索性再度搞起了包产到户。这些新的尝试，成为小岗生产队大包干产生的前奏。

1978年10月，严俊昌、严宏昌、严立学分别当选为小岗生产队队长、副队长、会计，组成了新的队领导班子。那一年的旱灾使得本就穷得“冒了尖”的小岗生产队更加雪上加霜。队干部考虑，当务之急是让大家吃饱肚子，留住劳力，于是决定实施包产到组。当时小岗生产队只剩下20户115人，先后被分成2个、4个、8个作业组。但因相互之间矛盾不断，大家仍然合不拢。无休无止地“穷争饿吵”，严重影响了生产。

穷则思变。11月24日夜幕降临后，全队20户村民的代表，除关友德、严国昌两位户主外出讨饭没有到场外，其余18位户主聚集在村西头严立华家的泥巴草屋里，召开秘密会议，商讨往后生产怎么干的问题。大家你一言我一语地表达自己的想法。有的社员提出，20世纪50年代初，土地分到各家各户，生产干得热火朝天，交公粮、卖余粮争先恐后，家家丰衣足食，什么矛盾也没有，现在还不如像50年代那样，分田单干。这个想法得到了大家的支持，最后一致决定：分田到户包干。不过，小岗村村民们都被长期的政治运动整怕了，于是约定不准任何人讲出去，对外说大包干到组，对内则按到户办法搞。口说无凭，立字为据。他们找来一张白纸，户主代表在上面分别签名画押，保证对外保密，完成上缴任务，共同承担风险。

会议结束后，他们便开始分牲畜和农具，丈量土地。全队517亩土地，孬好搭配按人头包到户，每人分到4亩半地，一家就是几十亩；10

头耕牛折价后两户1头。不过，小岗生产队包干到户的事，还是很快被梨园公社发觉了，公社领导几次劝他们拢回组里干，但都无效。梨园公社负责人便在队干部会上批评了小岗生产队，并宣布：小岗生产队包干到户如不并起来，化肥、贷款、种子一律不给。关键时刻，凤阳县委书记陈庭元出面保护了他们。他带着梨园公社书记在小岗村看了一圈后心情沉重地说，这小岗村真是穷“灰”了，哪能搞什么资本主义？叫他们干一年再说，稻种和化肥就先给他们吧。

一年后，小岗生产队真的发生了翻天覆地的变化。1979年，全队粮食总产量猛增到6.6万公斤，相当于1966年到1970年产量的总和；生猪饲养量135头，超过历史上任何一年；油料1.75万公斤，相当于1960年到1978年的总和；向国家交售粮食1.5万公斤，是征购任务的10倍；交售油料1.25万公斤，是统购任务的80倍。队里除偿还国家贷款800元外，还留有少量公积金，储备粮750公斤，全队人均收入从20元增至371元。小岗村从曾经的“讨饭队”一跃成为“冒尖队”。过年时全队杀了19头猪，此后再没有人出去讨过饭。社员们高兴地编了两首顺口溜：“大包干，大包干，直来直去不拐弯，保证国家的，留足集体的，剩下全是自己的。”“大包干，就是好，干部群众都想搞，只要准干三五年，吃陈粮，烧陈草……”

虽然生产方式的变革改变了农民贫穷的生活状况，但是在当时的政治环境下，安徽的农村改革还是招来了各种非议，背负了巨大压力，引发了包产到户到底是姓“资”还是姓“社”问题的争论。幸运的是，小岗生产队大包干的做法得到了上级的肯定和支持。万里看了凤阳县委写的报告《一剂必不可少的补药——凤阳县梨园公社小岗生产队包干到户的调查》后十分赞赏。1980年元旦刚过，万里亲自来到小岗生产队视察，后来又在安徽省委常委会上加以介绍。大包干的经验在凤阳县得到推广，全县粮食总产量和农业产值短短几年就翻了番。

1980年5月，邓小平在听取万里的汇报后，肯定了安徽肥西县包产到户和凤阳县包干到户的做法。9月，中共中央发出75号文件《关于进一步加强和完善农业生产责任制的几个问题》，同意边远地区和贫困落后地区，可以包产到户，也可以包干到户。中央的肯定有力地推动了中国农村的全面改革。平地一声春雷，沉睡的中国农村大地苏醒了。从此大包干真的如星星之火，从小岗村燃遍中国大地。到1983年初，全国实行包产到户、包干到户的生产队已经达到93%，其中绝大多数实行了包干到户。这种生产模式真正调动起广大农民的积极性，落实了农民生产自主权，极大地促进了农村生产力的发展。

中国的经济体制改革在农村取得突破性进展后，又带动了城市改革，改革大业继而全面展开。小岗村因此成为全国闻名的“中国农村改革第一村”。2018年12月18日，党中央、国务院授予小岗村大包干带头人改革先锋称号，称他们为“农村改革的先行者”，并为他们颁授改革先锋奖章。这份“红手印”作为第一份农村包干到户合同书，开创了中国实行家庭联产承包责任制的先河，因其记录了中国农村经济体制改革迈出的第一步，同时也显现出小岗人敢于向旧观念和旧体制挑战的勇气与首创精神而被中国国家博物馆永久收藏。

中国体育『零的突破』

——许海峰获得的第23届奥运会金牌

引言

——

现代奥林匹克运动会自1896年创设以来，就成为世界上影响力最大的综合性体育盛会。参加奥运会是每一位运动员奋斗的终极目标，更是每一个国家展示综合实力的重要机会。中国参加奥运会的历程，正是一个国家由弱变强、重新崛起的过程，这其中经历了太多的坎坷与挫折，又饱含了数不清的光荣与自豪。中国的第一枚奥运金牌诞生于1984年第23届美国洛杉矶奥运会，在比赛第一天的第一个项目中，许海峰就夺得了男子自选手枪60发慢射冠军，实现了中国体育史上奥运金牌和奖牌“零的突破”。这枚金牌强烈地激发出国人的民族自豪感与改革奋进的动力，它突破了竞技体育的界限，早已成为中华民族敢于拼搏、奋发图强的精神标识。

对于运动员来说，奥运会金牌无疑是最高的荣誉。这块第23届夏季奥运会产生的第一枚金牌，直径6厘米，厚0.4厘米，纯银镀金材质，系有绿、黄、紫三色相间的绶带。金牌正面是国际奥委会规定的统一图案：1928年意大利艺术家朱塞比・卡西奥利为阿姆斯特丹奥运会设计的奖牌原始图样——希腊神话中胜利女神尼姬的形象。胜利女神呈坐姿，左手持有象征胜利的棕榈叶，右手高举同样象征胜利的月桂花冠，背景为古希腊竞技场，右边空白处的英文是奥运会的届数、举办地和举办时间。金牌背面是运动场上获胜的运动员被众人高举在肩头热烈庆祝的场景。

这枚金牌的获得者许海峰，1957年出生于福建省漳州市，15岁时随父母迁回原籍安徽省，落户在马鞍山市和县新桥镇。许海峰成为运动员的路程并非一帆风顺。高中毕业后，他经历了4年的知青生活。1979年他回城后被招到供销社，当了化肥营业员。后来他偶然听说自己的中学体育老师正在为安徽省第5届运动会组建射击队，便毛遂自荐，老师答应让他来试试。没想到这一试就彻底改变了这个年轻人的命运。刚进队时，他在所有队员中年龄最大、基础最差。不过，许海峰是一个具有射击天赋的运动员，对枪支稳定性的掌控很好，再加上爱钻研、会巧练，所以成绩提高得很快，而且心理素质极佳。两个多月后，他就在安徽省第5届运动会上夺得了射击冠军，将省纪录提高了26环。1982年底，许海峰被调入省队参加集训，从此开始了真正的射击生涯。1983年他打破全国纪录并入选国家队，备战即将于次年举办的美国洛杉矶奥运会。1984年4月，许海峰在奥运会前的预选赛上获得冠军，以568环的优异成绩拿到了奥运会的入场券。

就这样，一个从未进过体校，正规训练只有两年，甚至之前“都不知道有奥运会”的射击选手，作为中国奥运代表团的一员，踏上了美国洛杉矶的土地。洛杉矶坐落在美国西海岸加利福尼亚州的西南部，是历史上屈指可数的举办过两届奥运会的城市。这座城市与中国的奥运之旅有着不解之缘，恰好见证了中国征战奥运的两个第一次。1932年，刘长春代表中国第一次参加了在这里举办的第10届夏季奥运会。不幸的是，由于旅途劳顿、仓促上阵，刘长春在100米和200米预赛中即告落选，匆匆结束了他本人的，也是中国人的第一次奥运参赛之旅。此后，中国又先后参加了1936年和1948年两届夏奥会，每次都空手而归。新中国成立后的1952年，中国派团参加了赫尔辛基第15届夏奥会，第一次在奥运会场升起了五星红旗。但后来由于当时国际奥林匹克委员会顽固坚持“两个中国”的错误立场，中国奥委会为维护国家主权，于1958年宣布断绝与国际奥委会的关系。经过21年的不断斗争，直到1979年中国才恢复了在奥林匹克运动中的合法席位。

时间来到1984年，还是在洛杉矶，中国体育健儿的身影终于再一次出现在奥运赛场上。这一年，中国改革开放的航船已经乘风破浪行驶了6个年头，翻天覆地的变化让中国的国力早已不能同日而语。这一次，中国派出了前所未有的由353人组成的大型代表团，其中225名运动员参加16个大项的比赛。这是中国重回奥运大家庭后的首秀，因此备受瞩目。

1984年7月28日，洛杉矶举行了盛大的奥运会开幕式，共有140个国家和地区参加。29日9时05分，本届奥运会的第一个比赛项目——男子自选手枪60发慢射比赛在普拉多射击赛场正式开始。该项目当时还没有设立决赛，所有运动员必须在两个半小时内、分6组打完60发子弹，然后计算总成绩，按总成绩高低决出胜负。37个国家和地区的55名选手参加了此次角逐，虽然苏联和东欧一些传统射击强国缺席，但参赛的欧美射击好手仍然不少。各国记者都簇拥在参加过4届奥

许海峰获得的第23届夏季奥运会第一枚金牌

运会的世界冠军、瑞典名将格罗纳·斯卡纳克尔的靶位后，几乎没有外国记者关注40号靶位上身着红色运动上衣的中国选手许海峰。

由于初次参加奥运会，许海峰边打边调整心态。前两组打得非常顺利，都是97环，第三组打到第8发时，打了一个8环，他自我感觉不太好，便到赛场门口休息了半个小时。返回赛场后他的状态依旧不算稳定，第三、四组都只打了93环，第五组状态有些回升，打出95环。打最后一组前，赛场上只剩下许海峰一个人了，吸引了后面所有观众和记者的注意力。众目睽睽之下，他的精力有些分散。第六组一开始接连几发环数都不高。于是他干脆坐下来休息片刻，以便让自己迅速冷静下来。倒计时还剩21分钟时，他再次起身，先空枪预习了4枪，待感觉好后重新装上子弹。决定性的最后3发子弹，前两发打了一个9环，一个10环。当许海峰还剩最后一枪时，场外所有的人都在凝神关注，因为瑞典名将已经打完，总成绩是565环。较量就在这最后一枪上。这发子弹，他几次举枪又放下，许久才击发，最后打出了9环！比赛结束后，由于当时还没有采用电子靶，等待人工计数的过程十分漫长。当裁判长宣布许海峰最终核定的成绩为566环时，本届奥运会的第一个冠军诞生了！另一名中国运动员王义夫获得第三名。

大会组委会事先根本没有想到，在第一天比赛的第一个项目，一个国家只允许两名运动员参加的情况下，中国的两名运动员竟然都进入了前三名，会场要升两面中国国旗。由于主办方赛前只准备了一面五星红旗，不得不临时再去取一面，颁奖仪式一下子推迟了40多分钟。国际奥委会主席萨马兰奇在颁奖时紧握着许海峰的手说："中国人获得本届奥运会第一枚金牌，这是中国体育史上伟大的一天，我为我能亲自把这块金牌授给中国运动员而感到荣幸。"

在首金的鼓舞下，第一次出征奥运的中国，在短短的16天内共夺得金牌15枚、银牌8枚、铜牌9枚，金牌数位居奖牌榜第四。美国奥委会主席西蒙由衷赞叹道：“中国从神秘的帷幕之后走出来，以一个长期睡梦觉醒的巨人姿态，突然出现在奥运会上……”从1984年开始，中国就没有再错过任何一届奥运会，竞技成绩不断提高。截至2018年，在奥运赛场上已经斩获240枚金牌，其中包括夏奥会227枚、冬奥会13枚。

1908年，《天津青年》杂志曾向全国提出了三个问题：“中国什么时候能够派运动员参加奥运会？”“我们的运动员什么时候能够得到一枚奥运金牌？”“我们的国家什么时候举办奥运会？”一字一句，振聋发聩，但当时积贫积弱的中国根本无力做出回答。而今天，我们已经用事实完美回答了这三个问题。诚如刘长春所说：“国运兴，体育兴！”我们每个人都深深地感受到体育的强弱与国运的兴衰是紧密相连的。

许海峰射落奥运首金之际，正是中国改革开放的关键时期，处在那样一个历史转折的年代，中国更需要民族自豪感与凝聚力。许海峰后来说：“这个成绩在当时的确能唤醒民族自豪感，给正在经历改革开放的中国人以巨大的鼓舞。我们用事实证明，我们并不是他国口中的‘东亚病夫’。”这枚金牌不仅见证了中国奥运史、体育史上“零的突破”，而且为推动我国的改革开放事业凝聚起巨大的精神动能，具有重要的现实意义和深远影响，因此一时成为众多媒体和个人关注的焦点，甚至有人想出重金购买。但许海峰认为：“这块金牌不只是属于我一个人的，我能在那么短的时间内夺得这枚奥运金牌，离不开国家的培养和教练以及队友的帮助。把金牌放在家里，最多是自己或者几个亲戚过来看看，但是放在博物馆里，可以让更多人看到，让更多的人了解历史，我认为这个意义更大。”1984年10月14日，中国革命博物馆在安徽省合肥市隆重举行了中国首枚奥运会金牌捐赠仪式。

改革开放40多年来，中国人经历了1984年初尝许海峰夺取奥运首金的喜悦，也经历了2008年成功举办北京奥运会的骄傲，更充满了对即将举办

2022年北京冬奥会的期待。我们以坚韧不拔的毅力实现了从零的基础走向辉煌的飞跃，并且正在加快步伐从体育大国向体育强国迈进。中国参与奥林匹克运动的历史，恰恰折射出国人坚强不屈的奋斗精神，亦展现出日益强盛的综合国力。

1984 

『一国两制』的成功实践

——签署关于香港问题联合声明用的签字笔

引言

——

外交是以实力作为后盾的。1842年8月29日，腐朽落后的清政府在鸦片战争中失败，被迫签订《南京条约》，将香港岛割让给英国。改革开放后的新中国日益强大，1984年12月19日，专程前来参加签字仪式的英国首相撒切尔夫人在北京人民大会堂用中国产的钢笔在中英联合声明上签下自己的名字。香港回归祖国，洗雪了一个半世纪以来中华民族蒙受的耻辱，使祖国的统一大业向前迈进了一步。回归20多年来，在“一国两制”、港人治港、高度自治的方针下，香港日益走向繁荣。香港回归是“一国两制”伟大构想的成功实践。

1984年12月19日下午，中国首都北京，人民大会堂西大厅灯光璀璨，庄重典雅，全世界的目光都聚焦在这里。

下午5时30分，《中华人民共和国政府和大不列颠及北爱尔兰联合王国政府关于香港问题的联合声明》签字仪式在世界主要媒体的见证下隆重举行。铺着墨绿色绒布的长桌中央插着中英两国国旗。中国政府首脑和专程前来参加签字仪式的英国首相撒切尔夫人在长桌本国国旗一侧就座，用中国的台式“英雄”牌钢笔，代表本国政府在联合声明上签字。然后，在一阵热烈的掌声中，中国政府首脑和撒切尔夫人交换声明文本，热烈握手。时任中共中央顾问委员会主任邓小平、中华人民共和国主席李先念出席了签字仪式。

签署联合声明所用的“英雄”牌钢笔为创立于1931年的中国钢笔著名品牌。这两支钢笔笔长20厘米，由金属、塑料制成，笔台纵15厘米、横15厘米，为石质。可以说，中国人用自己生产的钢笔记载了这个辉煌瞬间。1984年12月25日，中国外交部礼宾司将这两支签署联合声明时用的签字笔拨交中国革命博物馆。

香港问题是历史遗留问题，也是中华民族在近代史上的耻辱之一。1842年，腐朽的清政府在第一次鸦片战争中失败，当年8月29日，被迫与英国签订丧权辱国的《南京条约》，将香港岛割让给英国。1860年10月，第二次鸦片战争时清政府再次战败，被迫签订《北京条约》，将九龙半岛界限街以南及昂船洲交给英国管治。1898年，清政府与英国签订《展拓香港界址专条》，将深圳河以南、界限街以北的200多个大小岛屿总计975.1平方公里的土地租借给英国，并将租借地称为“新界”，租期为99年，从1898年7月1日开始，至1997年6月30日期满。

新中国成立后，以毛泽东同志为核心的党的第一代中央领导集体一直努力争取两岸统一和香港等地回归祖国。党的十一届三中全会以后，国内外形势发生了深刻变化。从国内来讲，各个领域的改革开放不断深化，全国政局稳定，经济繁荣，中国的综合国力不断增长。从国际上来讲，冷战格局开始打破，不同制度国家之间的矛盾大为缓和，和平与发展成为世界的主流。以邓小平同志为核心的党的第二代中央领导集体审时度势，继承党的第一代中央领导集体关于祖国统一的思想，创造性地提出“一国两制”的构想。

1981年9月30日，全国人大常委会委员长叶剑英发表谈话，阐述了台湾回归祖国、实现和平统一的九条方针：“国家实现统一后，台湾可作为特别行政区，享有高度的自治权，并可保留军队，中央政府不干预台湾地方事务”，“台湾现行社会、经济制度不变，生活方式不变，同外国的经济、文化关系不变。私人财产、房屋、土地、企业所有权、合法继承权和外国投资不受侵犯”，等等。这九条方针全面系统地阐述了新时期中国共产党的对台政策，实际上已经形成了“一国两制”的基本构想。1982年1月，邓小平在会见美国华人协会主席李耀滋时指出，九条方针“实际上就是一个国家，两种制度。两种制度是可以允许的”。这是邓小平首次提出“一国两制”的概念。1982年12月，五届全国人大五次会议通过的宪法第三十一条规定：“国家在必要时得设立特别行政区。在特别行政区内实行的制度按照具体情况由全国人民代表大会以法律规定。”这体现了“一国两制”构想，为我国在香港和澳门设立特别行政区提供了直接的宪法依据。

“一国两制”的构想首先运用到解决香港问题。

1979年3月29日，邓小平在会见香港总督麦理浩时说，我们历来认为，香港的主权属于中华人民共和国，这个问题本身不能讨论。但解决这个问题时，我们也会尊重香港的特殊地位。他表示不能接受麦理浩

| 中英两国签署关于香港问题联合声明时用的签字笔

提出的1997年6月以后新界仍由英国管理的建议。

1982年9月下旬，英国首相撒切尔夫人访华，中英首次揭开了香港问题谈判的序幕。

9月24日，邓小平会见撒切尔夫人。撒切尔夫人坚持“三个条约有效论”的立场，并断言由中国取代英国的管治，“香港就会崩溃”，就会危及中国“四化”建设。针对这种论调，邓小平针锋相对地回答：“关于主权问题，中国在这个问题上没有回旋余地。坦率地讲，主权问题不是一个可以讨论的问题。现在时机成熟了，应该明确肯定：1997年中国将收回香港。就是说，中国要收回的不仅是新界，而且包括香港岛、九龙。中国和英国就是在这个前提下来进行谈判，商讨解决香港问题的方针和办法。”邓小平说：“至于说一旦中国宣布1997年要收回香港，香港就可能发生波动，我的看法是小波动不可避免，如果中英两国抱着合作的态度来解决这个问题，就能避免大的波动。我还要告诉夫人，中国政府在做出这个决策的时候，各种可能都估计到了。我们还考虑了我们不愿意考虑的一个问题，就是如果在15年的过渡时期内香港发生了严重的波动，怎么办？那时，中国政府将被迫不得不对收回的时间和方式，另作考虑。如果说宣布要收回香港就会像夫人说的‘带来灾难性的影响’，那我们要勇敢地面对这个灾难，做出决策。”邓小平还说：“我们等待了33年，再加上15年，就是48年，我们是在人民充分依赖的基础上才能如此长期等待的。如果15年后还不收回，人民就没有理由信任我们，任何中国政府都应该下野，自动退出政治舞台，没有别的选择。”邓小平的表态迫使英国不得不在中方建议的基础上同中方就香港问题进行谈判。

中英关于香港问题的谈判历时2年，共22轮，分为两个阶段。整个谈判过程异常曲折，充满了激烈的交锋与较量。

第一阶段是秘密磋商阶段。

1982年10月，中英关于香港问题的谈判正式开始。从1982年10月初到1983年2月上旬，中英双方先后举行了5轮会谈。在这几轮会谈中，双方首先要就谈判的基本原则达成协议。英方以保持香港的繁荣稳定为共同目标为借口，仍然坚持“三个条约有效论”，后来又主张在英国放弃对香港名义主权的基础上，达成某种修改后的条约，以延续英国对香港的管治权。由于英方坚持错误立场，第一阶段谈判曾一度处于僵持状态，未取得任何进展。

1983年3月，英国获悉中国政府已经拟定关于香港问题的方针政策，可能会提交全国人大审议。中方明确表示，如果谈判不能达成共识，中国将单方面宣布解决香港问题的方针。在这种情况下，当月，撒切尔夫人致函中国国务院总理，表示英国不反对中国以其对香港拥有主权的立场进行谈判，“只要英中两国政府能就确保香港未来繁荣与稳定所作的行政安排达成协议，并能为英国议会、香港人民和中国政府所接受，她愿意向议会建议：整个香港的主权应交回中国”。4月，中方复函表示，中国政府同意尽快举行正式谈判。

第二阶段是正式会谈阶段。

1983年7月1日，中英两国同时宣布：中英关于香港未来的第二阶段会谈，将于1983年7月12日在北京举行。

谈判即将开始时，英国政府突然提出香港应作为独立一方参与谈判，英方宣称，会谈不应仅仅是中国和英国之间的谈判，还应包括香港方面，有关解决香港前途问题的办法，必须由英国、中国内地和香港三方共同接纳，这就是“三脚凳”的由来。本来是中英两国的谈判，现在却变成了三方会谈，英国政府之所以如此，是想借所谓的香港民意施压。7月8日，中国外交部发言人对此事正式表态：“中英关于香港问题的会谈是中英两国政府之间的双边会谈。尤德（时任港督——作者注）先生是作为英国政府代表团的一个成员参加会谈的，因此他在会谈中只代表英国政府。”中国政府的强硬态度，迫使撒切尔夫人收回刚刚打出的“三脚凳”牌。

进入第二阶段谈判后，英方一开始坚持“主权和治权分离”的立场，即“在承认中国对香港的主权的原则下，由英国大体上像过去那样管治香港”。而中方则坚持主权和治权不可分割的立场，所谓“主权属中、治权属英”实质上是否定了中国的主权，是以一项新的不平等条约来代替旧的不平等条约，是中国人民绝对不能接受的。英方一直坚持以主权换治权的原则，中国则坚持“一国两制”原则，双方各说各话，互相谈不拢，前3轮谈判没有取得任何进展，第4轮会谈也不欢而散。

因为会谈没有任何进展，前景不明，香港人心浮动，经济形势也发生动荡，港元汇率及股市急速下滑，导致香港出现了市民抢购食品、挤兑外币（美元）的狂潮。英国政府与港英当局不仅不采取措施稳定局面，反而推波助澜，借机大打“经济牌”，向中国施加压力。这就是所谓的“九月风暴”。香港各界人士及舆论界对英国企图以“经济牌”逼迫中国让步的做法提出强烈批评，市民举行集会示威，要求尽快采取措施稳定局势。眼见“经济牌”再打下去就会搬起石头砸自己的脚，10月15日港府宣布实行与美元挂钩的联系汇率，同时取消港元的存款利息税。英方打出的“经济牌”以失败而告终。

1983年10月，英国政府调整了战略。10月14日，撒切尔夫人致函中国领导人，表示双方可以在中方建议的基础上探讨香港的持久性安排。英方不再坚持“以主权换治权”的立场，会谈有所进展。但是撒切尔夫人又想在1997年以后让英国人在香港的行政管理中继续发挥作用，譬如保留一名英国总督，并称这是保持香港繁荣必不可少的。中方严词拒绝了这个主张。最后撒切尔夫人不得不让步。12月7日，英国代表团团长柯利达正式宣布英国放弃1997年后对香港的治权。

1983年12月至1984年4月，中英双方举行了6轮（第7轮至第12轮）谈判，主要议题是香港1997年以后的安排以及过渡期的有关问题。5月至9月，双方又接连举行10轮（第13轮至第22轮）谈判，主要议题是讨论1997年前过渡期的安排和政权交接事宜，并商定最后文件内容。经过中英双方激烈较量，历时两年之久的香港问题谈判终于达成了协议。1984年9月18日，经过艰难的磋商和谈判，中英就联合声明达成了协议，这份协议体现了“一国两制”的精神，勾勒出香港未来繁荣稳定的蓝图。

1984年9月26日，中英关于香港问题的联合声明先分别由两国代表团团长周南和伊文思草签。12月19日，中英联合声明正式签字仪式在北京人民大会堂隆重举行，由百余人组成的香港各界人士观礼团应邀出席。

联合声明确认中国将在1997年7月1日收回香港，恢复行使主权，英国将在同日将香港交还给中国。中国政府在联合声明中宣布了对香港的基本方针政策：中国决定在对香港恢复行使主权时设立直辖于中央人民政府的香港特别行政区，除外交和国防事务属于中央管理外，香港特别行政区享有高度的自治权，包括行政管理权、立法权、独立的司法和终审权，现行法律基本不变；保持香港自由港、独立关税地区和国际金融中心的地位等。这些方针政策将由全国人大以香港特别行政区基本法加以规定，并在50年内不变。

1985年5月27日，两国政府在北京互换批准书，中英联合声明正式生效，并向联合国秘书长登记。香港由此进入了中国恢复行使主权前历时12年的过渡期。

中英关于香港问题的谈判在新中国外交史上有着特殊的历史地位和意义。一方面，它成功地达致香港的顺利回归，洗雪了一个半世纪以来中华民族蒙受的耻辱，使祖国的统一大业向前迈进了一步。另一方面，为国际上以和平方式解决争端和历史遗留问题创立了典范，有利于维护亚洲和世界的和平，是中国政府为维护世界和平做出的重大贡献。

在这场艰苦的谈判中，祖国的日益强大是取得外交斗争胜利的根本保证。同时，“一国两制”构想在解决香港问题上起了非常重要的作用，排除了中英谈判过程中的重重障碍，保障了香港的顺利回归。

中英联合声明为保持香港的长期繁荣稳定和平稳过渡、顺利回归发挥了重要作用。

1997年6月30日午夜至7月1日凌晨，中英香港政权交接仪式在香港会展中心举行。出席交接仪式的有40多个国家和地区的代表，30个国际和地区组织的负责人以及国际知名政界人士，90多个国家驻香港领事机构的代表和一些国家的民间组织、地区与国际组织驻港办事处的代表。香港各界人士，澳门、台湾同胞，以及来自30多个国家和地区的华侨、华人也出席了交接仪式。来自世界各国700多家新闻媒体的8000多名记者采访报道了这历史性的一幕。

7月1日零时4分，中华人民共和国主席江泽民在这里庄严宣告：根据中英关于香港问题的联合声明，两国政府如期举行了香港交接仪式，宣告中国对香港恢复行使主权。中华人民共和国香港特别行政区正式成立。经历了百年沧桑的香港回归祖国，标志着香港同胞从此成为祖国这块土地上的真正主人，香港的发展从此进入一个崭新的时代。

回归20多年来，在“一国两制”、港人治港、高度自治的方针指导下，香港发展走向日益繁荣。香港回归是“一国两制”伟大构想的成功实践，为澳门问题的解决以及澳门的回归提供了实践的范本，最终也将为解决台湾问题实现中国完全统一提供借鉴。

1985

中国的『破冰之旅』

——南极升起的第一面五星红旗

引言

——

在地球的最南端，有一块人类发现最晚的陆地——南极大陆，它面积约1400万平方公里，自然条件恶劣，人类无法居住。但是，它的内部却蕴藏着大量丰富多样的油气、淡水、矿产资源和海洋生物资源，是一块“万宝之地”。近代以来，人类对南极开启了连绵不绝的科考探险之旅，而迟至20世纪80年代，在众多征服南极的国家中却始终没有中国的身影。直到1985年的新春，中国的第一面五星红旗才第一次插上南极大陆，宣告了中国和平开发利用南极资源的新征程。这面意义特殊、珍贵非常的五星红旗，现完好保存于中国国家博物馆，向后人讲述着这段党领导人民首次“破冰之旅”的光辉历程。

人类发现、认识南极的历史仅200余年。

1772年，英国海军中校詹姆士库克第一次远征南极，翻开了人类征服南极的历史篇章。此后，挪威、英国、阿根廷等各国科学家和航海家纷至沓来，开始对南极进行探险和考察，至20世纪中叶，先后有7个国家（挪威、英国、阿根廷、新西兰、澳大利亚、法国、智利）在南极建立考察站。为了解决不断出现的各国政府对南极的领土要求及科考利益等方面的矛盾和纷争，1959年12月1日，英、美、法等12个国家经谈判协商后联合签署《南极条约》，把南极洲变成了一块国际性、非军事化的土地，供世界各国进行科学研究。随着南极自然资源不断被发现，神奇美妙的南极大陆成为全世界的瞩目之地，至20世纪70年代末，已有十几个国家在南极建立了上百个考察站。然而，其中没有一个属于中国。

早在20世纪50年代，中国政府和科学家就已经开始关注极地考察事业。1957年，中国科学院副院长竺可桢教授指出："中国是一个大国，要研究极地。因为，地球是一个整体，中国的自然环境的形成和演化是地球环境的一部分，极地的存在和演化与中国有密切的关系"，并呼吁"在中国派遣出国的留学的学生当中，要有人来学极地专业，以便将来能够从事极地方面的科学研究"。

1962年，中国在制定全国科学技术发展规划时，有一些科学家提议："中国应该考虑筹备赴极地进行科学考察的事情了。"

1964年2月11日，中央批准成立国家海洋局，首次把南极考察正式列入了国家的科学技术发展规划的议事日程，并将"将来进行南极、北极海洋考察"的任务交给国家海洋局。但之后不久，由于"文革"的到来，中国南极考察问题被搁置。直到1976年8月以后，国家海洋局才重新开始积极酝酿筹备中国的南极考察工作。

1978年8月21日和10月10日，中国国家海洋局经过认真调查研究，详细了解了南极考察的意义以及各国考察南极的历史、现状和发展动向等问题之后，先后向国家科学技术委员会（简称国家科委）和国务院提交了《关于开展南极考察工作的报告》和《关于开展南极考察工作的请示报告》，详细报告了南极洲特殊的地理位置、环境和极为丰富的自然资源，以及当前世界上一些国家的科考动向，建议中国应尽快研究成立国家南极考察委员会，及早地开展南极考察活动，并就南极考察的意义、考察的主要内容、考察的步骤和时间，以及南极考察的组织领导等问题做了说明和提出了建议。

此后两年，国家科委召集国家计划委员会、外交部、财政部、国家海洋局、中国科学院等19个有关部门多次开会，研究讨论成立国家南极考察委员会事宜，并于1981年1月正式向国务院提交了《关于成立国家南极考察委员会的报告》。5月11日，国务院正式批准了国家科委提交的这一报告。至此，中国南极考察事业的领导机构诞生了。

1983年6月，中国以缔约国身份加入了《南极条约》。同年9月，中国第一次派出代表团出席在澳大利亚堪培拉召开的《南极条约》会议。中国代表团首次参加《南极条约》会议的经历并不愉快，据当时的代表团成员之一（后来担任中国首次南极考察队队长）郭琨回忆：当会议讨论到实质性内容、进入表决议程时，因未在南极建立考察站，中国代表团被“请”出了会场，甚至事后连表决的结果也没有通告。代表团的成员当时“含着眼泪离开了会场”。（《南极条约》规定，参与国家分为“协商国”和“缔约国”，二者在会议上的待遇截然不同。条约的12个签字国和之后在南极建站及独立组队赴南极考察的国家为协商国；缔约国只能承担条约的义务，不能享受条约的权利，特别是当表决议题时，缔约国无表决权。)

因此，尽早建立中国人自己的南极科考站，既关乎国家科学发展的事业，又关乎整个国家的尊严。

1984年2月7日，中国32名科学工作者联名致信党中央、国务院，建议独立组建南极考察队，在南极建立定位考察站，在国内建立相应的极地研究机构。3月，国家南极考察委员会、国家海洋局、国家科委、海军、外交部，联合向国务院、中央军委呈报《关于我国首次组队进行南大洋和南极洲考察的请示》，建议我国尽快进行南极考察，并提出建立首个南极科学考察站的具体方案。6月25日，国务院正式批准了这一请示报告，确定组建中国第一支南极考察队——“625”编队赴南极进行科考，并在南极建设我国第一座科学考察站——长城站。

1984年11月20日，中国第一支南极考察队591人携带500吨建站物资，乘坐中国自行制造的远洋考察船“向阳红10号”和海军“J121号”打捞救生船从上海港起航奔赴南极，开启中国首次“破冰”远航。

考察队历经37天，克服途中遭遇的航船故障及海上狂风巨浪的多次侵袭，航行11171海里（约20700公里），终于在12月26日成功抵达南极洲南设得兰群岛乔治王岛沿岸。考察队队员不顾长途航行的疲劳和岛上的严寒大风，经过4天的仔细勘察，将中国第一个南极科学考察站选址于乔治王岛菲尔德斯半岛南端。12月30日，中国南极考察队54名队员首次成功登上了南极洲乔治王岛，翌日，举行了长城站建站奠基典礼。

1985年开始，考察队队员们顶风冒雪、夜以继日，以最快时间建成了中国第一个南极考察基地——长城站。2月21日上午10时，长城站举行了隆重的落成典礼，在雄壮的国歌声中，鲜艳的五星红旗冉冉升起，现场的人们欢呼雀跃，潸然泪下，这是五星红旗第一次飘扬在南极大陆上空，南极大陆上没有中国印迹的历史从此改写，中国人的极地探索梦从此变为现实。

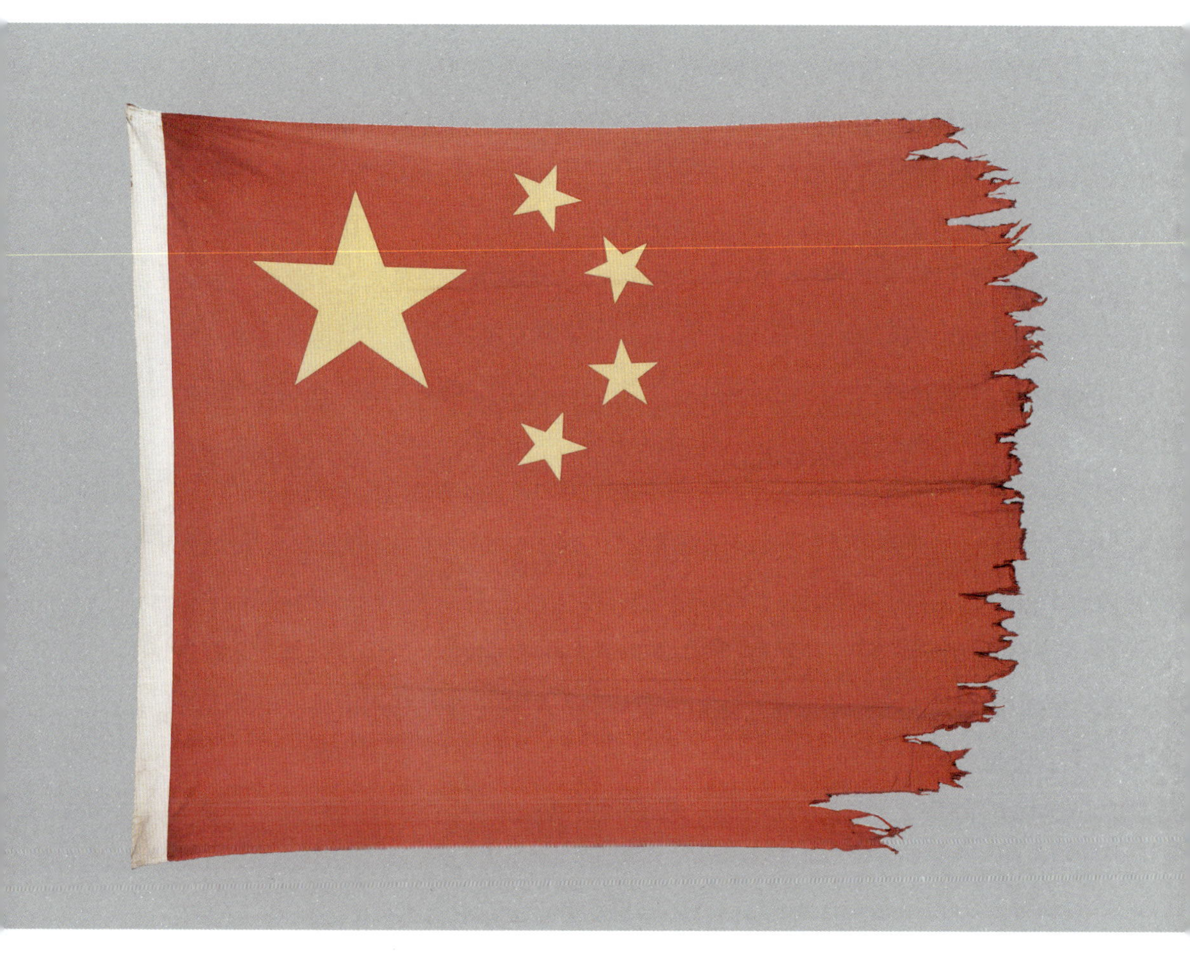

| 南极上空升起的第一面五星红旗

后来，这面纵122厘米、横145厘米的国旗被带回祖国，经过南极大陆上长时间的狂风吹打和强光照射，红旗已严重褪色，右侧旗边已经严重残破，被海风吹蚀成锯齿形状。1985年5月16日，国家海洋局南极考察办公室将这面珍贵的旗帜拨交中国革命博物馆收藏。它见证了中国人“破冰”而行，远赴南极道路上的艰辛历程和伟大壮举。

长城站建设成功后的几十年来，中国的极地探索和科考研究事业有了突飞猛进的发展，并取得了丰硕成果。至2018年2月，中国先后建成长城站、中山站、昆仑站、泰山站等四个科考站及罗斯海新站一个在建科考站。同时，在经过十多年的南极考察后，中国人的视线从南极伸展到了北极，1999年中国首次开始进行北极考察，2004年建立了我国第一个北极科学考察站——黄河站。从此，中国开始开展南北两极的全面考察和研究，不断拓展中国在极地考察的领域和范围。

依托不断建成并完善的科学考察站，中国积极参与极地全球治理和科研事业，与世界各国考察站间互相帮助、支持和合作，在极地地质学、极地冰川学、生物生态学、地质地球物理学、海洋学、高空大气物理学、测绘学和寒区医学等学科的考察和研究，积累了大批观测数据，获得了一批国际领先或国际先进水平的成果，这些，都将为人类和平开发利用南极做出更大的贡献。

1992 

见证改革开放的重要历史时刻

——伴随领导人『南方谈话』的夹克衫

引言

——

中国实行改革开放40多年来，经济实现了前所未有的增长，人民生活水平也有了很大的提高，中国所取得的成就举世瞩目。而邓小平在改革开放关键时刻的两次南方视察，对中国的改革开放历史进程和建设有中国特色的社会主义起了巨大的推动作用。他深入基层的实地考察和谈话回答了中国改革开放中的一系列重大问题，对中国的改革开放和社会主义现代化建设，有着极其重要的指导意义。伴随邓小平南方视察的一件夹克衫见证了这一重要历史时刻。

走进中国国家博物馆《复兴之路》基本陈列展厅，在改革开放部分的显著位置展示着一件深蓝色夹克衫。这件夹克衫，衣长75.2厘米，为纯棉、化纤质地，是邓小平的女儿给父亲买的，式样很普通，在领口、袖口及边缘处，清晰可见岁月留下的痕迹。在邓小平第二次南方之行中，夹克衫为他挡风遮雨，陪他风雨兼程。因此，这件普普通通的夹克衫，成为见证中国改革开放发展历史进程和社会主义现代化建设重要历史时刻的珍贵文物并被载入史册。

邓小平是中国改革开放的总设计师，中国共产党第二代中央领导集体的核心。作为一位历经许多艰难困苦岁月的老革命家和老军人，他的日常衣着却是那样的简朴。翻开历史影像资料，不难发现，除了在公开场合保持着穿中山装的习惯外，从1992年开始，邓小平也穿起了夹克衫。由于邓小平生前一直不主张宣传他个人，因此一直到2004年，中共中央决定隆重举行纪念邓小平100周年诞辰活动时，才由邓小平家人捐献，通过中央文献研究室转赠了一批邓小平文物，分别由四川广安邓小平故里和中国国家博物馆收藏。这件深蓝色夹克衫是中国国家博物馆收藏的邓小平文物之一。

在改革开放进程的关键时刻，邓小平两次视察南方，一次是1984年初，一次是1992年初。

1984年在中国改革的进程中有着举足轻重的地位，后人称这个伟大的年份为“中国现代企业的元年”。1978年党的十一届三中全会后，全党的工作重点转移到社会主义现代化建设上，确立了以经济建设为中心的发展方向，提出并确立了改革、开放、搞活的重大战略方针。在推进城乡改革的同时，沿海对外开放也启动了，1980年首先开设了深圳、珠海、汕头、厦门4个经济特区。

但是社会变革从来不是一帆风顺的，有些人对改革始终持怀疑态度，关于特区姓“社”姓“资”的争论不断，关于深圳特区的各种非议指责也是沸沸扬扬。有些人甚至无端指责深圳是靠内地输血过日子。那么，经过几年的改革，特区究竟是什么样子？成功不成功？对特区的种种指责、怀疑对不对？改革成效到底如何？这都需要认真地进行一次实地检验和总结。

1984年1月24日至2月10日，邓小平用了近20天的时间，视察了深圳、珠海、厦门3个经济特区，先后题词“珠海经济特区好”“深圳的发展和经验证明，我们建立经济特区的政策是正确的”“把经济特区办得更快些更好些”。这些题词，是邓小平对创办经济特区政策和特区建设成就的肯定，在海内外引起强烈反响。

邓小平同志明确指出，我们建立特区，实行开放政策，有个指导思想要明确，就是不是收，而是放，特区应该办成“技术的窗口，管理的窗口，知识的窗口，也是对外政策的窗口”。此后关于特区的争论告一段落。在他离开广东后的第二个月，中共中央做出重大决定，宣布“向外国投资者开放14个沿海城市和海南岛”。中国的对外开放由点及面，最终形成了沿海全面开放的格局。

1992年，中国处在一个重大历史关头。1月17日，耄耋之年的邓小平第二次踏上了南行列车，开始了一次意义深远的出行。在一个多月的时间里，他先后视察了武昌、长沙、深圳、珠海、鹰潭、广州、上海等地。虽然已近88岁高龄，但他精神矍铄、身体健康、头脑清楚，纵观世界风云，思考中国未来，运筹改革大计。邓小平此行的目的，就是要回答在变化了的形势下某些人提出的改革开放姓“社”还是姓“资”的问题。

临行前，邓小平的小女儿邓榕为他准备行装。当时北方的天气还比

| 邓小平视察南方时穿的夹克衫

较寒冷，而南方已经春暖花开。于是，邓榕特意给他购置了两件夹克衫，一件是米色，现由四川广安邓小平故里收藏，另一件就是中国国家博物馆收藏的这件蓝色夹克衫。这两件夹克衫伴随邓小平南方之行的整个行程。

1月18日，邓小平在武昌、长沙做了短暂停留后，于19日到达深圳。下车前，邓小平一改以往的着装习惯，将平日的中山装换成了这件深蓝色夹克衫。邓小平突然穿上夹克衫，让随行的人感到很新鲜。邓小平神采奕奕地走下列车，踏上了深圳——这块他8年前视察过的改革开放的前沿阵地。千里迢迢，舟车劳顿，邓小平却毫无倦意，他说到了深圳，坐不住啊，想到处去看看。第二天上午，邓小平一行来到了深圳国贸大厦，在53层的旋转餐厅里，他俯瞰深圳市容，看到高楼林立，鳞次栉比，一派欣欣向荣的景象，他非常高兴。国贸大厦是深圳人民的骄傲，深圳的建设者们曾在这里创下了“三天一层楼”的纪录。国贸大厦也成了当时“深圳速度”的象征。接着，他还参观了深圳先科激光电视有限公司、中华民俗文化村和锦绣中华微缩景区……他高兴地肯定深圳改革开放的成绩。邓小平穿着这件蓝色夹克衫，站在罗湖口岸，眺望香港；在深圳迎宾馆，发表重要谈话。……邓小平在深圳待了整整4天时间，随后前往珠海、上海等地。每到一处，他听取汇报，参观城市建设，视察高新企业，其间多次发表谈话。

邓小平南方谈话有许多精彩、精辟的论断，如，基本路线要管一百年，动摇不得；革命是解放生产力，改革也是解放生产力；社会主义的本质，是解放生产力，发展生产力，消灭剥削，消除两极分化，最终达到共同富裕；科学技术是第一生产力；计划多一点还是市场多一点，不是社会主义与资本主义的本质区别；判断改革开放姓“社”姓“资”，标准应该主要看是否有利于发展社会主义生产力，是否有利于增强社会主义国家的综合国力，是否有利于提高人民的生活水平；发展才是硬道理；要坚持两手抓，一手抓改革开放，一手抓打击各种犯罪活动，这两手都要硬；要坚持四项基本原则，反对资产阶级自由化，反对腐败，防止帝国主义的和平演变……

3月26日，《深圳特区报》发表了陈锡添采写的题为《东方风来满眼春——邓小平同志在深圳纪实》的新闻通讯，真实地记录了邓小平在深圳视察时所做的重要讲话，这篇通讯的发表成为新闻界在思想解放运动中的一件标志性事件。邓小平视察南方的消息和谈话迅速传遍大江南北，在全党全国引起强烈反响，全党全国人民为之精神一振，如沐春风。

20世纪80年代末到90年代初，中国的改革开放和社会主义现代化建设正面临着严峻的挑战。东欧剧变，苏联“红旗落地”，国际社会主义运动陷入低潮。国际形势的新变化给社会主义中国带来一系列新震荡、新问题、新挑战。1992年同时还是中国改革开放进程中一个重要的时间节点。这一年要召开中共十四大，要谋划中国的发展前景，要对举什么样的旗，走什么路，做出正确的抉择。面对复杂的形势，有的人对社会主义前途缺乏信心，有的人甚至怀疑和否定改革开放的社会主义性质，对党的基本路线产生动摇。有人把在经济改革过程中出现的这样那样的问题，统统归咎于以市场为取向的社会主义改革。理论界引发了一场关于计划经济与市场调节关系问题的争论。在关于经济特区的争论中，把市场经济与资本主义联系在一起的传统观点十分流行，成为阻碍中国经济持续增长的最大的思想障碍。

邓小平这次南方之行，完成了一次伟大的思想跨越。他以巨大的理论勇气，冲破禁区，回答了长期困惑人们的一系列重大思想认识问题，使我们在社会主义建设问题上彻底冲破了传统的僵化思维模式，获得了空前的思想解放，同时给中国改革开放的深入发展指明了方向。从此以后，在公开的舆论中，姓“资”姓“社”之类的讨论日渐平息。

1992年10月召开的党的十四大，确立了邓小平建设有中国特色社会主义理论在全党的指导地位，明确了经济体制改革的目标是建立社会主义市场经济体制，要求全党抓住机遇，加快发展，集中精力把经济建设搞上去。以邓小平南方谈话和党的十四大为标志，中国的改革开放和社会主义现代化建设进入了一个加速发展的新阶段。

邓小平两次视察经济特区，相隔8年，经济特区的面貌大为不同，国际国内形势也有很大变化。面对不同的质疑和问题，邓小平为我们吹开了心中的迷雾，廓清了认识和理论上的误区，为改革开放的不断深入注入了推进剂。邓小平视察南方的讲话，是邓小平理论重要的组成部分，是中国人民宝贵的理论财富和精神财富，它的意义十分深远。

1998 抗洪抢险的军令状

——16名党员立的『生死牌』

引言

1998年夏，我国江南、华南大部分地区及北方局部地区普降大暴雨到特大暴雨，长江干流及鄱阳湖、洞庭湖水系，珠江、闽江和嫩江、松花江等江河相继发生有史以来的特大洪水。全国受灾人数之众，地域之广，历时之长，世所罕见。在中共中央、国务院、中央军委的坚强领导下，全党、全军、全国人民万众一心、众志成城、团结奋战，最终取得了抗洪抢险的全面胜利，谱写了一曲曲气吞山河的抗洪壮歌。驻守在湖北省武汉市江汉区长江干堤龙王庙闸口处的16名共产党员在抗洪一线，立下“生死牌”，誓与大堤共存亡。一块普通的木牌，一句简短的誓言，就是共产党员向人民做出的庄严承诺，危难关头彰显出共产党员的责任与担当。

1998年8月7日，在湖北省武汉市江汉区长江干堤的龙王庙码头闸口处，悬挂起一块简单而又特殊的“生死牌”。牌子纵79厘米，横120厘米，实际上就是一块小黑板。黑板上铺贴着一张粉色的底纸，驻守堤坝的16名共产党员在纸上用鲜红的颜料工工整整地写下了“誓与大堤共存亡”的铮铮誓言，誓言下方是他们各自的签名：黄义成、唐仁清、李建强、易光之、黄启雁、骆威、黄志刚、马晓君、王开若、陈晓建、徐斌、喻传喜、余光钧、雷宽喜、王全、李立华。在驻守长江堤坝最艰难危险的日日夜夜里，这块“生死牌”犹如一盏明灯，激励着每一位守堤人。

由于气候异常，1998年南方的春汛来得比往年都要早。自1月起，长江中下游，尤其是干流以南的洞庭湖、鄱阳湖地区就出现了大范围降雨，致使江南水系的水位明显较同期偏高，在3月就出现了春汛。自6月11日进入梅雨期后，长江流域各地更是暴雨频繁，雨带在长江流域徘徊，竟然出现了74个暴雨日。加之长年累月对自然环境的破坏，很快形成了新中国历史上第二次长江全流域特大水灾。珠江流域的西江和福建的闽江也一度水位告急。而此时北方的嫩江、松花江流域亦因为持续性降雨暴发了百年不遇的超历史记录特大洪水。一时间，挟风裹雨、浊浪翻滚的洪水以南北夹击之势在中华大地上齐齐袭来。全国共有29个省、自治区、直辖市遭受了不同程度的洪涝灾害。据统计，农田受灾面积2229万公顷（3.34亿亩），成灾面积1378万公顷（2.07亿亩），死亡4150人，倒塌房屋685万间，直接经济损失高达2551亿元。

汛情牵动着中南海，在国家经济社会发展与人民生命财产安全遭到严重威胁的危急时刻，党中央从维护全国改革、发展、稳定的大局出发，果断提出把抗洪抢险作为当前头等大事，并且科学部署、坚强领导。中央领导人带头发扬我党的优良传统，越是危难关键时刻，越是到最危险、最需要的地方去。江泽民、李鹏、朱镕基等领导同志多次亲临抗洪前线查看水情，慰问抢险群众，指导抗洪斗争，极大地鼓舞了广大军民的斗志。

为了战胜这场“世纪洪魔”，解放军和武警部队先后投入兵力30余万人，地方党委和政府组织紧急调动800多万名干部群众，加上为抗洪抢险提供直接服务的各部门、各地区、各系统的力量，总数达上亿人口。抗洪将士们头顶烈日，身挡激流，日斗洪魔，夜卧长堤，用血肉之躯与肆虐的洪水展开了殊死搏斗。一方有难，八方支援，举国上下慷慨解囊。从南到北，从东到西，从城市到乡村，从党政机关到工矿企业，从党员干部到普通老百姓，纷纷捐款捐物，献出了同一颗爱心。

在这场惊心动魄的抗洪战役中，武汉无疑是主战场。在中国，也许没有哪座城市像武汉这样，总与水有着扯不清的紧密关系。武汉地处长江、汉江的交汇处，这里江河纵横交织，湖泊星罗棋布，是名副其实的江城，长江180万平方千米全流域中148万平方千米的江水都要通过武汉这个颈口注入下游。自古以来，武汉就水患不断，由于城内地势较低，长江多次溃口给人民造成了巨大灾难。

1998年这场洪水，同样来势汹汹。自6月28日入汛以来，武汉关水位就持续上涨，至7月29日已突破29米，达到自1954年以来的历史第二高水位，超出市区平均高度5米以上，此后仍一路居高不下。武汉三镇告急！武汉大堤告急！

此时的武汉已经按照战时建制组织和发动起来。武汉防汛指挥部是当地妇孺皆知、具有极高权威的战时机构，各级党委也相应成立了同级防汛指挥部。按照行政划分，武汉13个城区郊县分别承担了各自辖区内江段的防卫任务。其中江汉区主要扼守分布在2000米之间的龙王庙险段等25个闸门和张公堤一段。

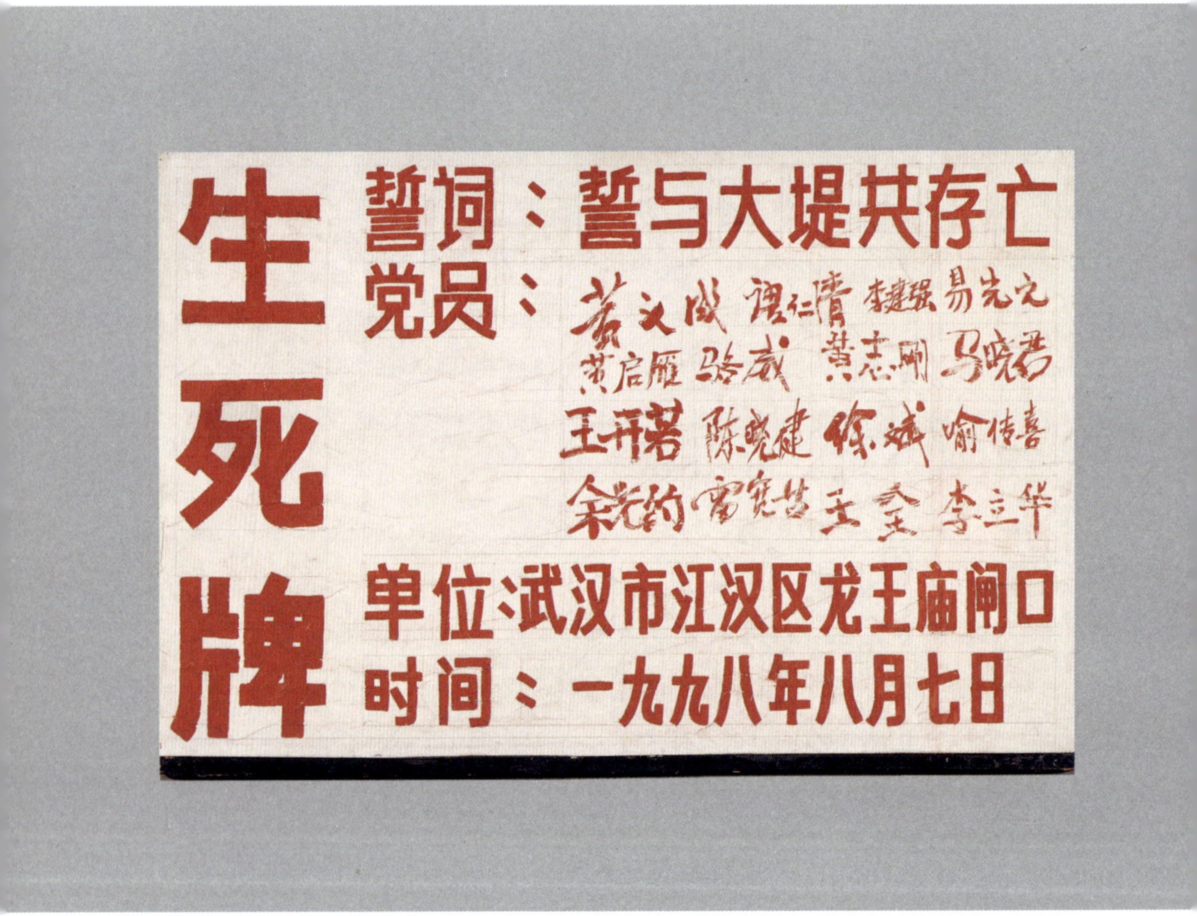

| 武汉市江汉区防汛指挥部16名党员在龙王庙闸口竖立的“生死牌”

龙王庙险段全长1080米，是全市14个险段中的险中之险，素有“武汉防汛第一险段”之称，也是武汉长江堤防的重中之重。它地处长江和汉江的汇流处，在这里，汉江河道逐渐由宽变窄，河势不顺，水流汇入长江时变得十分湍急，对岸边堤坝基座形成了强烈冲击。同时，此处的河床土壤是粉细砂，地表层又是杂填土，透水性较强，散浸、管涌等险情随时都有可能发生。龙王庙大堤迎面是两条巨流的滚滚波涛，背后则是繁华百年、人口稠密的汉口核心区。江汉路步行街、汉正街小商品市场，这些国人耳熟能详的商圈都与龙王庙咫尺之遥。如果江水从此处涌入，极有可能形成倒灌城区的局面。历史上，龙王庙曾多次发生河岸脱坡、码头断裂等险情和事故，1931年的洪水就是从这里冲决堤防后进入武汉市区的，造成了63万人失去家园，3万余人葬送生命的惨剧。江汉人民为企求龙王不要发大水就在此处修建了龙王庙，并以之为地名。

一旦大水冲了龙王庙，后果不堪设想，几百万江城人民的生命将直接受到威胁。只有锁住“龙王”才能三镇安。来自武汉市江汉区防汛办、区公安分局和市、区政府机关的32名勇士组成了一支守堤队伍，轮流昼夜值守在龙王庙闸口。他们把这个用沙包、木板、防水布搭建的闸口当成了自己的家，白天冒着酷热，喊着号子，挥动打夯机，灌装沙袋，压实堤面，跳入水中封闸固堰；晚上忍受着蚊虫的叮咬，用手电密切监视着不断上涨的水面，实在困倦极了，就到堤防所的小屋里暂时休息一下。

8月初，在高水位下持续浸泡40多天的长江大堤地基开始松动，不少地方已经外水内渗，河岸脱坡、防水墙裂缝等险情频频出现。7日这一天，守堤的队员们已在闸口连续坚守一个多月了，精神和体力正在接近临界点。此时的江水已经跳涨到了29.2米，超过危险水位1米多，汛情十分危急。面对持续上涨的水位，谁都不知道还需要坚持多久。为了振奋斗志，进一步增强责任感，众人商议后，决定在大堤上成立由当班的16名党员组成的临时党支部。这一天，唐仁清等12名抗洪队员面对着鲜红的党旗和汹涌的江水，庄严宣誓入党。在时任江汉区机关工委副书记、临时党支部书记雷宽喜的带领下，他们在闸口悬挂起“生死牌”以表达战斗到底的决心。大家就地取材，在平时用来写值班表的黑板上贴上一张粉纸，在上面用红漆笔庄严地写下了“誓与大堤共存亡”的誓词。随后，江汉区防汛办主任黄义成第一个签上自己的名字，唐仁清、李建强等15名党员也紧跟着郑重地签了名。签字的时候，大家都觉得手中的笔很重，雷宽喜后来说：“当时我们非常激动，这哪里是在用红油漆写字，简直就是在用热血写生死关头的壮志豪情。”他们把这块“生死牌”悬挂在闸口的醒目之处，在最困难最疲惫的时候，就是这张“简单”纸上的“简单”的几句话，让他们时刻感受到作为共产党员所肩负的重大责任，而不敢有丝毫懈怠。当时，李建强的胃病犯了，疼痛难忍，他隐瞒病情，用手顶着胃部巡堤查险，唐仁清也因为连续劳累而高烧不退，但他们始终坚守在第一线。

“生死牌”就是守堤人立下的一份生死军令状——“人在堤在，人不在堤也要在”，彰显出共产党员的责任与担当，奏出了共产党员大公无私、牺牲自我、不计得失和勇于奉献的时代强音。在他们精神的感召下，长江、汉江干堤及各支流大堤上的抗洪军民纷纷立下“生死牌”，签下军令状，组建“敢死队”，向洪水宣战。

这16名共产党员只是千千万万战斗在抗洪一线的普通党员的缩影。在这次与自然灾害进行的大会战中，党员干部个个身先士卒，冲锋在前，越是在艰险的时刻，越凸显出共产党员这几个字的价值与分量，越凸显出中流砥柱的重要作用。从中央到地方，从南方到北方，从坚守荆江大堤到抢堵九江决口，从会战武汉三镇到防守洞庭湖区，从保卫大庆油田到决战哈尔滨：哪里最危险，哪里任务最艰巨，哪里就有共产党员的身影。

经过80多天的顽强拼搏，中国人民最终击退了长江流域8次洪峰和嫩江、松花江3次洪峰的袭击，保住了长江、松花江等大江大河干堤，保住了重要城市和主要交通干线，最大限度地减轻了洪涝灾害造成的损失，取得了抗洪抢险救灾的全面胜利。9月28日，中共中央、国务院在人民大会堂隆重举行全国抗洪抢险总结表彰大会。江泽民同志在讲话中概括了这次抗洪抢险斗争中形成的伟大的抗洪精神，他指出：在同洪水的搏斗中，我们的民族和人民展示出了一种十分崇高的精神。这就是万众一心、众志成城，不怕困难、顽强拼搏，坚韧不拔、敢于胜利的伟大抗洪精神。

为了弘扬抗洪精神，特别是表现共产党员甘于奉献、勇于担当的初心本质，中国革命博物馆的工作人员委托曾经报道“生死牌”的《北京青年报》记者协助征集这一珍贵文物。8月16日，当洪水还未消退之时，记者就前往武汉接收“生死牌”。当时，在场的守堤人员都对“生死牌”依依不舍，他们一个一个与牌子合影后，将它仔细地擦拭，又用大块白布包了一遍又一遍，还反复叮嘱“千万别碰坏了”。经过包装的“生死牌”超宽超高，在办理飞机托运时，遇到了难题。机场工作人员在得知运送的是抗洪前线的“生死牌”时，顿时肃然起敬，特意为其亮起绿灯；安检人员破例免除开封予以放行；货运人员则直接将传送带无法输送的“生死牌”扛上了飞机。今天，这块曾经辉映于惊涛骇浪之上的“生死牌”正在中国国家博物馆《复兴之路》展览中展出，以另一种形式向观众们诠释着共产党员的责任与担当。

2001 中国『入世』一锤定音

——中国加入世贸组织时的『入世槌』

引言

多哈时间2001年11月10日晚6时38分，卡塔尔首都多哈喜来登酒店的萨尔瓦大厅，随着世贸组织第四次部长级会议主席卡迈勒手中的木槌落下，中国“入世”一锤定音。自1986年7月10日中国向关税与贸易总协定递交“复关”照会起，中国为加入世界贸易组织历经了15年的艰苦谈判。时任中国国务院总理朱镕基曾感慨地说：“我们已经谈了15年……黑发人谈成了白发人。”中国加入世贸组织，是中国积极参与经济全球化的重要体现，为经济全球化的进一步发展注入了新的生机与活力。同时，中国获得了更加稳定的国际经贸环境，享受到其他国家和地区贸易投资自由化的便利，促进了中国的改革开放和经济发展。

2001年12月12日，京报集团在北京长城饭店举行隆重的捐赠仪式，北京日报报业集团总编辑刘宗明将上个月10日世界贸易组织（WTO）第四次部长级多哈会议宣布中国加入世界贸易组织时使用的木槌用红丝带系好，捐赠给中国革命博物馆。亲自接收“入世槌”的时任馆长夏燕月女士表示：“入世槌”是中国发展进入新的历史时刻的见证，从重要性上看，它够一级文物。今天，这件长32.2厘米、高10.5厘米、宽6.3厘米的木槌已经成为中国国家博物馆的重要藏品。

那么，世界贸易组织是一个什么样的组织，中国为什么要加入它，加入的过程和意义如何?

世界贸易组织简称世贸组织，是一个独立于联合国的永久性国际组织，总部位于瑞士日内瓦。其前身是1947年10月30日签订的关税与贸易总协定。1995年1月1日，世界贸易组织正式开始运作；1996年1月1日，世界贸易组织正式取代关贸总协定临时机构。世贸组织是当代最重要的国际经济组织之一，其成员之间的贸易额占世界的绝大多数，因此被称为“经济联合国”。世贸组织成立的宗旨是通过实施市场开放、非歧视和公平贸易等原则，实现推动世界贸易自由化的目标。世贸组织的管理范围涵盖货物贸易、服务性贸易和知识产权贸易，可以说是无所不包。它的基本职能有四项：一是制定国际贸易的规则，并负责监督其实施；二是作为多边贸易的讲坛，组织成员之间推行相互开放市场的谈判；三是负责解决贸易争端，对各成员间的纠纷和摩擦进行仲裁；四是监督各成员的贸易政策，并与其他关系全球经济政策的国际机构进行合作。截至2020年5月，世界贸易组织有164个成员，24个观察员。

中国是关税与贸易总协定的创始国之一，但创始国地位长期被台湾国民党当局占据。1986年7月10日，中国政府向关贸总协定正式提出“复关”申请。1995年1月1日，关贸总协定转为世界贸易组织；1995年11月，中国政府照会世贸组织总干事鲁杰罗，把中国“复关”工作组更名为中国“入世”工作组。

中国的发展需要世贸组织。

首先，加入世贸组织显示中国政府坚持一个中国原则的严正立场和合理主张。1971年，中华人民共和国恢复了在联合国的合法席位，但在关贸总协定中，代表中国的仍是台湾当局。因此，“入世”是中国政府坚持一个中国原则的应有之意，对中国统一大业非常重要。中国政府一直强调，中国加入世贸组织必须也只能在台湾地区加入之前进行，这一点是坚定不移的。

其次，加入世贸组织是中国政府在经济全球化的形势下所做出的战略决策，是与中国改革开放和建设社会主义市场经济体制目标一致的行动。在全球经济一体化时代潮流中，中国要发展经济，必须要进入全球的经济循环，中国加入世贸组织后，将在平衡的前提下拥有权利，承担义务，建立起国际经济交流又一个重要的渠道，有利于中国在平等的条件下参与世界竞争，有利于中国社会主义市场经济的发展。我国各级政府可借此机会调整国内的产业结构，制定相应的产业政策，使之符合国际惯例，优胜劣汰，以利于提高国际竞争力。

再次，加入世贸组织后，世贸组织成员中的主要贸易大国将不得不减少、取消对中国的部分商品实行的不同程度的贸易歧视措施，必将促进我国的改革开放，拉动我国的出口贸易，在进一步的经济交流中获益。据测算，中国加入世贸组织后，每年可拉动GDP（国内生产总值）增长近3个百分点，并创造大约1000万个就业机会。我国企业从中可获得扩大外销的机会，获得更多与外商合资合作、提高技术和管理水

2001年11月10日世界贸易组织第四次部长级多哈会议宣布中国加入世界贸易组织时使用的木槌

平、增强参与国际竞争能力的机会。

最后，加入世贸组织后，中国作为世贸组织的正式成员可直接参与国际贸易规则的决策过程，有利于使中国的合法权益得到反映；同时，可把国际贸易争端交到世贸组织的仲裁机关处理，免受不公正处罚。作为发展中国家的重要一员，中国可以更好地反映发展中国家的正当要求，在国际贸易中为发展中国家争取权益。

世贸组织的发展也需要中国。

一方面，在全球经济一体化的大背景下，没有中国的参与，世贸组织也是不完整的，这也是世界经济发展的要求。新中国成立50多年，特别是改革开放20多年，中国经济已经取得长足发展。据世界银行统计，2000年我国的经济总量已跃居世界第6位，对外贸易遍及世界200多个国家和地区，进出口总额在世界贸易中排名已由1978年的第32位上升到第7位，成为世界上举足轻重的贸易大国。

另一方面，中国经济与世界各国经济具有很强的互补性。中国人口占世界人口五分之一，劳动力成本低，自然资源极为丰富，这对许多缺乏劳动力和自然资源的国家，有很大吸引力；中国具有很多实用技术和丰富的企业管理经验，这是相当多发展中国家所需要的；中国十几亿人口的巨大市场，为外商提供了众多商业机会。

显然，在世界贸易体系中，中国以其比较优势与各国经济互补互利，没有中国这样一个最大的发展中国家参加，世贸组织是不完整的；没有中国参与制定规则，世贸组织的规则适用范围是很受限制的；没有中国这个巨大市场加入，国际市场难以实现真正的统一。

然而，中国加入世贸组织历经了15年。

第一阶段，在“市场经济”问题上的思想解放使“复关”谈判取得突破。

1986年7月，中国正式提出关于恢复关贸总协定缔约方地位的申请，以争取获得无条件的最惠国待遇和公正、公平的外贸环境。然而，“复关”第一阶段必须完成对中国贸易体制的审查，即看中国的经济体制是否有能力来执行关贸总协定的一套游戏规则。实行市场经济是执行关贸总协定一整套规则和协议的前提。而当时的中国对市场经济的定位不够清晰，无法向西方国家承诺能够履行基于市场经济的规则，致使“复关”谈判一拖再拖。

1992年10月召开的党的十四大确定了我国经济体制改革的目标是建立社会主义市场经济体制，标志着我们对社会主义建设的认识达到了新的高度，从而使“复关”谈判的核心问题迎刃而解。1992年10月21日，关贸总协定第11次中国工作组会议召开，正式结束了对中国经济贸易体制长达6年的审议，谈判很快进入实质性阶段。此后，中国从自身发展需要出发，主动进行了关税与非关税措施的减让，逐年降低了外资准入标准，加紧清理、修订了相关法律法规。这些措施有力促进了“复关”谈判。

1993年，中国国家主席江泽民在西雅图与美国总统克林顿首次会晤时，明确阐明了我国处理“复关”问题的三条原则：第一，关贸总协定是一个国际性组织，如果没有中国这个最大的发展中国家参加是不完整的；第二，中国要参加，毫无疑问是作为一个发展中国家参加；第三，中国的参加是以权利和义务的平衡为原则的。这三项原则明确了中国在谈判中的地位，反映了中国发展的现实，决定了互利共赢的谈判目标，从而为中国“复关”谈判定了基调。

1994年，在世贸组织取代关贸总协定的前一年，中国已经非常接近“复关”的目标，但由于美国等发达国家成员漫天要价，不断加高关贸的门槛，中国最终未能“入关”。1995年，中国的“复关”谈判，不得不转为“入世”谈判。

第二阶段，艰难的双边市场准入谈判。

当时，世贸组织136个成员中有37个成员提出要与中国举行双边市场准入谈判。谈判的焦点，即是对外开放市场。中国实行对外开放政策，愿意对外开放市场；但中国是个发展中国家，必须根据自己的实际情况、国情、实力和发展阶段来决定开放的速度、范围和条件，谈判涉及的行业，包括农业、汽车、钢铁、保险、商业零售等。中国各行各业发展速度不同、基础各异，这就决定开放的条件和速度必须不同。谈判对象也是各有各的要求，这是谈判最复杂、最艰难、最核心的问题。

1997年5月23日，中国与匈牙利签署第一个双边市场准入协议。1999年11月15日，在江泽民主席和克林顿总统的直接推动下，中美签署双边协议，中国“入世”道路上最大的障碍被清除。2000年下半年，中国加入世贸组织多边程序开始启动，美国和欧盟在多边谈判中又提出了新的要求，使得中国“入世”时间再次变得难以捉摸。直到2001年6月在上海举行亚太经合组织贸易部长会议期间，中美双方就中国“入世”多边谈判的遗留问题达成全面共识。随后，中国和欧盟也就多边谈判的遗留问题达成共识。在此情况下，中国与其他进行双边市场准入谈判的世贸组织成员也纷纷达成协议。2001年9月13日，中国与世贸组织第37个成员国——墨西哥达成协议，从而结束了中国“入世”的双边市场准入谈判。

2001年11月，中国驻日内瓦代表团接世贸组织总干事穆尔通知：11月9日至13日，世界贸易组织的部长级会议在卡塔尔首都多哈举行，讨论启动新一轮多边贸易谈判问题。在这次会议上，与会代表将审议通过中国加入世贸组织最后的法律文件。

2001年11月11日，外经贸部部长石广生在中国加入世贸组织议定书上签字。随后，他向世贸组织总干事递交了江泽民签署的中国加入世贸组织的批准书。12月11日中国正式加入世贸组织，成为第143个成员。

中国加入世贸组织，是中国对外开放的一个重要里程碑，是改革开放不断深入的一个重要成果，是走向世界舞台过程中具有历史意义的大事。它为中国融入全球经济体系，提供了广阔的发展空间，也有力地促进了中国改革开放的发展；同时，也使世贸组织的成员结构发生了变化，发展中国家开始拥有更多话语权。

中国加入世贸组织在当时世界上引起了轰动，这也足以显示出这件“入世槌”的重要价值，它是中国进一步融入世界的一个重要标志。

多哈时间2001年11月10日晚6时38分，卡塔尔首都多哈喜来登酒店的萨尔瓦大厅灯光辉煌。随着世贸组织第四次部长级会议主席，卡塔尔财政、经济和贸易大臣卡迈勒手中的木槌落下，中国“入世”一锤定音。

会后，参加这次活动报道的《北京晚报》两位年轻记者郭强、侯振威凭着职业的敏感和责任心在冷清的会议厅中寻找为人们所忽视的新闻细节。无意中，他们发现工作人员正在清场，而为中国“入世”一锤定音的“入世槌”，正静静地躺在桌子上。经过现场沟通，工作人员爽快答应了他们想将“入世槌”带回国的要求，并祝贺中国加入世贸组织。

获悉《北京晚报》记者得到这件珍贵的文物后，中国革命博物馆负责文物征集工作的陈禹同志立刻联系到还在多哈的郭强和侯振威，表示想收藏这件有特殊意义的物品。为了表达诚意，细心的陈禹还特意第一时间赶到机场用鲜花迎接携槌归来的记者。《北京晚报》专门邀请部分热心读者召开座谈会，就如何收藏“入世槌”请大家献计献策。很多读者参与了有关“入世槌”话题的讨论。最终，《北京晚报》选择了将“入世槌”捐赠给中国革命博物馆。

今天，这件小小的“入世槌”和新中国第一面国旗等国家一级文物一起，静静地躺在中国国家博物馆的展厅里，向世人展示着中华民族复兴之路的光辉历程。

2003 

中国人的逐天梦

——『神舟五号』载人飞船返回舱

引言

——

中华民族是最早仰望星空的民族之一，“嫦娥奔月”“夸父逐日”的美丽传说代表了中国人对浩瀚宇宙的无限遐想。新中国成立以后，中华民族的“飞天”梦想逐步变为现实。中国国家博物馆《复兴之路》展览上展陈着一件重3吨多、直径2米多的巨型藏品——“神舟五号”载人飞船返回舱，是中国首位航天员杨利伟返回地球时的“驾驶舱”，它见证了中国人首次实现载人飞天的伟大历程。

20世纪50年代中期，诞生不久的新中国百废待兴，面对国际上严峻的核讹诈形势和军备竞赛的发展趋势，以毛泽东同志为核心的党中央第一代领导集体毅然做出发展导弹、核弹、人造地球卫星，突破国防尖端技术的战略决策。1956年，研制导弹、原子弹被列入中国的12年科学技术发展规划，中国人的航天科研事业由此正式拉开了帷幕。此后，经过几代航天人近70年的艰苦奋斗，开拓进取，中国航天事业实现了从起步之初的筚路蓝缕，艰辛摸索，到改革开放尤其是党的十八大以来的"一日千里"的跨越式发展，从"两弹一星"到"载人航天"，从"北斗组网"到"嫦娥探月"，中国航天事业取得了举世瞩目的非凡成就，也形成了较为完整的航天科技工业体系。

载人航天工程是中国航天事业及空间科学实验的重大战略工程之一，也是实现中国人"逐梦天空"的必由之路。在中国第一颗人造地球卫星"东方红一号"成功升空之后，当时的国防部五院院长钱学森就提出，中国要搞载人航天。这一倡议得到了党中央的认可，将这一重大项目命名为"714工程"（于1971年4月提出），并预先将未来中国人的第一艘宇宙飞船命名为"曙光一号"。但由于当时技术储备、大推力运载火箭等诸多因素的制约，毛泽东主席决定"载人航天的事暂停一下，先处理地球上的事，地球外的事往后放放"。于是，"714工程"的设想未能实现。

1986年3月3日，王大珩、王淦昌、杨嘉墀、陈芳允四位科学家致信党中央，提出要跟踪世界先进水平，发展中国高技术的建议。经过邓小平批示，国务院批准了《高技术研究发展计划纲要》（"863计划"）。"863计划"将我国中止了11年的载人航天重新提上日程。1992年9月21日，中共中央政治局十三届常委会第195次会议讨论审议并批准了《中央专委关于开展我国载人飞船工程研制的请示》。自此，我国载人航天工程正式立项实施。

在航天工程的八大系统中，核心是载人飞船系统，中央将这一艰巨的任务交由中国空间技术研究院为主来承担，并提出了“争八保九”的奋斗目标，即1998年要在技术上有一个大的突破，1999年要争取飞船上天。

科学家们不负党和人民的托付，经过7年的艰辛探索，科研攻关，1999年11月20日，新中国自主研制的第一艘航天试验飞船“神舟一号”发射成功，经过21小时11分的太空飞行后，顺利返回地球。“神舟一号”试验飞船的成功发射与回收，标志着我国载人航天技术取得重大突破，是中国航天史上的重要里程碑。

此后，“神舟”工程硕果迭出。短短3年间，“神舟”无人实验飞船3次成功发射并顺利回收，与载人有关的功能、指标、数据都经受住了考验，为实施载人航天飞行奠定了坚实的基础，中国人的首次载人航天飞行呼之欲出。

经过“神舟”飞船四次无人飞行试验后，2003年10月15日，我国用“长征二号”F型运载火箭成功发射了第一艘载人飞船——“神舟五号”，中国第一位航天员杨利伟搭乘该飞船进入太空，绕地球飞行了21小时、14圈后于10月16日成功返回。“神舟五号”的顺利升空和成功返回，标志着我国掌握了载人航天的基本技术，中国人的“飞天”梦想由此实现！

2004年9月，中国国家博物馆经多方努力，将“神舟五号”载人飞船返回舱、主降落伞、烧蚀底碎片，航天员杨利伟穿的舱内航天服，在飞船中使用的救生物品包，在航天飞行时使用的天地话音终端机、摄像机，飞行时使用的《神舟五号飞行手册之一——正常飞行手册》及圆珠笔，在太空中记录的航天日记及记录用圆珠笔等极为珍贵的航天文物收藏入馆，这些文物记载着这段辉煌的历史。

| “神舟五号”载人飞船返回舱

返回舱是“神舟五号”飞船的重要舱段之一，是航天员往返太空的“驾驶室”。该舱重3吨多，通高250厘米，直径250厘米，外形呈钟形。经过太空往返之后，返回舱舱体已呈暗褐色，因烧蚀留下了斑斑印记，这些都是由于飞船经过大气层时摩擦剧烈造成的。舱内安装了飞行中需要航天员监视和操作的各种仪器设备，这些设备显示了飞船各系统和设备的工作情况，以便航天员随时判断、了解飞船的工作状况，在必要时人工干预飞船的系统和设备的工作。返回舱是密闭的舱段，舱内是一个与外界完全隔绝的世界，内部安装的环境和生命保障系统，为航天员提供了一个与地球一样的生活环境。飞船返回舱侧壁上开设了两个圆形窗口，一个用于航天员观测窗外的情景，另一个供航天员操作光学瞄准镜观察地面，驾驶飞船。基本完整的舱体与斑驳陆离的灼痕向观众讲述着中国人首次遨游太空的艰辛与壮丽。

随着“神舟五号”载人飞行的成功实现，中国载人航天事业继续以快速稳健的步伐向前推进，实现了一次又一次的伟大突破。

2005年10月12日，“神舟六号”载人飞船成功发射，并于10月17日安全返回，实现了“两人五天”的航天飞行。在飞船中，航天员聂海胜、费俊龙进行了穿舱（即从返回舱进入轨道舱）、工效学评价、轨道舱飞船设备操作等一系列空间科学试验。这是我国航天员首次进入轨道舱进行空间科学实验，标志着我国载人航天飞行由“神舟五号”的验证性飞行试验过渡到了“真正意义上有人参与的空间飞行试验”。

2008年9月25日，“神舟七号”载人飞船发射升空，中国航天员首次进行太空行走，是这次太空活动中最大的亮点，这也成为我国航天事业继“东方红一号”“载人航天”“嫦娥一号”之后的第四个里程碑。从“神舟七号”开始，我国进入载人航天二期工程。在这一阶段里，将陆续实现航天员出舱行走、空间交会对接等科学目标。

2011年11月1日，“神舟八号”无人飞船发射升空，首次与“天宫一号”空间实验室成功对接，标志着中国已经初步掌握了自动空间交会对接技术。此后两年，“神舟九号”、“神舟十号”载人航天飞船相继升空，分别搭载三名宇航员（其中一名为女性宇航员）升空，成功与“天宫一号”实现载人空间交会对接。2016年10月17日，“神舟十一号”载人飞船发射升空，飞船入轨后经过2天独立飞行完成与“天宫二号”空间实验室自动对接形成组合体。“天宫”与“神舟”的载人交会对接，以及航天员们在空中进行的各种科学试验、太空授课等活动，都反映了我国在航天技术领域的又一次重大突破，也为中国在不久的将来建成可能是世界上唯一的“空间站”奠定了扎实的基础。

“神舟”系列飞船的载人航天飞行实现了中华民族千年“飞天”的愿望，是中华民族智慧和精神的高度凝聚。中国在航天技术领域虽然取得了举世瞩目的成就，但是中国人的航天梦不会止步于此。

党的十八大以来，中国进入由航天大国向航天强国迈进的关键时期和快速发展时期。2012年9月以来，“嫦娥三号”、“嫦娥四号”、“嫦娥五号”探测器相继发射成功，分别实现了中国探月工程的绕、落、回的发展阶段。2020年6月23日，第55颗北斗导航卫星成功发射，中国“北斗”系列导航卫星组网成功，7月31日，中共中央总书记、国家主席、中央军委主席习近平宣布“北斗三号”全球卫星导航系统正式开通。2020年7月23日，我国首次火星探测器“天问一号”成功发射升空，开启了中国进行行星探测的第一步。这些伟大的航天实践都将承载着中国人的逐天梦想继续向着更高、更远的空间迈进。

2006

『天路』变通途

——修建青藏铁路使用的高压锅

引言

青藏高原自然环境复杂，交通闭塞，物流不畅，高原地区的人们只能长期固守自给自足的庄园经济。美国现代火车旅行家保罗·泰鲁《游历中国》一书中写道："有昆仑山脉在，铁路就永远到不了拉萨。"这一"预言"在新中国成立后的近半个世纪中始终困扰着当地群众。然而，在21世纪之初，中国各族人民在党的领导下，艰苦奋斗，艰辛探索，终于修通了从青海格尔木至西藏拉萨的青藏铁路，"从此山不再高，路不再漫长，各族儿女欢聚一堂"。中国国家博物馆收藏有一件青藏铁路修建时建筑工人烧饭使用的特制高压锅，真实见证了这条高原"天路"修建的艰辛历程。

2006年7月1日，中国共产党建党85周年这一天，从青海格尔木始发的青藏铁路首趟旅客列车徐徐驶进拉萨车站，600多位劳动模范代表，各族群众代表和普通旅客怀着急切的心情，纷纷踏上站台，踏上高原圣城拉萨的土地。从这一刻起，青藏铁路正式通车，“西藏不能通铁路”的说法成为历史，我国境内再无火车不能到达的省区，占全国八分之一土地的西藏更为直接地融入了祖国社会主义现代化建设的洪流。

西藏自治区地处平均海拔4000米以上的青藏高原，由于受严酷的自然条件限制，这里交通闭塞，物流不畅，新中国成立之前，整个西藏仅有1千多米便道可以行驶汽车，水上交通工具只是溜索桥、牛皮船和独木舟。交通条件的落后，使得高原地区的人们只能长期固守自给自足的农牧业经济。1950年，人民解放军挺进西藏时，遵照毛泽东主席“一面进军，一面筑路”的指示，与当地群众一起艰苦奋斗，历经艰险，在高原上修筑了4360公里的川藏和青藏公路，使得西藏人民有了现代化的交通运输方式，开创了西藏交通事业发展的新篇章。但是，由于各种条件的限制，这里一直没有修建铁路，2006年之前，西藏自治区是国内唯一不通铁路的省级行政区，这严重制约了西藏地区经济、社会的发展。

早在20世纪50年代初，中共中央和毛泽东主席就下定决心，要“让火车爬上世界屋脊”，并着力研究解决进藏铁路建设问题。此后，在经历1956年勘察设计、1958年动工修建、1960年停工缓建、1974年挥师复建之后，1979年，青藏铁路一期青海省西宁至格尔木段814公里建成，1984年正式通车运营，这成为青藏高原开发建设史上的创举和奇迹，也为青藏铁路后期工程的开工建设积累了经验，奠定了基础。但是，由于高寒缺氧、多年冻土、生态脆弱，以及国民经济实力不足等问题，进藏铁路被搁置下来。

新世纪之初，随着改革开放和西部大开发战略的全面实施，为加快进藏铁路建设提供了难得的历史机遇。到2001年，中共中央、国务院先后四次召开西藏工作座谈会，听取西藏自治区及铁道部有关修建青藏铁路的重要意义、存在的困难问题、当前具备的条件等方面的汇报。经过充分论证和准备，6月27日，国务院正式印发《关于青藏铁路格尔木至拉萨段开工报告的批复》，并于6月29日分别在青海省格尔木市南山口火车站和西藏自治区拉萨河畔造耳峰隧道出口同时隆重举行开工典礼。至此，这条凝结了党和国家几代领导人心血、几代科学家和工程人员半个世纪智慧的“天路工程”再次启动。

青藏铁路二期起自青海省格尔木市，止于西藏自治区拉萨市，全长1118公里，途经纳赤台、五道梁、沱沱河、雁石坪，翻越唐古拉山，再经西藏自治区安多、那曲、当雄、羊八井，进入拉萨市。由于跨越了世界上最高的高原，青藏铁路被人们赞叹为“天路”，而高原复杂独特的自然和地理环境，导致铁路的修建面临前所未有的极限挑战，涌现出众多可歌可泣的英雄壮举和感人事迹。中国国家博物馆收藏的修建青藏铁路时的部分用品，见证了修建者们艰苦奋斗的历程和顽强拼搏的精神。

青藏高原被誉为“地球第三极”，以海拔高，空气稀薄，含氧量少，紫外线强烈，常年积雪，气候复杂而著称于世，氧气仅有海平面的50%至60%，年均气温在零摄氏度以下，极端最低气温为零下45摄氏度。青藏铁路建设时流传着这样一句顺口溜：“天大地大不如反应大，爹亲娘亲不如氧气亲。”“高寒缺氧”的自然环境对铁路建设者和工作者的生产生活和生命安全提出了各种挑战。

来自陕西西安的中铁二十局的300多名建设者担负施工任务的青藏铁路第七标段，因有世界最高隧道风火山隧道而备受关注。风火山隧道位于海拔5010米的风火山上，轨面海拔标高4905米，全长1338米，全部位于永久性高原冻土层内，多年冻土层地质含冰量10%至50%，是目前世界上海拔最高、横跨冻土区最长的高原永久冻土隧道。该隧道位于被称为“生命禁区”的青藏高原腹地可可西里无人区，自然地理气候条件之恶劣为全线之最，这里氧分压最低为10.87千帕，氧含量只有平原地区的50%。在这生存都几乎不可能的地带，还要进行最为艰苦的铁路施工，其艰难可想而知。“到了晚上，由于缺氧几乎无法合眼，睡不成一个完整的觉”，成了职工们的共同感受。条件虽然艰险，但是建设者们并没有因此而止步。2001年10月18日，风火山隧道打响第一炮，经过整整一年的艰苦奋战，2002年10月19日，这条世界上最高的高原冻土隧道顺利贯通。

整条青藏铁路共建有85个车站，全部建在高原上。其中的安多火车站位于海拔4700米的西藏自治区那曲地区安多县城，是青藏铁路进入西藏的第一大客货两用车站，有14列旅客列车经过此站，其中4列停靠此站。在安多火车站的建设中，负责施工建设的中铁十九局的建设者们克服了许多难以想象的困难。首先面临的就是生活问题，由于海拔高，普通的锅烧水烧不开，面条都煮不熟。这样，大家的吃饭、喝水都成了问题。为了解决生活难题，工人们采购了这口特制高压锅，用来烧水、做饭。高压锅为铝合金质地，通高61厘米、直径60厘米，重20多公斤，比普通高压锅重了好几倍。锅体标识1980年12月出厂。由于长时间使用，这口巨大而沉重的高压锅底部被烧漏，已经光荣退役。2006年5月，前去青藏铁路工地采访的《北京青年报》记者特意征集了这件青藏铁路建设所特有的历史见证物，带回北京，转赠中国国家博物馆永久收藏。

经过广大建设者们历时五年的艰苦奋斗和顽强拼搏，青藏铁路格尔木至拉萨段于2005年10月12日全线贯通。2006年3月1日，青藏铁路格拉段工程运验试验货物列车正式运行；7月1日，青藏铁路全线开通运营。青藏铁

| 中铁十九局工人在安多火车站建设工地上使用的特制高压锅

路的建成通车，是人类铁路建设史上亘古未有、艰苦卓绝的穿越，是中国共产党领导人民挑战自然、战胜艰险的一大壮举，是中国社会主义现代化建设取得的又一个伟大成就，被誉为“可与长城媲美的工程”！青藏铁路的建成通车后，对于青海、西藏两省区加快经济社会发展，改善各族群众生活，对于增进民族团结和巩固祖国边防，都具有十分重大的意义，也必然产生深远的历史影响。

2008

奥林匹克精神的中国诠释

——北京奥运会上的『祥云』火炬

引言

——

北京能够举办奥运会无疑是全中国的骄傲，以“绿色奥运”“科技奥运”“人文奥运”为主题，中国人民为举办一场成功的奥运会展开了不懈的努力。其中，祥云、漆红、纸卷轴等中国元素的融入，使得古老的东方文明和现代的奥林匹克精神在“祥云”火炬上完美结合，迸发出耀眼的火花。事实证明，中国需要世界，世界需要中国，改革开放数十年所聚合的精神和物质财富已经成为世界和平不可或缺的能量，也为中国成功举办奥运会提供了坚实的国际基础。

2008年北京奥运会开幕式上“体操王子”李宁用“祥云”火炬点燃开幕式现场主火炬，这一幕让无数中国人民难以忘怀。

奥运会圣火承载着奥林匹克的精神内涵，跃动着公平公正和平的希望，凝聚着对更快更高更强的追求。它首次出现在现代奥林匹克运动会是在1928年的第9届阿姆斯特丹奥运会上。当时，东道主除了新建了一个能容纳4万人的主体育场外，还建造了一座高塔。在奥运会期间，高塔内一直燃烧着熊熊的火焰。这火焰的火种取自奥林匹亚，用聚光镜聚集阳光点燃火炬，然后通过接力传送，途经希腊、南斯拉夫、奥地利、德国，最后传到主办城市。这也是奥运会首次举行这种活动。

从1936年的第11届奥运会开始，奥运圣火正式进入现代奥林匹克运动会，成为现代奥林匹克运动会乃至奥林匹克精神的一大象征。从此，每届奥运会都有一支体现主办国的文化特色、符合高科技要求的火炬。同时奥运火炬也成为组委会体现举办城市、国家和民族文化特色的载体。

在2004年雅典奥运会结束后不久，北京奥运会火炬的设计工作便紧锣密鼓地展开了。2005年12月6日，北京奥组委在新闻发布会上向全世界宣布，从即日起至2006年2月28日面向社会公开征集2008年北京奥运会火炬设计方案。

2006年3月1日，共有388件火炬设计方案摆在了火炬评审委员们的面前——这是北京奥组委在近3个月内征集到的有效作品。这些作品具有广泛的参与性，其中既有个人的作品也有来自集体的创作，评委中也云集了国内艺术、美术等各个领域具有杰出成就的专家、学者以及部分从事相关领域研究的国外专家。

在这次初评的过程中，评委们一共选出了9件作品，从长城到中国古代乐器埙，再到中国特有的植物竹子，每件作品都洋溢着浓郁的中国文化与风情。在多次的投票中，有一件作品屡次引起了专家们的注意。这是一件造型源于纸卷轴，并以立体浮雕手工艺手法镌刻着“祥云”图案的作品。祥云、漆红、纸卷轴等中国元素的融入，使得古老的东方文明和现代的奥林匹克精神完美结合，迸发出耀眼的火花。

“祥云”火炬的设计来自联想创新设计中心，在五种语言的交流和东西方智慧的碰撞中，一张充满创意、灵气的火炬草图跃然纸上。经过认真评选，这件承载着中国五千年古老文明的纸张和传承渊远中华文化的“卷轴”，成为后来北京奥运火炬的雏形。

本着精益求精的精神，北京奥组委组织评委和设计单位对火炬上云纹的纹路、方向等细节不断地进行修改，2008年奥运会火炬的外形终于确定。火炬以受力变形后形成的纸卷轴为造型，红色的祥云图纹精雕细琢在上半部分的银色基底上，立体浮雕式的工艺使其显得雍容华美，下半部分选用了承载千年中国印象的中国漆红，强调柔和的手感。“高雅华贵，内涵厚重，独具特色，体现了中国文化的特色和奥林匹克精神的结合”，北京奥组委执行副主席蒋效愚用这样一句话概括了“祥云”火炬的特点。

“祥云”火炬长72厘米，重985克，在工艺上采用轻薄高品质铝合金和中空塑件设计，下半部喷涂了高触感塑胶漆，手感轻盈舒适且不易滑落；每支火炬的燃烧时间15分钟，这对于传递过程已经足够，因为每届奥运会火炬手数量和传递距离有所不同，此次传递每天将有208名火炬手参与传递，一般每个火炬手传递200到400米，整个过程不会超过10分钟。

北京奥运会的火炬在燃烧稳定性与外界环境适应性方面，达到了全新的技术高度，能在每小时65公里的强风中和每小时50毫米的大雨下

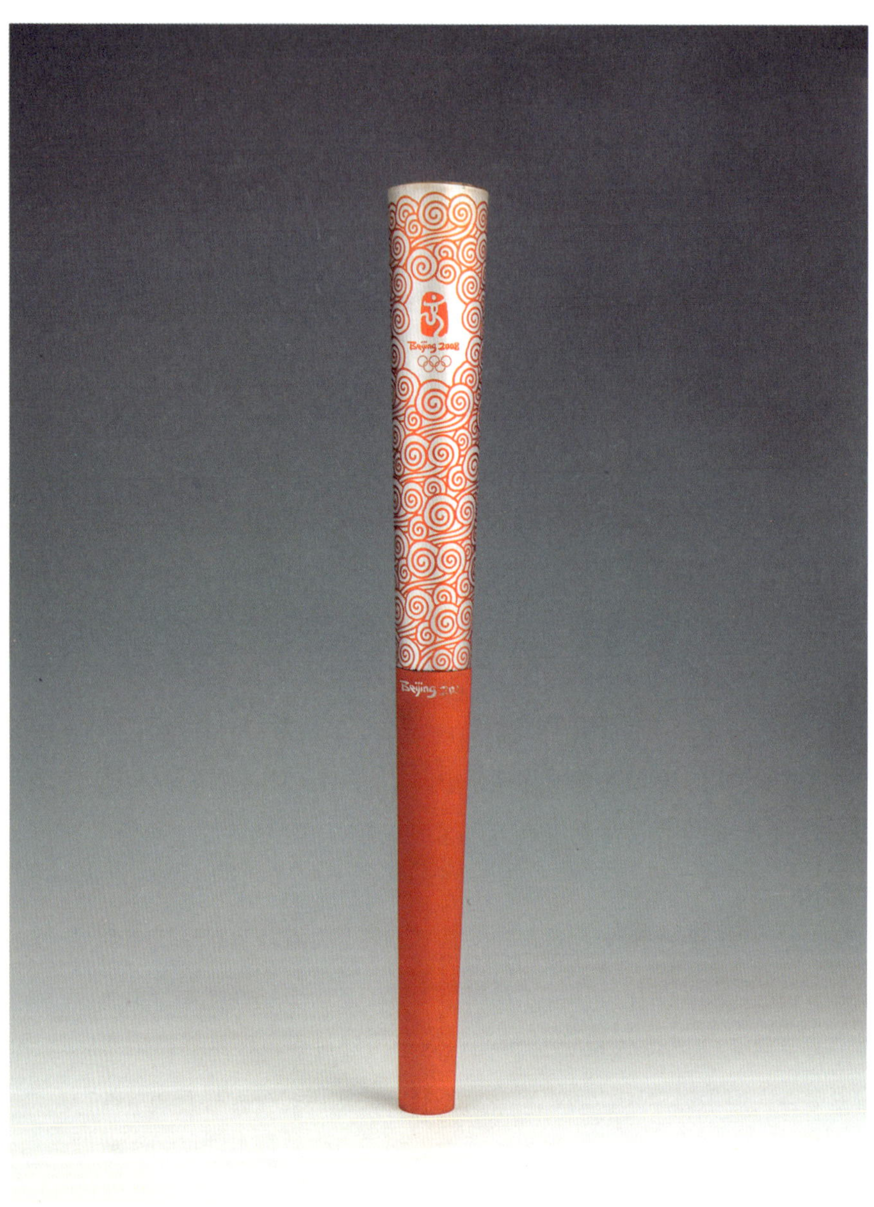

北京2008年奥运会上使用的“祥云”火炬

保持燃烧，最低零下6摄氏度到最高45摄氏度的温度变化也不会对其燃烧产生影响。火炬火焰在零风速下火焰高度25至30厘米，在强光和日光情况下均可识别和拍摄。丙烷是一种无色无味且价格低廉的常用燃料，可以适应比较宽的温度范围，近几届奥运会都用丙烷等混合气体做燃料。北京奥运会的“绿色奥运”理念在火炬上也能够得以体现。北京奥运会火炬的外形制作材料均为可回收的环保材料，而丙烷作为一种碳氢化合物，在燃烧后主要产生水蒸气和二氧化碳，同样也不会对环境造成污染。

为了给火炬提供可靠的燃烧系统，实现“奥运的火，航天的心（芯）”的梦想，航天科工集团项目组发扬“特别能吃苦、特别能战斗、特别能攻关、特别能奉献”的航天精神，为奥运圣火贡献了一颗可靠的“芯”。

值得注意的是，近几届组委会多采用自己设计外形，购买燃烧系统的方式来完成奥运火炬的设计。但燃烧系统与火炬外形的匹配往往存在一定问题，从而在传递过程中造成容易熄灭的情况。为了确保“祥云”火炬燃烧系统的稳定，在设计过程中，每一个细节都得到了充分考虑。火炬的燃烧系统包含燃烧器、稳压装置、燃气罐三部分，燃烧器采用了创新的双火焰方案，即预燃室加主燃。稳压阀用于保持气体的压力，压力稳定从而使火焰高度得以保持。值得注意的是，燃气罐采用螺纹连接，避免安装疏忽造成无法点燃，同时也实现了火炬即使在意外跌落时仍会继续燃烧。整个“祥云”火炬带有浓郁的中国特色，和谐地将中国传统文化与奥林匹克精神结合在一起，其中所蕴含的“渊源共生，和谐共融”理念是对奥林匹克精神和奥林匹克圣火内涵的一次独特诠释。

2007年1月，国际奥委会正式批准了北京奥运会的火炬设计，国际奥委会主席罗格还专程参加了“祥云”火炬发布仪式，并给予了高度的评价。他说：北京奥运会火炬的出色设计为火炬接力增添了独特的中国色彩。他深信，北京奥运会火炬接力将会在全世界人们的记忆中留下许多不同寻常的记忆，创造出新的梦想。

每一届奥运会的火炬传递活动都体现出了主办方创意的独特性，而北京奥运火炬传递则是奥运史上传递范围最广、时间最长、参与人数最多的一次火炬接力活动，让圣火登上珠峰是北京奥运会火炬传递过程中的最大亮点。2008年5月8日9时17分，“祥云”火炬终于在珠峰顶峰8844.43米（当时高度——编者）处熊熊燃烧。这是中华民族挑战人类极限的一次壮举，是百年奥运历史上的一道奇观，更是中国奉献给全世界的一大杰作。

以往奥运会的火种灯都采用液体航空煤油为燃料。经过多次试验，航天科工集团的火炬研发团队发现，这种煤油灯在海拔6500米以下的地区都能正常工作，但在更高海拔的地方，由于气压低、氧气含量低，就无法正常工作了。为了寻找更可靠的燃料源，研发人员费尽心思。功夫不负有心人，2007年10月，北京奥组委组织召开珠峰特种火炬系统研制评审委员会会议，与会专家认为，珠峰火炬、珠峰火种灯等各项技术指标均达到规定的技术要求，各系统均能满足火炬登顶珠峰的需要。

两年的心血，终于凝成一颗可靠的珠峰火炬航天“芯”。珠峰火种灯为圆柱体，其体积与普通火种灯相当，但并没有普通火种灯那种可以看见内部火苗的玻璃小窗，而是通体包裹着银色金属外壳，表面刻满了红色云纹，中间镶嵌红色的北京奥运会的会徽图案。

珠峰火种灯的灯筒通高约35厘米、直径12厘米，它将被带到距顶峰30米处，要经受零下30摄氏度低温和10级大风的极端环境的考验。为此，火种灯采用了特殊的固体碳柱燃料，可以用暗火的方式缓慢地持续燃烧8个小时。也就是说，携带珠峰火种灯的登山队员只需每8小时添加一次燃料，其他时间，无论将灯放在什么地方，火种都不会熄灭。

“祥云”火炬设计师姚映佳回忆说：“经历了北京奥运会之后，我已经形成了一种思维定式，就是无论何事都要站在人类社会的高度来思考，用传递圣火一般的温度来传递美好的体验给到用户，这种精神财富是设计团队的伙伴们一生都受用不尽的。经历过这些之后，我有一句对青年人的寄语：当你置身于对国家和整个人类都十分重大的历史事件时，不要有太大的得失心，你所得到的回报将是一生都用之不竭的精神财富。”

随着奥运圣火在世界范围内的传递，奥林匹克的精神将踏着“渊源共生，和谐共融”的“祥云”传遍世界，传递人们和平共处、和谐发展的梦想，而中国古老文明也在奥林匹克运动的史册上写下了浓重的一笔。正如国际奥委会《奥运会火炬接力技术手册》所言：奥林匹克火炬接力所代表的价值观被全世界人民普遍接受和赞美，人们认为“世界上没有任何一种力量能像奥林匹克火炬接力那样将全世界人们连接在一起”。奥运圣火将促进世界文明的融合，促进各地人民之间的互相认同和尊重，为世界和平做出自己的贡献。

需要指出的是，改革开放为中国举办奥运会提供了坚实的物质基础，也为中国举办奥运会提供了巨大的科技能量。科技与体育的完美结合已成现代奥运会的重要特征。中国之所以敢于赋予北京奥运会“绿色奥运”“科技奥运”“人文奥运”的理念，正是因为改革开放几十年来中国积累了大量科技成果，而北京奥运会也变成了中国向世界展示这些成果的窗口。

“治国有常，而利民为本。”据北京市政府公布的数字，在7年筹备奥运的过程中，仅有270亿元直接用于场馆建设和奥运会自身运作，而相关的城市基础设施和环境改造投资则达到2800亿元，这些基础设施直接惠及老百姓。2008年，北京市生产总值突破1万亿元人民币，比

2001年翻了一番，年均增长12.4%，其中有1个百分点是奥运的贡献；北京市人均生产总值从2001年的3262美元提高到2008年的近8000美元。

中国正是通过不断解放思想、不断深化改革、不断扩大开放，让世界看到中国始终不渝地走在和平发展的道路上，始终不渝地奉行互利共赢的开放战略。中国需要世界，世界需要中国，改革开放几十年所聚合的精神和物质财富已经成为世界和平不可或缺的能量，也为中国成功举办奥运会提供了坚实的国际基础。

2014 

锁进柜子里的政府权力

——被封存的109枚公章

引言

——

之前需要109枚审批公章办成的事，如今却只要1枚。“公章瘦身”，在天津滨海新区行政审批局里已经有了看得见的“减肥”效果。2014年9月11日，国务院总理李克强见证了封存109枚废弃公章的一幕。而面对那些废弃公章，李克强总理也不禁感慨：为了盖这些章，老百姓不知要跑多少腿。显然，这些被封存的公章过去每一枚都束缚了很多人，折腾了很多人，也为之付出了高昂的行政成本和社会成本。如今这些公章被永久封存在中国国家博物馆，而且是在总理见证下，有着更多特殊意义。

中国国家博物馆内有一件特殊的收藏品：一个长宽各不足半米的玻璃箱内，密密摆放着109枚红色公章。这些公章不仅是政府自我革命的生动见证，更是中国当代改革开放史的重要文物。这些公章曾经“天经地义”地代表着政府的审批权力。每枚公章都曾是一道通往市场的“关卡”。简政放权改革中，天津滨海新区将分散在18个不同单位的216项审批职责合并为“一局一章”，原有的109枚公章就此废弃。

从外形上看，这些公章并没有什么特别之处。它们中的绝大部分由木头或塑料制成，最大的有拳头般大小。有些公章使用了多年，红墨的印迹已经侵入到木头的纹理中。它们都被封存在一个长方形的透明玻璃箱子里，上面贴着一张白色的封条。

为这些公章贴上封条的人是滨海新区行政审批局局长张铁军，而见证这一封章过程的人，则是国务院总理李克强。在滨海新区行政审批局服务大厅里，李克强仔细向张铁军询问了这项改革到底有哪些效果，能为老百姓减少多少办事成本。最后，他看着张铁军为装满公章的玻璃箱贴上一张写有当天日期的白色封条。“这些公章今天被贴上了封条，就绝不能再打开，再也不能变相给老百姓‘设门槛’。”李克强叮嘱道。

李克强总理离开后不久，天津市滨海新区行政审批局办公室主任匡令凡便接到中国国家博物馆的电话。中国国家博物馆提出想要收藏他们“革命”掉的109枚废弃公章，并表示有意将这些公章纳入中国国家博物馆的《复兴之路》展览。

将废弃的审批公章从政府机关“革”进中国国家博物馆，并没有花费太大的周章，2014年11月15日上午，一个简单的交接仪式在滨海新区行政审批局服务大厅举行。时任中国国家博物馆党委书记黄振春用一本红色的收藏证书换回了满满当当的一整盒公章。搬走这些公章的时候，旁边的一位工作人员特意提醒了他一句："这些公章可沉着呢啊，不好搬啊!"

拿掉政府部门冗余的审批权力，绝非像搬走公章这么简单。事实上，各类公章和证照束缚人民群众手脚的事例比比皆是：一位普通市民四处找人证明"我妈是我妈"；一位创业者被各种"证"卡得开不了业；一位企业家甚至详细记录了自己耗时799天的审批历程，绘制出一张长达4米长的"万里审批图"。

进而言之，封存公章只是简政放权的一部分，封存公章之后，如果领导的签字审批权没有同时取消，还是会影响行政审批的效率和成本；或者说，封存公章之后要警惕领导的签字审批权取代公章。要想完全把简政放权落到实处，既要封存公章，更要制约领导的权力，不能让某些领导乱作为影响简政放权的效果。

滨海新区在总理见证下封存公章，的确是一个历史性场景，意味着告别了公章时代，进入了转变政府职能的新时代。但是，封存公章之后还要防止其他因素干扰简政放权——不仅要警惕某些领导干扰简政放权，还要警惕某些公章被封存之后，换个"马甲"继续束缚老百姓和企业。

党的十八大以来，"简政放权"始终是改革发展的一大高频词，成为全面深化改革的"先手棋"和转变政府职能的"当头炮"。这是基于历史的启示，特别是我国40多年来改革开放内在成功逻辑的启示。在以习近平同志为核心的党中央决策部署和坚强领导下，旨在理顺政府与市场关系的探索和实践，在中国全面推开。简政放权不仅是审批的减少、权力的下放，还是"壮士断腕"的自我革命，更是政府治理方式革故鼎新的跨越。

改革开放40多年来我国之所以能不断取得成就，正是因为我国不

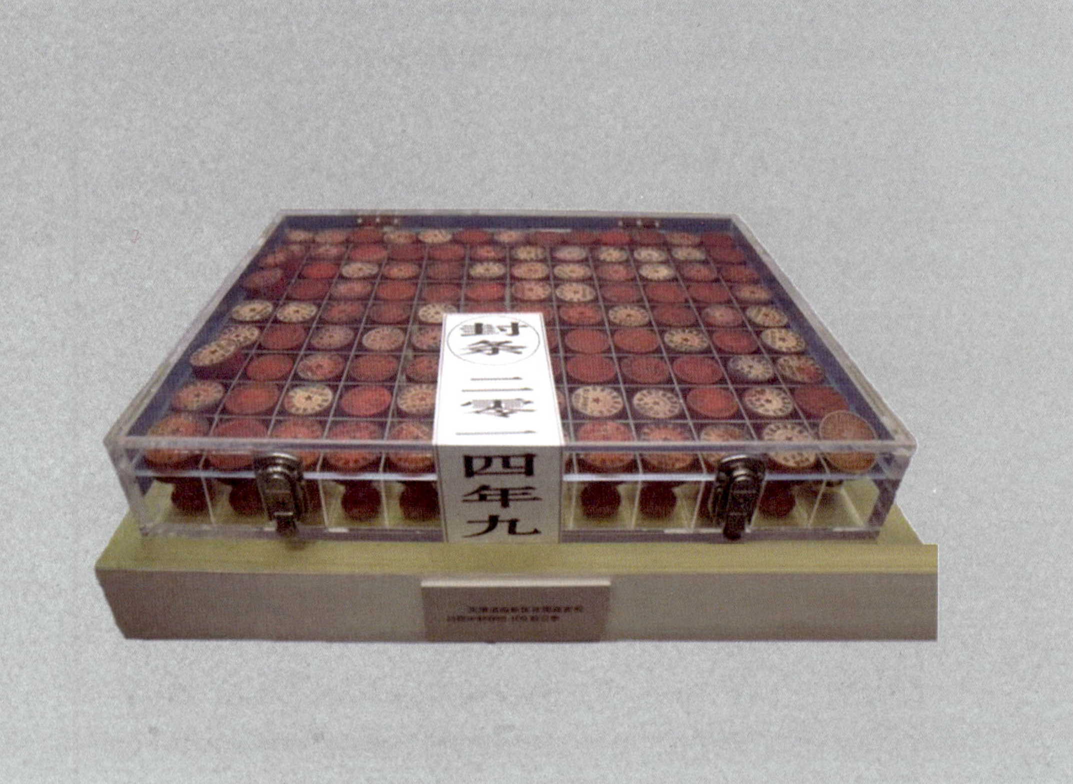

| 天津滨海新区在简政放权过程中封存的109枚公章

断减少政府对微观经济干预、逐步提高市场在资源配置中的作用。对此，党的十八届三中全会进一步明确，经济体制改革的核心问题是处理好政府和市场的关系，使市场在资源配置中起决定性作用和更好发挥政府作用。

当前，我国正进入必须依靠质量效益提升、创新驱动才能保持健康发展的新阶段，更好发挥政府作用就是要通过深化政府的行政改革和宏观调控创新，为市场和企业的发展创造公平稳定宽松的宏观经济环境，使巨大的发展潜力不断释放。经济发展史早已证明，政府对微观经济运行干预过多、管得过死，就会抑制经济发展活力。国务院相继取消和下放了大量行政审批事项，全部取消非行政许可审批，承诺减少三分之一以上审批事项的目标提前两年多完成。投资核准事项中央层面减少76%，境外投资项目核准除特殊情况外全部取消。资质资格许可认定和评比达标表彰事项大幅减少。特别是工商登记实行“先照后证”，前置审批事项85%改为后置审批。

在经济下行压力之下，我国不搞强刺激，而是抓住了政府和市场关系没有理顺的“病根”，用改革的办法发挥市场配置资源的决定性作用、激发经济的内生动力。2015年，全国新登记企业443.9万户，同比增长21.6%，平均每天新登记企业1.2万户，创历史新高，创业创新蔚然成风。与此同时，商事制度改革通过为商事主体准入“减负”、为创业者“松绑”，创造了大量就业机会，成为经济运行的“稳定器”。

在改革发展的道路上，简政放权肩负重任。将改革推向纵深，就要坚决把该“放”的彻底放开、该“减”的彻底减掉、该“清”的彻底清除。近年来，世界经济处于国际金融危机之后的深度调整期，我国国内则步入经济发展新常态。特别是随着国际经贸格局调整和国内资源要素条件变化，我国传统外贸竞争优势弱化。面对复杂严峻形势，党的十八大以来，我国通过简政放权改革，加快构建开放型经济新体制，培育和扩大国际合作竞争新优势。

从《关于支持外贸稳定增长的若干意见》到《关于加快培育外贸竞争新优势的若干意见》，从《关于促进进出口稳定增长的若干意见》到跨境电子商务综合试验区，各项政策正在促外贸“优进优出”，打造外贸竞争新优势。在投资便利化方面，一系列改革措施相继出台，对外开放新体制构建初具模型。

从行政审批制度改革到建立“负面清单”，简政放权向纵深推进，为中国融入全球、开放发展带来勃勃生机。新起点，新征程。以开放倒逼改革，简政放权将助力开放型经济新体制的构建，促使我国深度融入世界经济体系，在更加广阔的市场空间中实现可持续发展。

简政不是减政，放权不是放任。在“放”的同时，深入推进监管方式创新，着力优化政府服务，做到“放管服”三管齐下。政府通过简政放权，实际上是强化了其服务职能，突出其“公共”角色，向服务型政府转变。

几年来，简政放权改革从重数量向提高含金量转变，从“给群众端菜”向“让群众点菜”转变；更加注重加强事中事后监管，创新市场监管方式；力求建立健全全国统一的社会信用代码制度和信用信息共享交换平台，建设企业信用信息公示“全国一张网”，实行综合监管，探索“智能”监管。

从破除审批“当关”到打破证明“围城”，从减少公章“旅行”到消减公文“长征”，简政放权的足迹由点成线，“三张清单”不仅厘清了政府和市场的边界，更成为政府治理的基本遵循。民之所望，施政所向。简政放权有没有效果，不能只看数字上取消下放了多少，关键要看群众和企业办起事来是不是程序更明白、手续更简单、沟通更顺畅。

群众的获得感，正是来自政府治理的改善。政府有所不为方能更好有所为，这或许是简政放权改革带来的最重要启示。

中共中央、国务院印发的《法治政府建设实施纲要（2015—2020年）》，提出到2020年基本建成职能科学、权责法定、执法严明、公开公正、廉洁高效、守法诚信的法治政府，特别是明确了深化行政审批制度改革、大力推行“三张清单”、加强市场监管、优化公共服务等政府依法履职的具体举措。

未来，进一步推进政府将不该管的事交出，集中力量把该管的事管好、该服务的服务到位，将会更有效推进政府的治理创新，让市场“无形之手”更好地施展，更好地遂民意、促发展、利和谐。

值得注意的是，在李克强总理考察后，天津滨海新区行政审批局进一步深化简政放权，原有216项重复、交叉的审批事项被减少到147项。2016年底，该局高票荣获第四届“中国法治政府奖”。事实上，“法治政府”正是李克强总理对政府职能转变的目标之一。他强调，新时期深化行政体制改革、转变政府职能要简政放权、放管结合、优化服务同时推进，加快建设法治政府、创新政府、廉洁政府、服务型政府。

从天津滨海新区行政审批由一枚公章取代曾经的109枚公章，到广州投资项目行政审批由799天的“万里长征”缩短到现在最快只要50天，让观众深刻感受到我国深化改革、简政放权的力度。以人民为中心，简政放权、转变职能，2013年以来，国务院部门行政审批事项已经减少1000多项，“建设服务型政府”被写进了党的十九大报告。一项项改革措施，不仅提升了群众的满意度、获得感，还大幅优化了国内营商环境。改革最根本的目的就是要解放和发展生产力，把千千万万中国人的积极性调动起来、创造力释放出来，这就是改革最大的红利。

2014

2014 

新时代的强大精神动能

——“时代楷模”朱彦夫的工作日记

引言

——

楷模的力量是无穷的，朱彦夫就是这样一位楷模。他是一位失去四肢和左眼的特等伤残军人，退伍后回到家乡担任村党支部书记25年，带领群众治理荒山、兴修水利、发展教育，把一个贫穷落后的山村变成了山清水秀的富裕村。他虽然身体残缺，没上过几天学，却一直坚持读书看报、写日记。这些日记，用朴实的文字抒发了他对信念的追求、对事业的执着、对家乡的热爱。日记中所反映出的坚定的理想信念、顽强的人生追求、无私的奉献精神和崇高的人格境界，在今天仍是我们改革发展的强大精神动能。2014年，朱彦夫荣获“时代楷模”荣誉称号，成为获得这一称号的全国第一人。

中国国家博物馆收藏着时代楷模朱彦夫20世纪50至70年代的几本日记。其中一本写于1964年1月1日至1966年1月30日，是他回乡担任村党支部书记期间的工作日记，真实记录了2年中朱彦夫的工作状况和心路历程。日记本纵18厘米，横13.5厘米，灰绿色的封面已经磨损陈旧，有了岁月的痕迹。

1933年7月，朱彦夫出生于山东省淄博市沂源县张家庄村（现名张家泉村）。从小家贫如洗，14岁时他瞒着母亲加入了华东野战军部队。1949年他在战壕里火线入党，立下了“永远听党话，一生跟党走”的誓言，先后参加了战淮海、过长江、打上海等上百次战役战斗。

1950年，17岁的朱彦夫参加了抗美援朝战争。12月的一天，在争夺一处高地的战斗中，朱彦夫和战友们冒着零下30多摄氏度的严寒，与敌人激战三天三夜，拼到弹尽粮绝，最后整连官兵除了遍体鳞伤的他外，全部壮烈牺牲。93天后，当他从昏迷中奇迹般地苏醒过来时，才发现自己已经失去了双手、双脚和左眼，右眼视力仅有0.3，体重不足30公斤，“身高”只剩下1.32米，满身伤疤，体内甚至还有7块弹片没能取出来。为了减轻国家负担，1956年，朱彦夫毅然离开衣食无忧的荣军休养院，回到故乡。回家后，他决心挑战生命的极限，做个自食其力的生活强者。经过无数次摔打磨炼后，朱彦夫终于站了起来。慢慢地，他还学会了自己吃饭、上厕所、装卸假肢、刮胡子，甚至划火柴。

朱彦夫的家乡张家庄村在20世纪50年代可以用荒山秃岭、穷山恶水来形容，全村108户，分散在6座荒山上，只有500来亩耕地，而且多是贫瘠的山地。村里许多户揭不开锅，吃了上顿没有下顿，穷得叮当响，不少人常年在外逃荒要饭。村党支部班子涣散，2年内换了三任书记，依然没能改变村子的穷困面貌。

1957年，在村民们的力荐下，朱彦夫当选为张家庄村党支部书记。当时全村600多口人，大多不识字。朱彦夫觉得脱贫要先脱盲。于是，他腾出家里四间草房中的一间，用母亲准备做寿材的木板做成书架，自己买书，办起了全村第一个图书馆。接着，他又拿出抚恤金，在山村建成第一所夜校，亲自当教员，就靠一本字典和借来的小人书、小学课本，边学边教。为了方便在黑板上书写，他把粉笔装进子弹壳里，再用双臂夹住。每当他写字时，弹壳锋利的边缘就会嵌进肉里，钻心地疼。站的时间长了，套在假肢里的断腿处失去知觉，一不留神他就会摔倒在地。夜校离家2里路，他每晚都拄着双拐，拖着17斤重的假肢到校上课，风雨无阻。2年多的时间里，夜校培养出100多名学生，他们成了张家庄村建设时期的中坚力量。

朱彦夫说："曾经作战我是豁上生命的，当支部书记我也得豁上生命。"他这样说，也是这样做的。一上任，朱彦夫就拄着拐，拖着假肢，臂上搭块随时擦汗的毛巾，站着走、跪着走、爬着走、滚着走，用自己"发明"的这4种走法，到田间地头查看生产，逐门逐户探访民情。山间的羊肠小道崎岖坎坷，布满碎石块，朱彦夫常常被绊倒，摔得皮开肉绽，头破血流。那几年，他的假肢被磨坏了7副。

"一个共产党员，只要还有生命，就能有作为。"针对张家庄村的实际情况，朱彦夫慢慢拿定了改造主意：治山、治水、造田、架电。在他的带领下，张家庄村全凭人工之力，村民们一个冬春搬运了2万多方土石，把荒废了不知几辈子的山沟变成了平展展的耕地，当年就增产粮食5万多斤。这些良田不仅在当时解决了吃饭问题，到现在仍给村民们带来巨大的经济效益。为了绿化荒山，他顶住压力大搞副业，带领林业队种植苹果、花椒、桑树，使近千亩荒山变成了"花果山"。

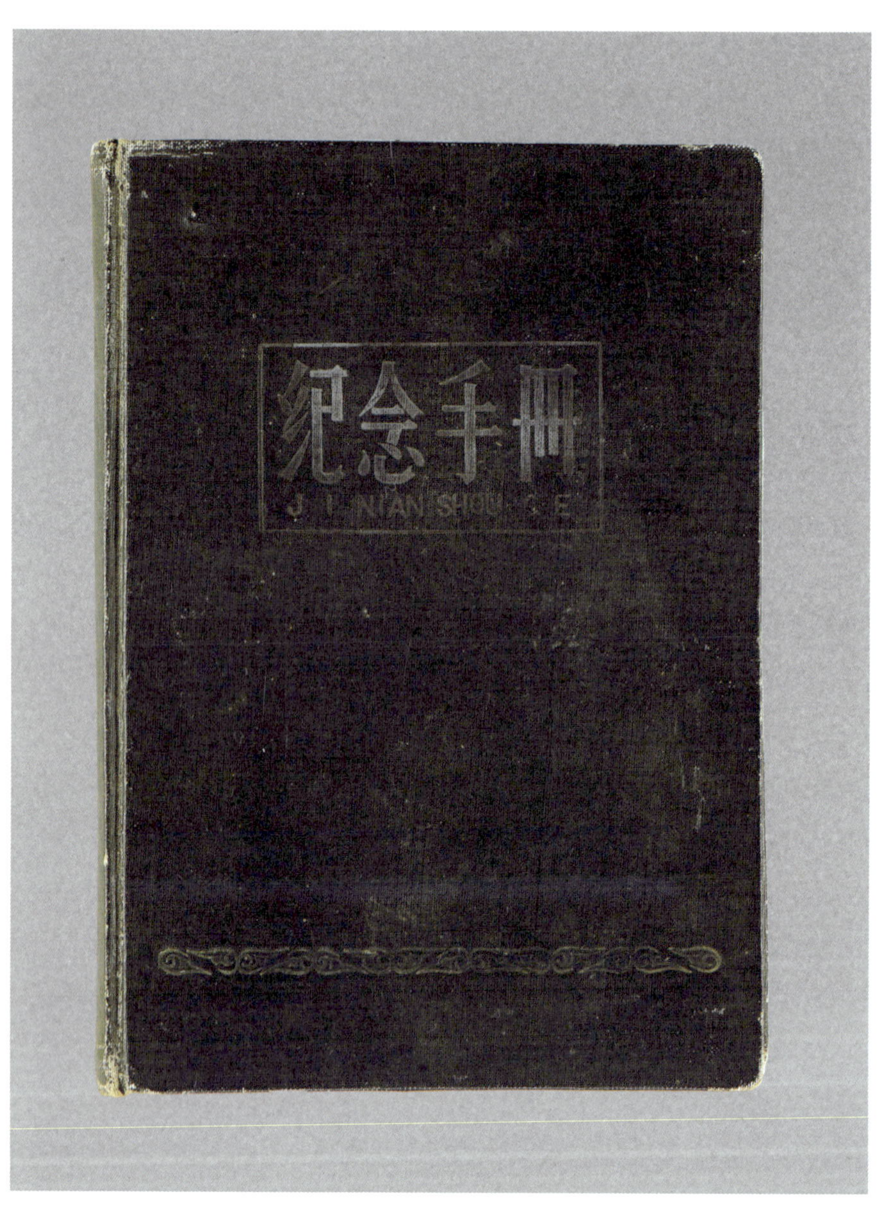

| 朱彦夫的工作日记

那时的张家庄是个缺水村，直到20世纪60年代末，别说浇地灌溉，连吃水都是难题。为此，朱彦夫请来水利专家，转遍沟沟坎坎寻找水源。这样一来，他的双腿更是遭了大罪。他在日记中写道："胃病发作数天了，今天去池家峪寻找水源，不巧把腿磨破出血，顿时痛得难忍。"找到水源后，他又天天到打井工地现场指挥，甚至自己下井解决难题。经过一个冬天，张家庄村终于有了第一眼大口井。此后的两个冬天，他又带领乡亲们一鼓作气打出两眼井，修建起长达1.5公里的水渠，彻底解决了村民们用水匮乏和无水浇田的问题。他还用7年时间，来回奔波2万多公里，换回了15公里的架电材料，使张家庄村结束了点油灯的历史，成为全乡第一个用上电灯的山村。

朱彦夫任职期间，为村里办事却从来没有报销过一分钱，没在生活待遇上向组织伸过手，甚至多次谢绝组织的照顾，主动用自己微薄的抚恤金为集体办事情、接济困难群众。他的心里，时刻装着的只有村里的发展和乡亲们的冷暖。25年来，在他的带领下，张家庄村的历史一次次被改写：150多亩旱涝保收的小平原造成了，几座荒山变成了苹果园、花椒园和桑树园，粮食亩产也提升到上千斤。昔日贫瘠的小山村几乎年年迎来丰收的喜悦，变成了富裕村。

到底是怎样的信念与追求，支持着一个身体重残的人，能够在平凡的岗位上做出如此不平凡的事业呢？也许在他的日记中我们能找到答案。尽管朱彦夫失去了双手，但他的日记却写得十分工整，每个字都清清楚楚，可以想见为此他付出了多少努力。在日记里，朱彦夫时常进行自我反省，比如："自担任干部以来，内心始终有桩难言的负担，无法解决'始终坚持干部参加集体劳动的制度'……一个残废人不能同大家同劳动，是当不好干部的。"通过学习《毛泽东选集》，他进一步认识到："只要我全心全意地把支部的政治思想工作搞好，把主意、计划、

培养干部工作做好，不都有利于党的事业么？”（1964年5月9日）

当他在困难面前产生退缩念头时，他不禁反思：“这不正是个人的骄傲情绪，人民的感谢奉称（承），使自己退化到贪图安（逸）享乐，认为个人革命已经走完全程的危险境界吗？”（1964年6月10日）

在工作中，朱彦夫不因自己的残疾而放松对自己的要求，他写道：“残废能够束缚人的肉体，但它不能束缚人的思想。我决心以一个健康人的标准要求自己，做好一个人的工作量。”（1965年11月1日）

对群众提出的批评意见，他则告诫自己：“不管怎样，我不能抱任何侥幸心理，别人指出的灰尘要洗，别人不指出，自己要经常照照镜子，透视一番、化验一番，主动把灰尘洗掉。”（1964年9月30日）

没有惊天动地的语言，朱彦夫用最朴实无华的文字在日记中审视自己、剖析自己、要求自己、激励自己，以强大的精神力量支撑自己的身体和思想克服困难，不断前行。

1982年，朱彦夫因患心脏病辞去村党支部书记的职务。放下锄杆子，他又拿起笔杆子。为了教育和激励后人，朱彦夫决定把战友们英勇作战的故事和自己的经历撰写成书。因身体情况，他只能坐在床上书写。他让妻子把被子叠成“方块”垫在大腿上，再把写字板放在被子上，弓背低头以嘴含笔开始尝试写字。时间长了，口水顺着笔杆往下流，稿纸被浸湿了，他就换一张重新写。胳膊翻书不方便，他就用嘴唇翻、用舌头翻。凭着这套“无指翻书”的硬功，朱彦夫前后翻烂了4本字典，硬生生“啃”下了100多本中外名著。就这样，沉浸在创作中的朱彦夫，用嘴衔笔、用残臂抱笔日夜疾书，用断了40多支笔，打翻了数不清的墨水瓶。尽管每天只能写出几百个字，但是历时7年，反复修改7遍后，朱彦夫终于以惊人的毅力创作完成了长达33万字的自传体长篇小说《极限人生》。他的真实经历感动了无数人，大家由衷地将他赞誉为“中国的保尔·柯察金”。

2014年3月31日，朱彦夫荣获中宣部授予的“时代楷模”荣誉称号，成为获得这一称号的全国第一人。他的颁奖辞这样写道：“是坚定的理想信念、崇高的精神追求，让朱彦夫铁骨铮铮，立于天地之间，成为一个‘特殊材料’制成的人，一个积极践行社会主义核心价值观的大写的人。正是一名共产党员勇于担当、务实为民的高尚情怀，使得没有手的他，却把群众的事办得更实；没有脚的他，却为群众蹚出了一条幸福路。自强不息、厚德载物，朱彦夫同志的身上，体现了中华民族的优秀文化传统，体现了改革开放时代所需的拼搏精神，正是这样的时代楷模，撑起了我们中华民族的脊梁。”2019年9月29日，朱彦夫又被授予“人民楷模”国家荣誉称号。

“一个有希望的民族不能没有英雄，一个有前途的国家不能没有先锋。”中华民族历来是一个崇尚英雄、成就英雄、英雄辈出的民族。无论是战火纷飞的革命岁月、热火朝天的建设年代，还是砥砺前行的改革开放时期，无数先锋志士把公而忘私的精忠赤诚书写在中华大地上。黄群、宋月才、姜开斌、王继才、黄大年、廖俊波、李保国、邹碧华、兰辉、罗阳、钟南山……一个个默默无闻的奉献者勇立时代潮头，敢为人先、迎难而上、勇挑重担，以信念的力量、大爱的胸怀、进取的锐气，为实现中华民族伟大复兴的共同理想做出了重要贡献。他们的奋斗足迹彰显出改革精神的时代内涵。

2021

小康路上一个都不能少

——十八洞村『社员股金证』

引言

——

贫困问题是世界性难题。作为一个农业人口占多数的发展中大国，中国的贫困问题由来已久。让中华民族摆脱贫困落后，实现从站起来、富起来到强起来的历史性飞跃，是一代代中国共产党人矢志不渝的奋斗目标。2013年11月3日，习近平同志在湖南省湘西土家族苗族自治州花垣县排碧乡十八洞村考察时，首次提出了“精准扶贫”思想。此后，花垣县委精准扶贫工作队进驻十八洞村，积极探索“可复制”“可推广”的精准扶贫新模式。2016年，十八洞村旧貌换新颜，2017年，实现整村脱贫摘帽。十八洞村“社员股金证”等实物资料见证了十八洞村的扶贫历程，成为新时期党和政府带领贫困地区人民脱贫致富奔小康的生动物证。党的十八大以来，中国组织实施了人类历史上规模最大、力度最强的脱贫攻坚战。历经8年，我国现行标准下近1亿农村贫困人口全部脱贫，832个贫困县全部摘帽。

花垣县十八洞村金梅猕猴桃开发专业合作社“社员股金证”，纸质，纵13.9厘米，横10厘米。封面为红色，正中竖印金色字体——“社员股金证”，下方从左至右横印一排黄色小字——“花垣县十八洞村金梅猕猴桃开发专业合作社”。打开股金证，封二上印有“社员的权利”6条和“社员的义务”5条；扉页为“股金持有人基本情况”表，包括持有人施进兰的相关基本信息及签字，并盖有发证单位“花垣县十八洞村金梅猕猴桃开发专业合作社”的红色圆形印章，发证时间为“2014年12月30日”。

十八洞村地处武陵山区腹地，隶属湖南省湘西土家族苗族自治州，位于素有花垣县“南大门”之称的排碧乡西南部，由4个相邻苗寨组成，因寨中有18个溶洞而得名。这里苗族风情浓郁、生态环境优美，可是却积贫已久。2013年时，全村有225户939人，由于土地贫瘠，人均耕地面积仅有0.83亩。村里基础设施落后，房屋多为木质结构，墙壁是用泥巴和木板糊起来的。尽管已经进入了21世纪，多数家庭的主要电器竟然还是电灯。村寨位于高寒山区，距离县城较远，因四周巉岩高耸、群山阻隔，交通极度不便，甚至连一条像样的进村路都没有。恶劣的自然条件使当地发展产业极为艰难，村民只能依靠自给自足的自然经济，收入来源单一。青壮年不得不外出务工，村里的劳动力更加缺乏。2013年十八洞村人均纯收入只有1668元，仅为当年全国农民人均纯收入的18.75%，贫困发生率高达57%左右。贫穷使“娶媳妇”都成了难题，全村40岁以上的光棍汉就有约40个。

贫困地区的发展始终牵动着党中央。2013年11月3日下午，习近平同志来到十八洞村考察调研。他在村民施成富家门前的空地上与村干部和村民代表们围坐在一起，亲切地拉家常、话发展。在这里，他首次提出了“精准扶贫”思想。他说：“发展是甩掉贫困帽子的总办法，贫困地区要从实际出发，

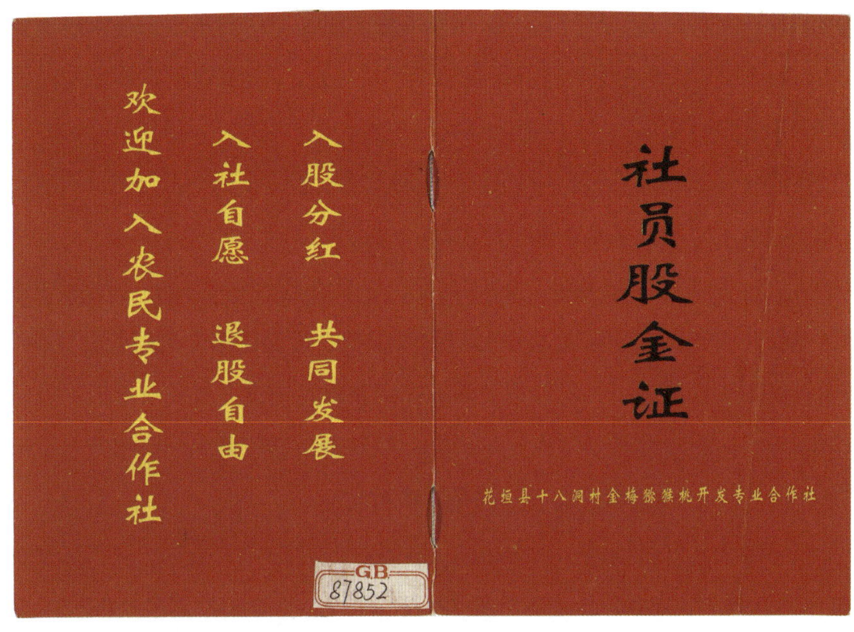

社员的权利

1、参与或委派代表参加社员代表大会，行使表决权。
2、选举权和被选举权。
3、对本社的经营行为进行监督，提出建议和质询。
4、享有股金分红和参加其他形式的利益分配。
5、本社终止或清算后依法参与剩余财产的分配。
6、国家法律规定及本社章程规定的其他权利。

社员的义务

1、遵守本社的章程。
2、以所持股份对本社承担风险和民事责任。
3、维护本社的利益和信誉，支持本社合法开展各项业务。
4、服从和履行社员代表大会的决议。
5、国家法律及本社章程规定的其他义务。

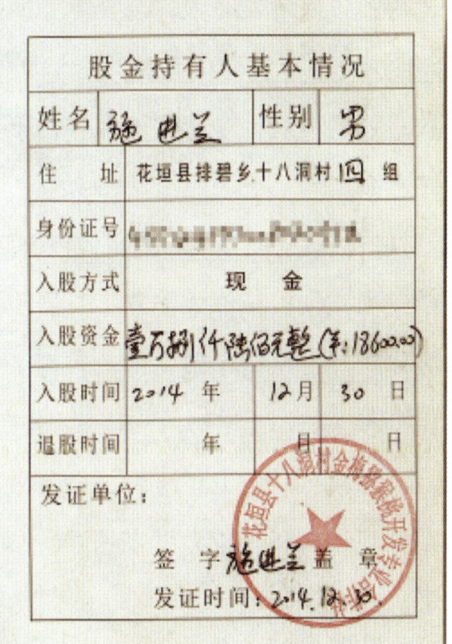

股金持有人基本情况			
姓名	施进兰	性别	男
住址	花垣县排碧乡十八洞村四组		
身份证号			
入股方式	现金		
入股资金	壹万捌仟陆佰元整（¥:18600.00）		
入股时间	2014 年	12月	30 日
退股时间	年	月	月

发证单位：

签字 施进兰 盖章

发证时间：2014.12.30.

| 十八洞村金梅猕猴桃开发专业合作社“社员股金证”

因地制宜，把种什么、养什么、从哪里增收想明白，帮助乡亲们寻找脱贫致富的好路子。”习近平总书记明确要求“不栽盆景，不搭风景”“不能搞特殊化，但不能没有变化”，不仅要自身实现脱贫，还要探索“可复制、可推广”的脱贫经验。2014年1月，中央办公厅详细规制了精准扶贫工作模式的顶层设计，推动了“精准扶贫”思想落地。

为贯彻落实“实事求是、因地制宜、分类指导、精准扶贫”的指导方针，花垣县委迅即成立了由县委书记担任组长，县长任第一副组长，其他6名副县级领导任副组长，县直相关职能部门和双龙镇党委政府负责人为成员的县委十八洞村精准扶贫工作领导小组，并派出精准扶贫工作队和第一书记于2014年1月正式进驻，深入开展精准扶贫工作。

当时的十八洞村同湘西大山中的大多数贫困村一样，虽然一直有国家扶贫政策的支持，但由于没能有效激发村民的内生动力和发展“外向型”产业，村民收入增长有限，与外界差距越拉越大，贫困程度持续加深，造成了“年年扶贫年年贫”的奇怪现象。同时，偏僻闭塞让村民们几乎与世隔绝，受教育程度很低，观念相对保守，不少人存在着“等靠要”的思想，生产积极性不高。

扶贫先扶志。工作队意识到只有先破除贫困群众的依赖思想，唤起他们的精气神，扶贫工作才能真正开展下去。为此，工作队在全村实行思想道德星级化管理，从“孝敬父母、教育子女、公益事业、产业建设”等方面，让村民们相互评议、打分，并当场公布结果，每季度进行一次。根据评议结果，给每家每户贴上星级牌，得分最高的是五颗星。通过评比活动，村民们的荣辱观和自我约束力越来越强，参与村寨建设的人慢慢多了，人心也慢慢齐了。

为切实找准真正需要帮扶的贫困户，工作队深入调查摸底，扎实开展全村贫困户的识别工作，明确“扶持谁”。根据村里的实际情况，他们制定了

《十八洞村精准扶贫贫困户识别工作办法》和“十八洞村贫困农户识别9个不评”的标准：有楼房或商品房的家庭不评、2000年以来违反计划生育政策的家庭不评、嗜赌成性及劳教不改的家庭不评、不务正业及懒惰成性的家庭不评、不履行赡养义务的家庭不评、时常刁蛮阻扰公益事业和当地经济的家庭不评、全家外出务工通知不回的家庭不评、国家公职人员家庭不评、拥有大中型农业机械和各类车辆及加工厂的家庭不评。

同时为防止优亲厚友等现象出现，工作队采取“七步工作法”，对识别工作实行全程民主评议和监督，即：第一步，户主申请或者群众推荐；第二步，以村民小组为单位召开群众大会投票识别并当场公布结果；第三步，由村民代表、村支“两委”成员、镇（双龙镇）党委和政府代表及县扶贫工作队三级会审；第四步，公告公示，将结果在村里张榜公布不少于7天；第五步，乡级审核；第六步，县级审核；第七步，对识别出的贫困对象进行建档立卡，逐户制订脱贫措施，采取直接帮扶、委托帮扶、股份合作等多种形式，集中力量予以扶持。

产业扶贫是精准扶贫的关键。与以往“输血”式帮扶不同，这次的扶贫工作是帮助发展当地产业的“造血”式扶贫，因地制宜，充分挖掘当地的发展潜力，实现当地经济的可持续发展之路。为了达到这个目标，就必须创新扶贫开发体制、机制和模式，调整扶贫开发战略、政策和措施。

这里抬头是山，低头也是山，放眼望去难觅平地，全村人均耕地面积不到1亩，缺地使产业空间捉襟见肘。而距离十八洞村40分钟车程的道二乡，却拥有大山中难得的一块大平地。于是，工作队和村“两委”转变思路，提出“跳出十八洞，发展十八洞”的理念，“借鸡生蛋”搞飞地经济，在道二乡流转土地种植猕猴桃。一开始，村民们觉得这种做法有些不切实际："离村里这么远，种的果子被人摘了咋办?""三年才能产果见到收益，时间太长了，遇到病虫害赔了咋办?"为了打消大家的疑虑，村干部挨家挨户做工作，组织村民到四川参观学习；拜访中科院武汉植物研究所，引进国内猕猴桃种植高端技术。最终在道二乡成功流转土地1000亩，建设起十八洞村最大的产业项目——千亩猕猴桃产业园。2014年8月5日，村里成立了"花垣县十八洞村金梅猕猴桃开发专业合作社"，注册资本18.29万元，法定代表人为村主任施进兰，股东16人。合作社经营范围包括为成员提供水果种植所需的生产资料；组织收购、销售成员种植的产品（初级农产品）；引进和推广相关新品种、新技术，开展相关技术培训、交流和服务。同时，村里又引进龙头企业实行共建，成立了"花垣县十八洞村苗汉子果业有限责任公司"，注册资本600万元。公司的注册信息显示，股东为三家单位，其中"湘西苗汉子集团农业科技有限公司"出资306万元，占51%股份；"花垣县十八洞村金梅猕猴桃开发专业合作社"出资234万元，占39%股份；"花垣县排碧乡十八洞村村民委员会"出资60万元，占10%股份，形成了"公司+合作社+农户"的独特经营模式。合作社的出资额中，包括贫困户人口542人按照政策享受的扶持资金共计162.6万元（每人3000元），这样贫困户就全部成了合作社项目基地的股东。另外1000万元的资金缺口，则是以产业园1000亩土地的经营权作为抵押从银行贷款来的。

除了发展猕猴桃、烤烟、野生蔬菜、冬桃、油茶等种植业外，工作队通过考察和对自然、文化资源的整合，还确定了一批"短平快"的适合当地发展的产业。比如十八洞村妇女擅长苗绣，就引导大家成立苗绣合作社，发展以苗绣织锦为主的民族工艺品制造业；村寨水草肥美，就带领大家发展以湘西黄牛、生猪、山羊、蜜蜂、稻田养鱼为主的养殖业；还开发了以农家乐、红色游为主的旅游产业和劳务输出经济。十八洞村用实际行动践行了"因乡因族制宜、因村施策、因户施法，扶到点上、扶到根上"这一指导思想，让贫困群众有了实实在在的获得感。

精准扶贫催生了十八洞村的巨变。2016年，十八洞村人均纯收入增加到8313元。2017年2月，湖南省扶贫办宣布十八洞村脱贫摘帽。2019年，十八洞村人均纯收入达到14668元，村集体经济收入126.4万元。12月29日，在一年一度的十八洞村猕猴桃产业收益金发放仪式上，936位村民总计收到118万元分红，人均1600元。十八洞村在三届扶贫工作队的接力之下，脱贫成果不断得到巩固，奔小康的步伐越来越快。

十八洞村作为“精准扶贫”首倡之地，其脱贫模式和生动实践为全国精准扶贫工作提供了宝贵经验。2016年，中国国家博物馆征集工作人员与十八洞村扶贫工作队队长龙秀林取得联系，表达了国家博物馆对十八洞村精准扶贫相关实物资料的收藏意愿，得到支持后，工作人员随即便前往实地考察征集。在十八洞村，工作人员不仅欣赏到了美丽的苗寨风光，见到了淳朴的村民，而且听到了习近平总书记考察时的种种感人故事，最终将“社员股金证”以及星级牌、贫困户民主推荐情况汇总表、贫困户退出确认书等一批重要实证资料征集入馆。

中国是世界上人口最多的农业大国。新中国成立70多年来，中国共产党带领全国人民持续向贫困宣战，走出了一条中国特色扶贫开发道路，中国成为世界上减贫人口最多的国家，也是世界上率先完成联合国千年发展目标的国家。党的十八大以来，以习近平同志为核心的党中央团结带领全党全国各族人民，把脱贫攻坚摆在治国理政突出位置，组织实施了人类历史上规模最大、力度最强的脱贫攻坚战。习近平同志强调：全面建成小康社会，是我们对全国人民的庄严承诺。脱贫攻坚战的冲锋号已经吹响。我们要立下愚公移山志，咬定目标、苦干实干，坚决打赢脱贫攻坚战，确保到2020年所有贫困地区和贫困人口一道迈入全面小康社会。

经过8年持续奋斗，我们如期完成了新时代脱贫攻坚目标任务，现行标准下近1亿农村贫困人口全部脱贫，贫困县全部摘帽，消除了绝对贫困和解决了区域性整体贫困。2021年我们即将迎来中国共产党成立100周年，习近平同志在新年贺词中郑重宣布：2020年，全面建成小康社会取得伟大历史性成就，决战脱贫攻坚取得决定性胜利。

后记

文物，是光阴的沉淀，是历史的活化石，它以物质的形态封存鲜活的精神，对抗遗忘，是一个民族和国家的巨大精神财富。

习近平总书记指出，“文物承载灿烂文明，传承历史文化，维系民族精神，是老祖宗留给我们的宝贵遗产”，而革命文物因与屹立在世界东方的百年大党中国共产党的血脉关联，故而尤为重要。2021年3月，习近平总书记对革命文物工作做出重要指示，革命文物承载党和人民英勇奋斗的光荣历史，记载中国革命的伟大历程和感人事迹，是党和国家的宝贵财富，是弘扬革命传统和革命文化、加强社会主义精神文明建设、激发爱国热情、振奋民族精神的生动教材。保护革命文物，就是保护红色起点、红色记忆、红色引力。红色文物，就是中国共产党的记忆，新中国的记忆，也是我们每一个人的记忆，尤其值得我们保护和传承，值得今天的人们珍惜和铭记。

2021年，中国共产党迎来了自己的一百岁生日！一百年艰难求索，一百年苦难辉煌，为了纪念中国共产党一百周年诞辰，让红色文物“活起来”，我们策划了这本

《红色文物中党的成长史》。

我们策划本书，是因为党史和红色文物休戚相关。每个红色文物都是那个年代独特的历史印记：《新青年》，系之于马克思主义思想的传播；红船，系之于中国共产党的诞生；《论持久战》，系之于抗战思想的拨云见雾；小推车，系之于解放战争的胜利；五星红旗，系之于新中国的诞生……所有这些红色文物，都因系之于党一百年来筚路蓝缕而恢宏阔大的历史，因而更加光彩熠熠、闪闪发光，具有了更为独特的意义、更为长久的生命。而同样，文物也让党的历史摆脱了抽象的面孔，从平面化的历史卷轴中走出，有了具体的承载。寄于一件件具体的红色文物，党的历史变得仿佛可以看见、可以触摸，它更新了党的历史的呈现方式和表述方式，也更新了它被阅读和感受的方式，让党的历史呈现出鲜活、生动而崭新的风貌。

为了让它们“活起来”，我们希望“一经一纬”立体地深入党的历史。历史是“经”，中国共产党书写了光辉的一百年，每一件红色文物都与党的这一百年息息相关，是党的历史中重要的一环，由此我们精选了40多件文物，希望由党的不同历史时期的代表性文物，以点带面，串联起百年来党完整而宏大的历史进程和生命律动。文物是“纬”，每一件文物都有自己的故事，就像一个个独立的生命体，有着自己的“呼吸”和“血液”，有着独立不可取代的意义，我们希望通过本书深入历史现场，讲好每一个精彩的故事，呈现每一个动人的细节，让收藏在博物馆里的红色文物、陈列在广阔大地上的红色遗产活起来，展现党史的温度和滚烫的热血。

一寸山河一寸血，一抔热土一抔魂，精神的力量才是无穷的。文物见证历史，但更铭记精神！我们希望通过这些文物，通过它们的故事，让读者得以沉浸式感受中共一大时的惊心动魄，李大钊就义前的铁骨铮铮，不畏艰险、坚忍不拔的长征精神，面对强敌誓死不屈的抗战精神，改革开放的敢于变革，脱贫攻坚的矢志不渝……出版这本书，我们的最终期许就是，让百年来遗留在红色文物中的这些精神和热血，让它们穿越时空、直击人心的力量，能真正润物细无声地感染人、引导人。

为了做好本书，我们邀请了中国国家博物馆担纲写作。作为党和国家的重要红色基因库之一，中国国家博物馆一直致力于讲好党的故事、革命的故事，致力于把红色基因传承好，本书是其集合馆内党史、新中国史、文物研究等领域多位权威专家的智慧结晶。这些专家学者，他们与红色文物朝夕相处，对文物的陪伴与深研是他们的工作，也是他们的生活，他们懂红色文物的故事，知红色文物的意义，寄红色文物以深情，他们是中国红色文物最好的讲述者和传颂者！

为了更好呈现文物，呈现好党的历史，在排序上，全书以《青年杂志》开篇，按照年代先后一一道来，努力呈现时间的线索，展现百年历史的延伸感和沧桑巨变；在内容上，以红色文物为载体，选取有代表性的文物，关联党的历史，讲述文物背后的故事，讲述文物的流传和收藏的故事，避免空洞，见事、见史、见人；在表达方式上，真诚，朴素，避免艰涩、干枯，以讲故事的形式娓娓道来，在鲜活而有温度的故事中传导知识；在形式上，为了让历史立体化，我们为每件文物配备了精美的图片，邀请曾获“中国最美的书”殊荣的设计师主持设计，四色印刷，精装呈现——以此，我们希望读者不仅仅是阅读，还可以看见、可以触摸，乃至于置身其中，迎面照见那个时代！也因此，我们希望它不仅是一本图书，还像这本书所记录的珍贵文物那样，可以收藏！

事非经过不知难，本书体现了团队的力量，广西人民出版社党总支书记、副社长韦鸿学，广西人民出版社原社长、总编辑温六零主持出版工作，中国国家博物馆王春法馆长及馆领导班子对本书给予了大力支持，黄黎、安跃华、安莉、王海蛟、赵锋五位老师负责具体撰稿，初稿形成后，大家反复商讨、修改，最终得以定稿。在写作过程中，本书吸收了业内一些专家、学者的研究成果，鉴于本书为普及性通俗读物，有关参考资料和文献未做详细标注。由于写作、出版时间仓促，加之红色文物收集存在一定难度，一些文物未能列入，给本书留下了一些遗憾。另外，虽然本书写作者倾注了较大心力，部分章节数易其稿，但难免存在不足之处，敬请方家批评指正。

历史或许会随着时间而被淡忘，但我们相信，红色文物不会，它们作为一件件具体可感的存在，记录了过去，孕育了未来。我们也衷心期望读者通过本书，真正“感受和触摸”到中国共产党的百年历史，并永远铭记。

谨以此书，向中国共产党成立一百周年献礼！

2021年

图书在版编目（CIP）数据

红色文物中党的成长史 / 中国国家博物馆著 . — 南宁：广西人民出版社，2021.5（2021.8 重印）
ISBN 978-7-219-11182-6

Ⅰ . ①红… Ⅱ . ①中… Ⅲ . ①中国共产党—党史 Ⅳ . ① D23

中国版本图书馆 CIP 数据核字（2021）第 060009 号

HONGSE WENWU ZHONG DANG DE CHENGZHANG SHI

红色文物中党的成长史

中国国家博物馆 著

策　　划　温六零
执行策划　吴小龙　李亚伟
责任编辑　李亚伟
责任校对　周月华　梁小琪　文　慧
书籍设计　周伟伟
责任排版　施兴彦

出版发行　广西人民出版社
社　　址　广西南宁市桂春路 6 号
邮　　编　530021
印　　刷　恒美印务（广州）有限公司
开　　本　787mm × 1092mm　1 / 16
印　　张　22
字　　数　266 千字
版　　次　2021 年 5 月　第 1 版
印　　次　2021 年 8 月　第 2 次印刷
书　　号　ISBN 978-7-219-11182-6
定　　价　69. 80 元